플랫폼하라

비즈니스 빅뱅과 뉴미디어의 모든 것

플랫폼하라
Do Platform

홍기영 지음

매일경제신문사

우리는 어떤 일에든 개별적으로 존재할 권리가 없다.
우리는 개인적으로 잘못을 저질러도,
개별적으로 진리를 파악해도 안 된다.
오히려 나무에서 필연적으로 열매가 열리듯이
우리 안에서 우리의 생각과 가치, 우리의 긍정과 부정,
가정과 의문이 자라나는 것이다.

프리드리히 빌헬름 니체 《도덕의 계보학》 (1887)

| 서문

격동의 시대에 기업 흥망이 일상화한다. 지속가능한 기업은 드물다. 세계 시장을 주름잡던 거대 기업이 쇠락하고 무대에서 사라진다. 그 틈을 타 새로운 비즈니스 모델이 파죽지세로 부상한다. 변화의 속도가 빨라진다. 파괴적 영향력을 가진 '블랙스완'이 예상을 깨고 등장한다.

플랫폼은 제4차 산업혁명을 선도하는 혁신적 사업 모델이다. 플랫폼 비즈니스는 파괴적 혁명을 일으키는 태풍의 핵이다. 구글·아마존·넷플릭스·페이스북이 주도하는 플랫폼 혁명으로 세계 산업 지도가 확 바뀐다. 기존 질서를 와해시키고 성공 신화를 쓴 글로벌 기업은 모두 플랫폼 전략을 구사했다는 공통점을 갖는다. 플랫폼은 또한 기하급수적으로 성장·발전하는 시총 10억 달러 이상 벤처기업 '유니콘'의 등장을 가능케 하는 사업의 토대가 된다.

정보통신·전자 기술과 모바일 이용 확산으로 플랫폼 경영은 날개를 단다. 서로 다른 참여자를 연결하고 협업을 촉진하는 플랫폼 비즈니스는 영역을 무궁무진하게 확장해 나간다. 플랫폼은 미디어, 금융, 제조, IT서비스, 유통, 교육, 건설, 에너지, 운송, 오락 등 전 산업에서 각광받는 사업 모델이다. 플랫폼 기업이 전통 기업을 밀어내고 거의 모든 분야를 장악한다. 플랫폼 성공 모델인 우버, 에어비앤비를 필두로 공유경제가 꽃을 활짝 피운다. 가상화폐 개발에 적용된 블록체인은 플랫폼의 잠재력을 키우고 지평을 넓히는 혁신적 기술이다.

플랫폼 기업은 촉매기업이다. 예를 들어보자. 구 모델 재고가 쌓여 고민하는 TV 제조업체가 있다. 플랫폼 기업은 객실을 리노베이션하려는 호텔을 TV 업체와 연결시킨다. 호텔은 TV 대금을 현금과 비수기 숙박권으로 지불한다. TV 업체는 받은 숙박권을 여행사에 팔아 자금을 회수한다. 플랫폼 기업은 TV 업체-호텔-여행사를 합리적 가격으로 연결시켜 참여자 모두 만족하는 거래를 성사시킨 후 수수료를 챙긴다. 서로를 필요로 하는 다수 집단을 효과적으로 연결해 상호작용을 촉진시키고 애로사항을 해결하며 고유한 가치를 창출한다.

우리는 두 번 다시 똑같은 강물에 뛰어들 수 없다. 새로운 강물이 끊임없이 흘러오기 때문이다. 그리스의 헤라클레이토스는 "모든 것은 변한다"고 주장한 만물유전萬物流轉의 철학자다. 생멸성쇠生滅盛衰의 법칙은 기업 생태계에도 예외 없이 들어맞는다. 치열한 경쟁 환경에서 기업 전략은 경영의 성패를 좌우한다. 플랫폼 전략은 죽음의 계곡을 넘어 기업이 성장·발전하는 해법을 제공한다. 아울러 복잡하게 얽힌 비즈니스 문제의 암호체계를 풀어내는 역동적인 솔루션을 제시한다. 세상을 바꾸는 최종병기나 다름없다.

플랫폼 이론은 다차원 비즈니스 공간에서 등장하는 기업 문제에 대한 합리적 의사결정을 돕는 실천적인 대안을 제시한다. 글로벌 IT·서비스 기업의 남다른 성장을 분석하고 비결을 밝혀내며 통찰력을 제공하는 것 이상의 창조적 혜안을 제공한다. 수많은 연구가 활발히 이루어지면서 각양각색의 이론이 등장한다. 많은 시도가 있었지만 통합된 이론이 정립되진 못했다. 필자는 정부·기업·개인 등 경제 주체가 플랫폼에 대한 올바른 이해를 갖춰야만 앞으로 각 분야에서 전방위로 닥칠 거대한 변화에 대처할 역량을 확보할 것으로 생각한다.

플랫폼에 관한 학계의 연구 활동은 닷컴 버블이 붕괴한 2000년에 본격화했다. 당시 경제학과 경영학 변방에서 일어났던 변화는 큰 주목을 받지 못했다. 초기 연구는 신용카드 산업의 경쟁구조를 분석하고 정책 방향을 제시하는 이론을 정립하는 데서 출발했다. 이후 간접 네트워크 효과를 반영한 양면·다면兩

面多面 시장 특유의 가격결정 전략에 관한 연구로 확장해 나갔다. 미시경제학의 산업조직론에서 파생된 일련의 연구는 신용카드와 정보통신기술ICT 네트워크의 수익모델, 컴퓨터 운영체제에 대한 새로운 해석을 내림으로써 올바른 공정경쟁 정책 수립에 이론적 기초를 제공했다.

프랑스 툴루즈 대학 장 티롤 교수의 2014년 노벨 경제학상 수상은 경제학뿐만 아니라 경영학, 미디어 등에서 플랫폼 연구가 활발하게 전개되는 계기가 됐다. 데이비드 에반스, 리처드 슈말렌지, 안드레이 학주, 토마스 아이젠먼, 마셜 밴 앨스타인, 제프리 파커 등 하버드 대학과 MIT 대학을 중심으로 한 교수들의 플랫폼 연구 활동은 전통적 경제이론으로 설명되지 않는 혁신적인 플랫폼 기업의 성공 사례를 효과적으로 설명하고 기업 전략의 새로운 지평을 열면서 각광을 받기 시작했다.

필자는 2000년대 초 금융혁신과 카드산업에 관한 연구로 경제학 박사 학위를 취득한 이후 플랫폼 이론 전개에 관심을 갖고 학계의 연구 성과를 주목해왔다. 이후 필자는 국내 언론에서는 처음으로 양면시장two-sided markets 이론과 사례를 〈매일경제〉에 보도했다. 그동안 플랫폼과 관련된 경제·경영·언론 학계의 국내외 연구 논문과 언론 보도, 관련 서적을 꾸준히 읽고 자료를 수집해왔다. 그리고 더 이상 늦출 수는 없었다. 필생의 과업으로 플랫폼 이론을 종합·정리해야겠다는 막연한 생각을 가지고 있던 차에 삼성언론재단의 저술지원 대상자로 선정돼 2017년 겨울 집필에 몰두할 수 있었다.

신문·방송·잡지 등 전통 언론 산업은 정보기술의 진보, 고객의 수요패턴 변화, 광고주의 광고효과 극대화 전략에 의해 지각변동을 겪는다. 인터넷, IPTV, 모바일 등을 활용한 뉴미디어의 부상으로 전통 언론 산업은 쇠퇴 과정에 접어들었다. 더욱이 IT·통신기업의 강력한 도전과 시장 진입으로 기존 언론은 위기에 처했다. 국내에서도 신문·방송·인터넷을 망라해 '다중 소스-다중 채널'을 표방한 통합 뉴스룸이 등장하는 등 플랫폼 전략이 주목받는다.

이 책에서 필자는 플랫폼 이론과 미디어 기업 전략의 연결을 새롭게 시도했다. 언론은 독자-광고주를 연결하는 플랫폼의 특성을 갖는다. 미디어 산업은 콘텐츠-네트워크-디바이스를 이어주는 플랫폼이다. 평생 한 우물을 판 저널리스트로서 대변혁에 직면한 미디어 산업이 위기를 넘어 새로운 활로를 찾는데 실천적인 대안을 제시하겠다는 일념으로 저술에 임했다. 미디어 산업의 지속가능한 성장 전략을 도출하기 위해 성공적인 변신을 이룬 해외 미디어 산업의 플랫폼 비즈니스를 사례 분석을 통해 집중 조명했다.

필자는 30여년 간 〈매일경제〉에 근무하면서 경제, 금융, 산업 뉴스 현장을 발로 뛰며 취재하고 기사와 칼럼을 써왔다. 경제경영연구소장과 프리미엄뉴스 부장을 역임하면서 미디어 산업의 동향을 면밀히 파악했다. 언론의 미래에 대응한 전략을 짜고 직접 실천해 옮겼다. 필자는 국내 최초 유료 온라인 신문인 〈매경e신문〉을 창간하면서, 새롭고 다양한 뉴스 서비스를 제공한 산 경험의 소유자다. 이를 토대로 플랫폼 비즈니스 이론을 국내 최초로 미디어 산업에 접목했다. 이론과 실제를 통합해 뉴미디어 비즈니스를 조명하는 차별화된 종합적 전략적 지침서를 쓰는 데 플랫폼 설계자와 같은 마음으로 열과 성을 다했다고 생각한다.

많은 학자들의 선행 연구와 저술이 없었다면 플랫폼과 미디어 분야 지식을 융합해 정리하기는 힘들었을 것이다. 플랫폼에 관한 지혜를 모으고 한국 미디어 산업이 나가야할 방향을 제시하는 데 약간의 보탬이라도 된다면 이 저술 활동에 쏟아 부은 수고는 보상 받을 것이다. 내용상 오류나 미흡한 점은 계속 보완해 나갈 예정이다. 미디어 산업을 비롯한 다양한 분야에서 플랫폼에 관한 학제간 學際間 연구는 더욱 활성화돼야 한다고 생각한다. 사업가, 직장인, 예비창업자, 언론인, 홍보담당자, 대학생 등 각계각층이 다양한 분야에서 졸고를 폭넓게 활용할 수 있다면 더 이상 바랄 나위가 없겠다. 끝으로 많은 어려움을 극복해내면서 격려와 사랑으로 필자에게 힘이 되어 준 아내와 두 딸에게 고마움을 표한다.

필동 집무실에서
홍기영

CONTENTS

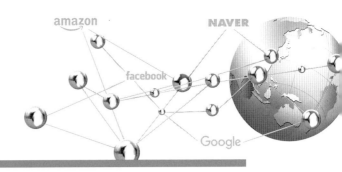

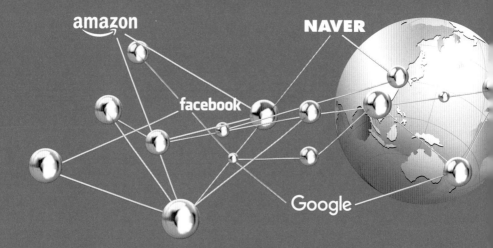

플랫폼 경제의 탄생

Do
Platform

01
연결과 관계로 통하는 세상

소통과 접속 네트워크 비즈니스가 '시너지효과' 창출
신뢰 · 확장 · 몰입기능 갖춘 연결 · 매개자 역할 중요

탱고 춤을 추려면 마음에 드는 파트너를 찾아야 한다. 손뼉도 양손을 마주쳐야 소리가 난다. 인간은 다른 사람과 만나고 소통하며 친교를 맺는 사회적 동물이다. 살아있는 존재는 연결link과 관계relation에 의해서만 의미를 갖는다. 연결은 관계를 맺는 행위이고 관계는 연결된 상태를 뜻한다. 연결은 인간의 권리이자 생존이다. 소통하는 인간은 시간과 지리적 제약이 없는 평평하고 연결된 세상에서 살아간다. 지구 반대편에 있는 사람이 바로 옆집에 있는 사람보다 더 친한 관계를 맺을 수도 있다.

사람들은 일반적으로 '내 친구는 나보다 친구가 많다'고 느낀다. 실험을 해보자. 사람들에게 친구의 수와 친구의 친구 수를 질문한다. 얻어진 숫자의 평균을 비교하면 전자보다 후자가 크다. 이를 '친구관계의 역설friendship paradox'이라고 한다. 한 또래집단 안에 친구가 많은 마당발 친구가 존재하고 서로 친구사이로 연결될 때 그 격차는 더 커진다. 마당발이 있는 연결망은 친구 관계를 돈독하게 해주고 친구 집단을 동태적으로 만든다.

미국에서 무작위로 선택된 두 개인 사이를 아는 사람들로 연결하기 위해서는 둘 사이에 얼마나 많은 지인이 필요할까? 한 실험에 따르면 평균 5.5명의 중간 단계 사람이 두 사람의 관계를 연결해주는 것으로 나타났다. 이를 반올림하면 6이라는 숫자로, 여기서 '6단계의 분리 six degrees of separation '라는 법칙이 도출된다. 1967년에 미국 하버드 대학 교수 스탠리 밀그램은 사람들이 평균적으로 6단계의 분리를 통해 모두 연결되어 있다는 사실을 밝혀냈다(아스다 유키, 2011). 세상이 좁은 한국 사회에서는 아마도 3단계 정도면 모르는 사람과도 쉽게 연결될 것이다.

비즈니스는 생명체와 같다. 나 홀로 사업이란 있을 수 없다. 사업은 연결과 관계에 의해서만 번창한다. 플랫폼platform 은 자원과 참여자들을 필요에 따라 서로에게 쉽게 접근할 수 있도록 연결하는 비즈니스의 장場이다. 플랫폼은 그 자체가 무엇을 제공하는 것이 아닌 연결 토대다. 많은 이해관계자가 참여하고 필요한 것을 주고받는 연결 기반이다.

연결을 이루는 요소들

연결과 접속이 세상의 대세로 부상했다. 디지털 접속은 사회적 연결 통로가 된다. 인간과 기술의 만남은 인간의 감성에 도움을 주는 형태로 진화한다. 사람 간의 우정, 친교, 사랑은 일종의 접속이다. 제레미 리프킨은《소유의 종말》에서 접속은 소유의 새로운 개념이라고 밝히면서 수익은 접속에서 생긴다고 주장했다. 접속은 정보 검색을 통해 일어난다. 더 많은 검색은 더 많은 정보를 낳고 더 많은 광고를 노출시켜 수익을 창출한다.

연결은 경제·사회적 현상이자 물리적 실체다. 물리학에서 연결망, 즉 네트워크는 노드와 링크로 구성된다. 인간이나 사물을 노드node로 표현하고 그들의 연결을 링크link로 나타내면 하나의 망network이 형성된다. 하이퍼텍스트hypertext는 한 노드에 여러 개의 노드들이 연결돼 망과 같은 구조를 구성한다. 네트워크의 전체가 연결되려면 노드 당 하나 이상의 링크가 있으면 충분하다. 노드들은 항상 다른 노드와 연결되기 위해 노력하고 서로 경쟁한다. 연결의 양은 노드가 갖는 권한과 생존 능력에 필수조건이다.

예를 들어, 인터넷에서는 한 노드에서 다른 노드 간의 링크를 통해 이동함으로써 정보 네트워크를 탐색한다. 정보 항목의 단위인 노드는 단어나 단락, 페이지에 해당한다. 이는 텍스트, 그래픽, 사운드 또는 비디오 등으로 구성된다. 링크는 노드 간의 관계구조로, 사용자는 선택한 노드로 이동하면서 하이퍼텍스트 정보 공간을 항해할 수 있다.

링크가 많은 배우는 새로운 배역을 맡을 가능성이 크다. 링크가 많은 노드를 선택해 다른 노드가 더 달라붙는 현상은 선호적 연결preferential attachment 법칙이라고 한다(바라바시, 2002). 선호적 연결 법칙은 링크가 많은 노드가 다른 노드들보다 훨씬 많은 링크를 붙잡게 되는 부익부 현상을 낳는다. 다른 말로 승자가 모든 것을 독식하는 현상winner takes all이 나타나는 것이다. 다른 노드와 잘 연결되는 특성으로 적합성이 높은 노드는 많은 링크를 끌어들인다. 새로운 노드들은 링크하려는 노드의 '적합도×링크수'를 비교해 높은 값을 갖는 링크와 연결될 가능성이 높다.

네트워크는 이처럼 적자생존適者生存, 또는 적익부適益富·fit-get-rich 원칙에 따라 움직인다. 탁월한 노드는 네트워크의 중심인 허브hub가 된다. 새로운 노드들이 진입하는 네트워크 성장과 선호적 연결 덕분에 허브가 생겨난다. 네트워크의 구조는 링크가 매우 많은 소수의 허브에 의해 지배된다. 하나의 강력한 허

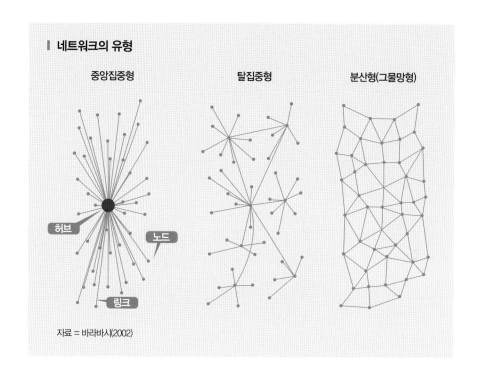

∣ 네트워크의 유형

중앙집중형   탈집중형   분산형(그물망형)

허브

노드

링크

자료 = 바라바시(2002)

브가 중심을 이루고 모든 네트워크를 지배하는 구조는 중앙집중hub-and-spokes 모양이 된다. 이와 함께 연결이 느슨한 탈집중형 네트워크 구조와 그물망 형태의 분산형 네트워크도 존재한다.

상호연결된 시스템은 자원의 효율적 이용과 비용 절감이란 문제에 중요한 역할을 한다. 각종 자원을 공유함으로써 유기적인 협조를 통해 생산성을 높이는 결과를 낳는다. 하지만 위기상황이나 비상사태가 발생하면 강력한 상호연결이 독이 될 수도 있다. 상호연결성에 의한 취약성은 외부 충격으로 한 곳에 문제가 생겼을 때 시스템 전체에 걸쳐 동요와 파장이 확산된다는 점이다. 네트워크상 한 곳에서 시작된 어떤 변화나 충격은 파문효과ripple effect를 통해 전체 시스템으로 빠르게 확산한다.

즉, 네트워크가 빠르고 효율적일수록 허브의 장애로 인한 파괴적 도미노 효과는 짧은 시간에 커다란 피해로 이어질 수 있다. 따라서 네트워크는 작은 노드의 장애를 제어하는 것뿐만 아니라 시스템 전체의 마비를 차단하는 위기관리 능력을 보유해야 한다. 네트워크는 유사시 손상된 시스템의 기능을 회복하기 위한 견고함robustness과 빠른 복원력resilience을 보유해야 한다.

니컬러스 네그로폰테는 《디지털이다》에서 원자atom와 비트bit의 차이점을 명확히 했다. 원자는 물질을 구성하는 기본 입자다. 비트는 2진법의 1자리를 표시하는 정보량의 최소 단위다. 비트와 원자는 비즈니스에서 장단점이 있다. 비트는 빛의 속도로 이동하기 때문에 원자보다 사업 창출의 편의성에서 앞선다. 움직이는 원자는 비용이 더 들고 복잡하지만 역설적으로 더 많은 연결을 만들어 낸다. 아울러 차별화를 이룰 수 있는 기회가 더 많이 생겨난다. 원자에서 비트로 이동할 때 미디어와 통신의 세계에서 비즈니스 영역은 무너지고 융합 서비스가 등장하며 경쟁은 심화된다. 따라서 문자, 오디오, 동영상 등 과거에는 전적으로 별개의 콘텐츠로 머물던 것이 다기능 멀티미디어로 변신한다.

디지털 세상에서 연결된 선택은 다른 시스템과 차별화되는 특성을 갖는다. 서로 다른 사용자 간 연결과 상호작용, 그리고 사용자와 제품의 연결 등 상호연결성interconnectivity을 통해 플랫폼은 고유한 가치를 창출한다. 기업이 모든 형태의 연결된 시장에서 차별화된 가치를 앞세워 다른 경쟁 기업을 제치고 나가면 선두의 자리에 계속 머물 가능성이 높다.

또 다른 형태의 중요한 연결은 다양한 제품과 비즈니스 간 보완적 기능의 연결이다. '기능적 연결functional link' 관계는 보다 넓은 의미에서 가치를 창조하고 성공을 이뤄내는 조직 내 선택과 의사결정의 네트워크로 작동한다. 이 같은 기능적 연결은 시너지 효과를 창출하는 기반이 된다(아난드, 2017).

　기능적 연결은 어느 한 가지 결정에 발생하는 성과가 항상 다른 결정들에 달려있다는 사실에서 시작한다. 어느 하나의 의사결정에서 얻는 대가나 혜택은 다른 연결된 결정에 의해 증폭된다. 또는 하나의 결정에 드는 비용은 다른 결정에 의해 상승하거나 하락한다. 경제학에서는 이런 연결 관계를 상호보완성mutual complementarity이라고 한다. 하나의 선택을 한 다음 두 번째 하는 보완적인 선택에 의해 연결된 의사결정은 더욱 효과적인 성과를 낼 수 있다.

　전략을 구현하는 의사결정이 여러 가지이고 서로 밀접하게 연결되어 있을 때, 의사결정의 효율적인 연계 · 조합은 세 가지 장점을 갖는다. ① 연결 관계를 맺은 선택들은 보안이 용이해 외부 경쟁자가 자사의 성공전략을 간파하기 힘들게 한다. ② 성공을 거둔 회사가 내린 의사결정을 경쟁자가 하나하나 따라 하는 일은 더욱 어렵다. ③ 서로 전후 관계로 연결된 회사의 의사결정들을 경쟁자가 통째로 모방하는 일은 거의 불가능하다.

　"당신들이 쓰면 나도 쓴다." 조슈아 쿠퍼 라모는《제7의 감각, 초연결지능》에서 경제학의 수확체증increasing returns to scale 법칙을 인용한다. 수확체증은 생산 규모가 커지면 생산이 더욱 효과적으로 이루어져 생산요소 투입의 증가분보다 수확량이 더 늘어나는 법칙을 의미한다. 라모는 열 사람이 유튜브를 사용하면 열한 번째 사람은 다른 것을 쓰기 어렵고, 열한 번째 사람도 유튜브를 쓰면 열두 번째 사람은 독자적인 길을 가기가 훨씬 더 힘들어진다고 설명했다. 정보를 보내는 사람이 늘어나면 늘어날수록 정보를 받아보고 활용하는 사람도 동시에 늘어난다. 연결된 네트워크를 쓰는 사람들의 이익과 힘이 함께 발생하며 증가한다는 것이다.

연결의 힘과 가치

연결에는 품질의 차이가 있다. 또한 시간이 흐르거나 상황의 변화에 따라 연결의 강도는 강하거나 약한 방향으로 변화한다. 마크 그라노베터 스탠퍼드 대학 교수는 1983년 〈약한 연결의 힘〉이라는 논문에서 상식을 깨는 연결 강도의 역설逆說 을 주장했다.

① 강한 연결은 끼리끼리 닫힌 사회closed society 다. 네트워크 안에 있는 이너 서클inner circle 멤버들 간 결속과 유대관계가 강하다. 강한 연결은 약한 연결보다 지속가능하다. 그렇다고 강한 연결이 더 중요하고 좋은 것만은 아니다. 강한 연결은 폐쇄적이고 구성원들이 동일한 정보를 가질 때가 많다.

② 약한 연결은 열린 사회open society 다. 다양한 외부 세계와 소통하도록 도와주는 방편이다. 온라인 공간 전체에서 정보 확산에 의한 영향력은 약한 연결에서 더 크게 결집되어 나타난다. 그래서 약한 연결은 네트워크 확장에 도움을 준다. 약한 연결에서 얻게 되는 새로움과 참신성, 정보 다양성은 나름 장점이 있다. 직업을 구하거나 새로운 사업을 시작할 때, 약한 연결이 강한 친분관계보다 더 중요한 경우가 많다.

'약한 연결의 힘'을 발전시킨 것이 로널드 버트의 '구조적 공백structural hole' 이론이다(야스다 유키, 2011). 구조적 공백이란 네트워크상에서 서로 직접 연결되지 않은 행위자나 집단 사이에 존재하면서 각자와 연결관계를 갖고 있는 중개자를 뜻한다. 예를 들어, A, B, C라는 3명의 사람 가운데 A와 B, A와 C가 서로 관계를 맺고 있는 반면 B와 C 사이에는 아무런 관계가 없는 경우, A는 이 네트워크에서 구조적 공백에 위치하는 것이다. 구조적 공백의 위치는 정보와 가치가 집중되는 허브와 마찬가지다.

사회적 연결관계에서 이기적인 것보다 이타적인 개인의 존재가 재조명된다. 연결된 사회에서 사람은 타인과 더불어 살아간다. 다른 사람과 함께 행복한 삶을 희구하는 사회 구성원은 평등·정의 같은 숭고한 가치를 추구하는 동기를 갖는다. 즉, 사람은 사회적 선호social preference를 가진 호혜적 인간homo reciprocan의 모습을 보여주는 것이다. 대승불교에서 이타자리利他自利란 타인을 이롭게 하는 것이 궁극적으로 자신을 이롭게 하는 것이라는 수행修行의 이상理想을 나타내는 말이다(김진성, 2010).

노벨 경제학상을 받은 심리학자 다니엘 카너먼 스탠퍼드 대학 교수는 익명의 참가자들을 2명씩 짝지어 '독재자 게임'을 실험했다. 한 명은 분배자가 되고다른 한 명은 수령자가 된다. 20달러를 은밀히 받은 분배자 학생은 내용을 모르는 수령자 학생과 돈을 나눠야 한다. 얼마를 나눌 지는 오로지 분배자의 결정에 달렸다. 실험 결과 70%의 분배자가 자신이 15달러를 챙기고 5달러를 수령자에게 준 것으로 나타났다. 자신이 몽땅 돈을 챙기지 않고 일정 금액을 타인에게 나눠줌으로써 불편한 관계가 되지 않도록 주의하는 셈이다. 이는 타인 존중선호other-regarding preference에 바탕을 둔 공정성에 대한 사람의 태도를 보여준다. 즉, 분배자가 어떤 행동의 결과를 통해 얻는 효용과 만족은 부분적으로 수령자가 얻는 효용과 만족에 달려있다는 것이다.

각각의 경제 주체는 네트워크 안에서 서로 연결된다. 소비자와 생산자는 서로 분리되어 있지만 하나의 주체로 개념이 합쳐지기도 한다. 앨빈 토플러는《제3의 물결》에서 생산에 참여하는 소비자의 등장을 예견하고 이를 프로슈머prosumer라고 지칭했다. 프로슈머는 자신의 취향과 의견, 제안을 기업에 전달해 제품 개발에 적극적으로 참여하는 기업 외부의 혁신 주체라고 할 수 있다. 프로슈머는 제품의 문제점을 개선하고 장점을 키우는 방안을 자발적으로 찾아내기 위해 노력하는 기업 경영의 조력자다.

프로슈머 같은 네트워크상 연결의 매개자는 TEA라는 세 가지 요건을 가진다. ① 기업이든 사람이든 전달을 원하고 소통의 타깃이 되는 매개 상대방의 신뢰trust를 얻어야 한다. ② 기능적 우수성이나 차별성에 의해 소통 대상을 확장expansion하는 역량을 가져야 한다. ③ 강력한 흡인력을 가지고 어떤 대상이나 행위 없이는 견디기 힘든 정신적 의존과 몰입 증세인 중독addiction 현상이 상대방에게서 일어나도록 유발해야 한다.

플랫폼의 진정한 힘은 고객을 제품 구매에 동원하는 그 자체에서 나오는 게 아니라 연결관계를 최적화하는 데서 나온다(아난드, 2017). 노벨 경제학상 수상자 마이클 스펜스 교수는 연결 관계에서 나타나는 '신호 효과signaling effect'의 존재를 밝혀냈다. 그는 신호의 가치와 신호가 전달되는 방법에 관해 연구했다. 신호의 힘은 그것이 신분, 능력 또는 개인의 자질, 개성 등 어떤 것이라도 신호 그 자체에 내재하는 것이 아니라고 그는 주장했다. 그 힘은 다른 사람들이 똑같은 신호를 사용하려면 많은 비용과 희생을 치러야 한다는 사실에서 나온다는 것이다. 개인은 대학 졸업장, 기업은 브랜드라는 신호를 통해 자신과 자사의 성공을 알린다. 값비싼 브랜드의 짝퉁 제품을 구매하는 행위는 진품을 사는 것과 비슷한 신호 효과를 개인에게 제공한다.

대박을 내는 히트 제품은 기업 운명을 바꾸는 극적인 반전을 일궈낼 수 있다. 이른바 일출sun rise 효과 또는 정보적 스필오버spill-over 효과는 제품 간 연결 관계가 강하게 존재한다는 사실을 보여준다. 스필오버 효과는 제품의 고유한 특징보다 고객 반응과 구매 행동에서 나온다. 스필오버 효과가 큰 제품은 고객 인식을 높여준다(아난드, 2017).

시청자는 마음에 드는 TV 프로그램을 찾으면 채널을 고정하고 프로그램이 바뀌더라도 같은 채널에 계속 머문다. 시청자 집단의 크기는 스필오버 효과를 좌우한다. 한 프로그램이 더 많은 시청자를 끌어들일수록 그 결과로 나타나는 스필오버 효과의 크기도 점점 커진다. 연결의 힘을 보여주는 스필오버 현상은 미디어 산업뿐 아니라 소비가 이루어지는 어느 곳에나 존재한다.

스필오버 효과는 소비자에게 정보를 제공해 인식을 바꾸고 행동의 변화를 일으킨다. 연결된 세상에서 성공하려면 제품 특성과 시장 참여자의 니즈를 정확히 파악하고 최적의 가치를 창출하는 효과적인 수단을 동원하는 것이 필요하다. 예를 들어, 후광 효과halo effect가 큰 스타의 힘을 이용하는 마케팅 전략은 시장에서 비즈니스를 확장하는 데 유효한 방법이 된다.

02
가치창출의 비법, 집단지성

대중의 지혜는 혁신을 창조하는 창의적인 공유재
자율성 · 차별화 · 경쟁시스템 작동해야 부작용 막아

강변이나 바다에는 작은 자갈이 무수히 많다. 자갈 하나하나는 조그만 돌에 불과하지만 전체는 물과 어우러져서 빼어난 풍광을 만들어낸다. 바다 속 작은 물고기들은 떼를 지어 몰려다닌다. 떼를 지어 몰려다니면 상어 같은 포식자의 적대적인 공격을 방어할 수 있다. 뭉치면 살고 흩어지면 죽는다는 속담이 있다. 수천, 수만 마리의 물고기는 누구의 통제도 받지 않으면서 마치 한 마리의 큰 물고기가 헤엄치듯 질서를 유지해 나간다.

집단은 적절한 상황에서 개별 구성원보다 더 똑똑하고 더 큰 힘을 낼 수 있다. 잘 편성된 시스템에서 함께 일하는 사람들은 그들의 개별 능력을 뛰어넘는 성과를 발휘한다. 다수의 지혜를 모으고 공유하기에 적합한 구조를 가진 플랫폼은 어떤 개별 구성원보다 더 지혜로운 방식으로 상호작용을 활성화한다. 아울러 주변 시야peripheral vision를 작동해 약한 신호라도 감지해내고 신속한 행동에 나설 수 있다. 성공하는 네트워크는 세상의 변화를 신속히 감지해 능동적으로 대응하는 전초기지가 된다.

견고한 네트워크는 문제 해결의 지혜가 샘솟는 토양이다. 핵심 자산과 잠재적 역량을 연결하는 능력이 폭넓고 깊이가 있을수록 네트워크는 참가자의 요구에 대해 올바른 해결책을 더 잘 끌어낼 수 있다. 또한 미래에 필요한 과제를 예상하고 무엇을 어디에서 행해야 할지 용의주도하게 대응토록 해준다.

백지장도 맞들면 낫다. 집단지성collective intelligence 은 십시일반十匙一飯 을 현실화하는 대중의 지혜다. 집단지성은 집단적 사고와 놀이, 작업과 혁신방식을 모두 포괄하는 개념이다. 대중이 힘을 모아 새로운 비즈니스 동력을 생성하는 창의적 공유재creative commons 라고 할 수 있다.

집단지성은 개방형 협업open collaboration 비즈니스의 대표적인 성공 모델이다. 다양한 외부 자원을 인지하고 참여자에게 인센티브를 제공함으로써 함께 일하게 만드는 방식이다. 대규모 참여자가 공개적으로 힘을 모아 가치 창출과 혁신에 기여하는 현상이다. 다수 사용자의 참여와 정보 제공에 바탕을 둔 구글 검색엔진과 인터넷 백과사전인 위키피디아는 집단지성의 잘 알려진 사례다(탭스콧 · 윌리엄스, 2007).

소셜미디어는 개인이 자신만의 특화된 경험을 다른 사람들과 교환하며 넓은 경험으로 만들어 가는 데 도움을 준다. 게임이론 연구자인 마이클 최는《사람들은 어떻게 광장에 모이는 것일까?》에서 '내가 안다는 사실을 너도 알고, 네가 안다는 사실을 나도 아는 상태'를 공유지식common knowledge 이라고 설명한다. 어떤 선택에 직면한 개인은 다른 사람들과 같은 선택을 하는 경우 위험을 자초하지 않고 원만한 결과를 얻을 수 있다.

사람들 사이 서로 다른 행위를 선택하는 경우에는 조정coordination 이 필요하다. 조정 문제를 풀려면 사람들이 공유지식을 형성해야 한다. 프로야구 코리안 시리즈, 미식축구 슈퍼볼을 TV로 시청하는 사람들은 응원하는 팀에 대한 공유 지식을 형성한다. 그래서 대중의 선호preference와 합의consensus에 의존하는 제품을 만드는 광고주들은 광고 효과가 큰 황금시간대에 기꺼이 거액의 광고비를 지불한다.

클라우드 컴퓨팅cloud computing 등 정보통신기술의 혁명에 따라 집단지성은 다양성과 독립성을 가진 대중의 지혜를 바탕으로 도달 가능한 지식의 범위를 대대적으로 확장한다. 다른 사람들의 독창적인 아이디어를 받아들이고 공유하며 결합해 지식을 새롭게 재창조한다. 집단지성은 지식의 이화수분異花受粉을 촉진하거나 기술 융합을 일으켜 혁신을 확산하는 산실이다. 폐쇄적인 집단 내 근친결혼은 양쪽 부모를 통해 생존에 불리한 열성 유전자를 동시에 물려받을 확률이 높아 질병의 원인이 될 수 있다고 한다.

집단지성은 허상이 아니다. 현실에 존재하며 측정이 가능한 실체다. 사회에는 문제해결 능력에 있어서 분명히 남들보다 뛰어난 집단이 있다. 그런데 집단의 지적 능력은 소속된 구성원의 평균적인 혹은 최고수준의 지적 능력뿐만 아니라 집단 내 구성원 간의 연계성, 동기부여, 의사소통, 상호작용 등에 의해 영향을 받는다. 남을 배려하고 서로를 존중하며 커뮤니케이션 하는 집단일수록 그룹의 지적 능력이 잘 발휘된다는 것이다. 집단 내에서 구성원의 다양한 개성이 살아나고 창의성 끊임없이 분출돼야 진정한 힘을 낼 수 있다.

집단지성, 제대로 활용하라

새로운 가치를 창출하는 원천인 집단지성을 이루는 방식에는 여러 가지가 있다. MIT 경영대학원 집단지성연구센터CCI는 집중·분산형 의사결정 방법

집단지성의 네 가지 유형

집단지성		상호관련성	
		높음	낮음
의사결정	집중	① 매칭 방식 matching	③ 집합 방식 aggregation
	분산	② 집단 의사결정 group decision making	④ 협업 방식 collaboration

자료 = MIT 경영대학원 집단지성연구센터 수정

과 상호관련성의 높고 낮음을 기준으로 다음과 같은 집단지성의 네 가지 유형을 제시했다.

① 매칭matching 방식: 대안의 확대와 선택에 의해 집단지성을 활용하는 것이다. 최적의 선택을 하기 위해 경우의 수를 늘려 확률을 높여가는 방식이다. 많은 참여자가 필요하고 다수의 대안에 대한 평가가 가능해야 한다. 플랫폼은 상금을 제공하는 보상 시스템을 통해 최적의 자원을 확보하고 합리적인 의사결정을 내릴 수 있다.

② 집단 의사결정group decision making 방식: 그룹의 각 개인의 생각이나 지식을 한 방향으로 통합해 종합적인 관점에서 의사결정을 내린다. 평균값, 중간값, 다수결 등에 의해 의사결정이 이루어지는 것이다. 집단이 의사결정을 내리기 전에 문제에 대한 충분한 정보를 확보해야 하며 집단의 전문성과 다양성을 조화시키는 일이 성공의 관건이다.

③ 집합aggregation 방식: 모든 참여자의 사고와 아이디어, 작업을 단순 집합하는 집단지성 활용방식이다. 인터넷에서는 사용자생산콘텐츠UCC 방식으로

응용된다. 가장 힘들고 많이 쓰이는 방식이나 부분의 오류가 전체의 오류로 이어질 수 있다는 단점이 있다.

④ 협업collaboration 방식: 집단을 조직으로 사용하여 협업을 통해 큰 시스템을 창조한다. 서로의 작업을 통해 전체를 최적화하는 노력이다. 위키피디아는 단순한 집합이 아닌 집단 지식의 융합을 통해 하나의 통일된 백과사전을 만들었다.

집단지성은 다양성의 집합만으로 바람직한 성과를 낼 수는 없다. 일반적으로 집단지성의 성공조건은 다음과 같은 5C가 있다(리드비터, 2009). ① 핵심core : 뛰어난 역량을 갖춘 설계자, 운영자 등 핵심 집단이 핵심 가치를 창조한다. ② 기여contribution : 다양한 기여자들이 존재하는 더 넓은 세계에 참여의 문호를 개방해야 한다. ③ 연결connection : 다양한 아이디어를 가진 여러 참여자가 서로 관계를 맺고 상호작용하며 아이디어를 교환해야 한다. ④ 협업collaboration : 지식은 확고한 자율통제를 통해 질서정연한 방식으로 체계화해야 한다. ⑤ 창의성creativity : 기여자들은 다른 사람의 간섭을 받지 않고 독립적이고 병렬적으로 생각하고 아이디어를 제공해야 한다.

하지만 잘못된 상황에서 군중은 개인보다 지혜롭거나 현명하지 못할 수 있다. 집단적 생각은 맹목적으로 줄을 지어 물에 뛰어드는 쥐떼들처럼 대중을 동시에 어리석은 바보로 만들기도 한다. 집단은 현재의 사고모델을 강화하는 경향이 있다. 이는 때로 창의적 이탈자의 위대한 아이디어와 시각을 무시하거나 거세해 버린다.

획일주의와 지식의 하향 평둔화平鈍化에 의해서는 집단지성이 발휘될 수 없다. 개인보다 더 똑똑한 네트워크는 저절로 생기지 않는다. 자율과 차별화, 경쟁 시스템이 작동하는 환경이 보장돼야 한다. 군중은 멍청한 집단주의에 의해 혼란과 자가당착에 매몰되기 쉽다. 개인의 창의성이 사라진 채 맹목적인 군중심리 hive mind에 빠져 포퓰리즘의 오류를 낳는 것은 집단지성이 아니다.

집단의 사고가 잘못된 길로 접어들지 않으려면 적합한 상황과 조건이 있어야 한다. 이 같은 상황과 조건이란 복잡한 문제를 해결해야 하고, 개인 혼자서는 만들어낼 수 없는 창조적인 과업을 시행해야 하며, 창의적인 사고 활동과 아이디어 개발이 필요한 경우를 말한다. 집단의 상황과 조건에 맞게 집단지성을 활용해야 의사결정이 바람직한 성과를 낸다.

구성원의 참여와 협업, 다양성과 공통의 가치, 독립된 사고와 공동체적 특성이 적절히 결합되고 조화를 이룰 때만 강력한 집단지성이 생겨난다. 공동체적 지적 결합이 부적절하면 순응주의, 불협화음을 초래한다. 구성원의 지성을 합하여 더 큰 탑을 쌓는 게 집단지성의 요체다. 참여자의 다양한 기여, 협조, 조력을 이끌어내는 보이거나 보이지 않는 힘을 필요로 한다. 지휘자가 오케스트라를 지휘하듯이 전체를 이끄는 리더십이 있어야 화음을 낼 수 있다. 규율, 편성과 통솔은 네트워크가 제대로 작동하고 기능하게 만드는 전제조건이다.

그렇다면 협업의 창조성은 어떤 분야에서 빛을 발하는 것일까? 대마불사大馬不死의 시대는 끝났다. 공룡처럼 덩치가 크기만 하면 세상을 지배하던 시대는 지나갔다. 고객의 니즈에 맞춰 기민하게 변신해야 대기업도 멸종을 면한다. 집단지성을 활용해 규모는 작지만 잠재력을 갖춘 틈새시장을 공략해서 성공을 거둘 수 있는 최적의 전략을 찾아야한다.

크리스 앤더슨은 《롱테일 경제학》에서 수백만 명의 소비자 마음을 움직이는 서너 개의 인기상품들 뒤에는 극소수의 소비자 마음을 끌어당기는 수많은 상품이 공룡의 긴 꼬리를 이루듯이 분포한다고 주장한다. 미래에는 개인의 취향에 따라 맞춤형 상품을 제공하는 나노경제 nano economy가 심화 발전한다. 기호가 까다로운 소수의 특정 소비자 집단이 소비의 주역으로 부상한다. 이에 부응해 다양하고 개성 있는 수요에 입각한 다품종 소량생산 같은 비즈니스가 각광을 받는다.

유통구조의 혁신에 따른 거래비용 감소는 롱테일 제품에 대한 소수 고객의 소량주문을 먼 거리를 배송하고도 이윤을 창조할 수 있게 해준다. 플랫폼에 틈새시장의 색다른 니즈를 가진 소비자를 끌어들여 사업을 확장하면, 작은 이윤이지만 참여자가 늘어남에 따라 성공할 수 있는 기회가 넓어지는 것이다. 아마존과 구글은 '롱테일의 법칙'을 활용해 생산과 영업에서 천대받던 상품 아이템을 재조명해 숨겨진 수익을 창출했다.

동등계층 생산과 개방형 혁신으로 가치 창출

외부 자원의 참여와 공유를 활용한 대규모 협업은 동등계층 생산peer production 혹은 피어링peering 을 통해 역동적이고 새로운 제품과 서비스를 생산해낸다. 기업은 생산 공정 기술 또는 생산 방식에 있어서 지적 재산을 공유화하여 동시다발적으로 혁신을 이룰 수 있는 동등계층 생산을 통해 다음과 같은 다양한 혜택을 얻을 수 있다.

첫째, 외부의 인재를 활용해 혁신을 추구할 수 있게 된다. 둘째, 고객의 니즈를 긴밀히 파악하고 고객 관계를 유지할 수 있다. 셋째, 보완재 수요를 늘리고 부가가치 창출의 새로운 기회를 확장하게 된다. 넷째, 기존의 폐쇄적인 방식보다 적은 시간과 비용으로 훨씬 효율적인 제품과 서비스를 제공할 수 있다. 다섯째, 경쟁 상대가 중요한 자원을 독점하지 못하도록 저지할 수 있다. 여섯째, 특허권이나 지적재산권 등 협업에 장애나 마찰이 되는 요인을 제거해 나갈 수 있다. 마지막으로, 기업은 동등생산 커뮤니티에 합류함으로써 공동체 사회가 가진 창의적인 아이디어 등 무형의 자본을 활용해 생성하는 가치를 수확할 수 있게 된다.

동등계층 생산과 관련이 있는 개방적 생산시스템으로는 아웃소싱, 크라우드소싱, 개방형 협업, 개방형 혁신과 같은 다양한 개념이 있다.

아웃소싱outsourcing은 조직이 외부의 자원을 활용하는 방식 가운데 두드러진 효과를 내는 것이다. 아웃소싱을 잘 하려면 외부에 있는 좋은 자원, 상대방을 찾아 계약을 맺고 이 자원, 상대방을 모니터링하면서 활용해야 한다. 아웃소싱은 제조업에서 비용 효율성을 높이는 유용한 방법이 된다.

크라우드 소싱crowdsourcing은 이보다 확장된 개념이다. 동등계층 생산과 유사한 것으로 생산과 서비스 과정에 협력업체뿐만 아니라 소비 주체인 대중도 참여하도록 시스템을 개방해 가격경쟁력을 높이는 동시에 생산 효율을 높이고 수익을 참여자와 공유하는 혁신적인 방식이다.

개방형 협업open collaboration은 외부자원을 활용한다는 점에서는 아웃소싱과 같지만 사용방식은 전혀 다르다. 개방형 협업은 외부 에이전트와 계약을 맺는 것이 아니라 다수의 외부 자원과 경쟁적 또는 통합적으로 협업하는 구조다. 다수의 외부 자원이 자발적으로 참여하기 때문에 기업은 검색 비용을 들이지 않고도 가장 좋은 자원을 확보할 수 있다.

개방형 혁신open innovation은 보다 광범위한 개념이다. 개방형 혁신은 분업화를 통해 핵심 가치를 키우고 새로운 수익을 얻게 해준다. 플랫폼 참여자를 위한 가치창조 활동이 벌어지는 주된 공간이 내부에서 외부 생산자와 소비자 집단으로 바뀐다. 예를 들어, 연구개발R&D과 관련된 조직에서 주된 혁신전략으로 활용한다. 즉, 조직 내부에 국한되어 있던 연구개발 활동을 조직 외부로 확장하여 외부의 아이디어와 연구개발 자원을 함께 활용하는 혁신방식이다. 기업은 개방형 혁신을 통해 연구개발에 소요되는 자원과 시간을 절약하고 혁신 성과를 높이는 방안을 마련할 수 있다.

집단지성을 활용한 플랫폼 비즈니스 전략은 다양한 외부 자원을 활용하고 참여자에게 인센티브를 제공함으로써 함께 성과를 증진시키는 방식이다. '군중의 지혜'를 보강하는 일은 개인이나 집단에 대한 보상을 통해 촉진된다. 플랫폼에 참여하는 일반 대중의 선택이 플랫폼에서 일어나는 작용을 좌우하게 될 정도로 참여자의 자유로운 진입을 허용하고 내부적 활동을 외부에 개방해야 한다는 것을 의미한다.

개방형 플랫폼의 운영자는 플랫폼을 활성화하고 부가가치를 더해주는 개인과 기업 등 참여자의 공로에 대해 어떤 보상을 제공해야 할까? 일반적으로 금전적인 보상이 많은 가치를 창출하거나 플랫폼 커뮤니티를 활성화하는 데 도움을 줄 수는 있다. 보상은 참여자의 기여도에 비례해 투명하고 공정하게 이루어져야 한다. 보통 경쟁적인 환경하에서 플랫폼의 혁신을 장려하기 위해서는 경연대회가 이용된다. 전문성과 다양성을 추구해 최고의 혁신을 개발한 참여자에게 상금, 지분, 커미션, 로열티를 지급하거나 경력을 인정하는 등 인센티브 체계를 마련할 필요가 있다.

경쟁적인 상황과는 달리 협력 커뮤니티collaborative community의 경우, 참여자는 자체 규범 아래서 정보를 공유하며 공동으로 문제를 해결한다. 이들 참여자에게 중요한 의미를 갖는 것은 금전적 보상만이 아니다. 명예, 평판, 인정 등 비금전적인 보상과 함께 참여 자체를 통한 만족감, 즐거움, 성취감도 내재적인 인센티브라 할 수 있다.

실제 수많은 혁신은 비금전적인 동기를 가진 참여자들에 의해 이루어졌다. 이들은 다른 참여자와 연결되고 자신을 표현하며 정체성을 확립하는 데 중요한 가치를 부여한다. 이 같은 참여자들의 열정과 희생, 집단적인 관대함이 없다면 플랫폼은 삭막한 거래장소가 되고 말 것이다. 이와 관련해 참여자들에게 폭넓은 통제권과 자율성을 제공함으로써 가치창출의 선순환이 일어나게 유도하는 방안이 바람직하다.

03
플랫폼, 성공 비즈니스의 新병기

**규칙과 판을 바꾸는 경영전략 대세 플랫폼 비즈니스
중개·관중동원·비용절감으로 수익 내는 촉매기업**

지하철 환승역 플랫폼에는 여러 노선으로 향하는 전동열차가 도착하고 출발한다. 플랫폼에 도착한 지하철 승객은 열차에서 내리거나 열차를 기다린다. 각자 가고자 하는 목적지를 향하는 열차에 올라타고 플랫폼을 떠난다. 이처럼 플랫폼은 참여자들이 모여드는 물리적 공간을 의미한다.

서울 코엑스 '별마당 도서관'은 책을 읽으며 대화를 나누는 역발상 공간이다. 누구나 자유롭게 와서 쉬는 만남의 장소다. 회원 가입이나 대출 등 전통적인 도서관 운영방식을 탈피한 덕에 모두에게 즐거움을 준다. 사방이 열린 넓은 실내 공간에서 음악 밴드가 공연하고 독서 모임, 명사 강연이 열린다. 책을 매개로 고객이 모이면서 코엑스 상권에 활기가 넘친다. 인근 상가는 매출이 크게 늘었다고 한다. 입지와 가격으로 치열하게 경쟁하던 '레드 오션red ocean'이 신개념 문화와 쇼핑 공간인 '블루 오션blue ocean' 플랫폼으로 바뀐 것이다.

비즈니스 플랫폼은 외부 생산자와 소비자가 다양한 장소, 다양한 방식으로 서로 만나 상호작용을 하면서 가치를 창출하는 사업의 기반이다. 페이스북Facebook, 아마존Amazon, 넷플릭스Netflix, 구글Google은 영문 첫 글자를 따서 'FANG'으로 불리는 미국의 4대 혁신기업이다. 정보통신기술 4인방 가운데 최근 혁신 역량이 시들해진 애플Apple이 빠지고 넷플릭스가 들어갔다. FANG과 함께 우버Uber, 에어비앤비Airbnb 등 공유경제 기업이 플랫폼을 기반으로 성공 신화를 쓰고 있다.

디지털 플랫폼 기업은 태생적으로 성장 속도가 빠르다. 혁신적인 기술로 세상을 바꾸고 글로벌 플레이어로 성장하지만 기술과 수요 변화의 사이클을 잘못 타서 한순간에 사라지는 기업도 많다. 성공적인 플랫폼 기업은 성장 단계에 따라 세 집단으로 분류된다.

① 개발 초기 단계 플랫폼emerging platform은 고성장 비즈니스에서 주목을 받는다. 이들 기업은 단순 제품이나 단일 지역을 대상으로 비즈니스를 시작하는데 시장의 수요에 기민하게 대응하는 특성을 갖는다. 초기 단계 경영관리는 구조화되지 않아 글로벌화 단계로 진입하면서 체제를 갖추기 시작한다.

② 다음 세대next generation 플랫폼 기업은 본격적인 글로벌 확장에 나서는 단계다. 다양한 지역과 나라를 공략하며 제품도 다양한 품목을 갖춰 글로벌 소싱을 활용한다. 경영관리는 한층 짜임새 있는 모양새를 갖추고 효율성을 제고하는 특징이 부각된다.

③ 거대 플랫폼platform titan 기업은 마지막 단계다. 다양한 제품과 서비스를 세계 어디든지 정교한 방식으로 공급하고 안정적인 성장을 구가한다. 세계 10대 거대 플랫폼은 전체 산업 내 수익을 60% 이상 차지할 정도로 영향력이 막강하다. 아마존, 알리바바 등 거대 플랫폼 기업은 대규모 고객집단을 바탕으로

금융, 헬스케어 서비스로 사업 영역을 확대해 나가고 있다.

플랫폼 비즈니스에서 주역은 '촉매觸媒·catalyst 기업'이다.

구글, 아마존, 페이스북과 같이 거대 촉매기업이 등장해 엄청난 돈을 벌어들이는 세상이다. 촉매기업은 플랫폼의 설계 · 운영 · 업그레이드를 담당한다. 촉매기업은 비즈니스 네트워크와 커뮤니티를 구축하고 관리하며 참여자의 상호작용을 촉진한다(에반스 · 슈말렌지, 2008).

리처드 슈말렌지 MIT 경영대학원 교수는 둘 이상의 서로 다른 물질 사이에서 반응을 일으키거나 반응을 촉진하는 물질인 촉매에서 새로운 개념을 만들

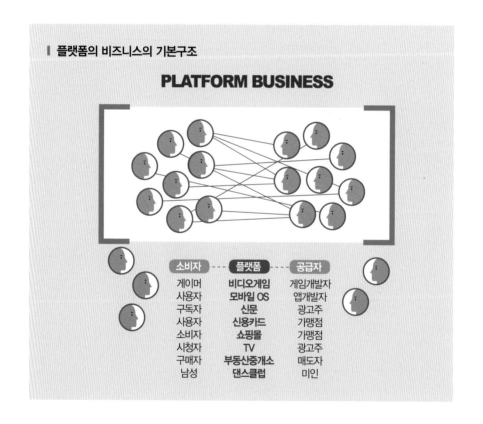

▌ 플랫폼의 비즈니스의 기본구조

PLATFORM BUSINESS

소비자	플랫폼	공급자
게이머	비디오게임	게임개발자
사용자	모바일 OS	앱개발자
구독자	신문	광고주
사용자	신용카드	가맹점
소비자	쇼핑몰	가맹점
시청자	TV	광고주
구매자	부동산중개소	매도자
남성	댄스클럽	미인

었다. 촉매기업은 크게 세 가지로 나뉜다. 첫째, 중개자matchmaker는 이베이나 나스닥과 같이 상거래를 위한 인프라를 제공하는 기업이다. 둘째, 관중동원자audience builder는 인터넷 포털이나 신문사, 방송사처럼 많은 청중을 끌어 모은 뒤 광고를 유치해 돈을 버는 회사를 말한다. 마지막으로, 비용 절감자cost minimizer는 MS 윈도, 구글 안드로이드처럼 공동 운영체제OS를 개발하고 관리해줌으로써 사용자와 개발자가 서로 효용을 창조할 수 있도록 도와준다.

플랫폼 경영의 확산과 특징

플랫폼 비즈니스는 경영 트렌드의 대세다. 글로벌 경영 현장에서 플랫폼 열풍이 거세게 불어 닥치고 있다. 플랫폼은 규모와 형태가 빠르고 쉽게 변화하며 새로운 기능을 제공하는 매우 강력하고 가치 있는 비즈니스 생태계다. 기존의 기업 경쟁력은 물리적 자산, 토지 및 자원 등에 기반을 두고 있다. 플랫폼 기업은 이 같은 자산과 자원 대신 강력한 기술과 빠른 성장세를 바탕으로 기존 체제와 영역을 파괴하고 규칙과 패러다임을 바꾼다.

금융, IT, 미디어 산업에서 시작된 플랫폼 혁명은 서비스, 유통, 그리고 제조업으로 확산된다. 나아가 공장, 학교, 병원, 공공기관 등 전 영역에서 오프라인과 온라인이 서로 연결되고 결합되는 O2Oonline to offline 융합이 확대된다. 플랫폼 기업은 인공지능Artificial Intelligence, 사물인터넷Internet of Things, 클라우드 컴퓨팅Cloud Computing, 빅데이터Big Data 등 신기술이 동시에 발전하는 4차 산업혁명을 선도한다.

플랫폼은 접속과 연결의 통로이자 공간이다. 플랫폼이란 두 개 이상 차별화된 참여자 집단을 대상으로 거래 상대방을 찾고 상호작용을 통해 핵심 가치를 나누게 해줌으로써 부가가치를 창출하는 장場이나 토대, 기반을 말한다. 플랫폼은 상품 거래나 소프트웨어를 개발할 수 있는 공통의 핵심적인 역량, 기술적인 토대를 의미하기도 한다. 비즈니스 플랫폼은 상품 또는 경험이나 가치를 복수의 공급자와 수요자가 정해진 규칙에 따라 안정적으로 거래하고 상호작용할 수 있도록 체계적으로 설계되고 구축된 시스템으로 정의된다.

또한 플랫폼은 참여자의 상호작용을 증대시키는 개방형 인프라를 제공하고 효율적인 지배구조를 구축한다. 플랫폼이 존재하는 목적은 사용자들이 서로 필요로 하는 최적의 상대를 만나서 제품이나 서비스 또는 사회적 가치를 교환할 수 있게 함으로써 모든 참여자가 부가적인 가치를 획득할 수 있게 해주는 데 있다. 플랫폼에서 생성되는 가치는 참여자들 사이의 상호작용을 통해 변형되고 교환되며 소비된다.

특히 제조 플랫폼은 기업이 다양한 상품을 생산하거나 판매하기 위해 공통적으로 사용하는 기술적인 기반이다. 플랫폼은 반복 작업의 주된 공간 또는 구조물을 의미하기도 한다. 자동차 산업에서 플랫폼은 차량의 기본 토대를 뜻한다. 예를 들어, 현대차의 쏘나타는 아반떼와는 다르지만 그랜저와 같은 생산 플랫폼을 사용한다. 효율적인 가변생산시스템flexible manufacturing system을 통해 유연한 방식으로 제품 생산이 가능하다.

제조업에 있어서 플랫폼은 범용성, 모듈화, 통제력 등 세 가지 특징을 갖는다. ① 플랫폼은 다양한 종류의 시스템을 제공하기 위해 범용적으로 사용하는 기술적 토대다. ② 플랫폼에서는 특정 모듈module을 반복적으로 재사용할 수 있도록 시스템이 모듈화되어 있다. ③ 플랫폼은 시스템의 다른 모듈을 통제하고 원활한 작동을 돕는다.

또한 제품, 서비스, 기술 등이 융합돼 플랫폼 잠재력platform potential을 갖기 위해서는 기능성functionality과 확장성extendability이라는 두 가지 조건을 충족해야 한다. 플랫폼 잠재력은 '기능성×확장성'이라는 방식으로 폭발적인 힘을 발휘한다(최병삼 외, 2014).

첫째, 기능성은 잠재 고객이 원하는 거래 상대방을 찾아주거나, 탐색비용이나 공통비용을 줄일 수 있고, 고객에게 문제해결 방법을 제시하는 등 필수적인 기능을 제공하는 것을 뜻한다. 즉, 플랫폼은 업계의 기술적 난제, 고객의 통점과, 애로사항을 해결하는 기술이나 상품을 제공해야 한다.

둘째, 확장성은 플랫폼을 활용하여 다양한 종류의 제품이나 서비스를 개발하기가 용이해야 함을 뜻한다. 플랫폼 활용이 쉽거나 용도가 많으면 관련 상품의 개발이 활성화되어 기업 생태계가 창출하는 경제적 가치도 커진다. 생산자, 소비자, 개발자, 협력자 등 다수의 참여자가 플랫폼상에서 상호작용을 통해 핵심 가치를 창출하는 활동을 확대해 나갈 수 있는 토대가 돼야 한다.

플랫폼은 참여자 기반이 확대됨에 따라 인접 분야로 영역을 넓히고 업그레이드해나가는 확장성을 보유한다. 플랫폼이 창출하는 공동의 이익은 확장성과 비례해 증가한다. 고객관리망을 플랫폼으로 활용하는 코웨이의 사례를 살펴보자. 코웨이는 코디(제품관리전문가) 네트워크를 활용해 렌털 품목을 지속적으로 넓혀나가고 있다. 정수기에서 시작해 공기청정기, 연수기, 비데, 침대 매트리스 등으로 방문판매 서비스 품목을 확대했다. 최근에는 제휴를 통해 금융, 통신, 보험 분야로까지 사업을 확장하는 전략을 취하고 있다.

플랫폼 비즈니스의 사례는 우리 주변에 수도 없이 많다. 아파트 소유자와 구매자 간 가격을 맞춰 매매를 성사시키는 부동산 중개업소는 플랫폼의 대표적인 케이스다. 컴퓨팅이나 모바일에서 소프트웨어를 작동하는 MS 윈도나 구글 안드로이드 같은 운영체제OS도 플랫폼으로 손꼽힌다. 컴퓨터 OS뿐만 아니라 방문 판매조직, 앱마켓 등 B2B에서 B2C에 이르기까지 플랫폼의 종류는 다양하다. 일본의 닛토덴코는 기술을 플랫폼으로 활용했다. 세계 최고 수준의 점착기술에 코팅, 고분자 제어, 광학기술 등을 응용하고 종합하는 방식으로 신제품을 내놓았다.

온라인 쇼핑몰이나 앱스토어도 개발자 · 생산자 · 협력자 · 소비자를 모아 자생적인 비즈니스 생태계를 만든다. 신용카드사는 가맹점과 카드 사용자들을 연결하는 플랫폼이다. 구글, 네이버 등 인터넷 포털사이트나 TV방송사, 신문사와 같은 언론회사도 플랫폼으로서 광고주와 방문자, 시청자, 구독자를 연결해주고 광고수입을 거둔다. 즉, 미디어를 비롯해 정보를 핵심 재료로 다루는 산업은 모두 플랫폼 혁명의 대상이다.

04
세상을 바꾸는 플랫폼의 힘

新가치창조 · 재중개화 · 시장통합으로 와해적 혁신
승자독식으로 지배 · 종속관계 형성 땐 부작용 낳아

전통적인 비즈니스는 제품을 생산하고 소비자에게 판매하는 과정이 컨베이어 벨트처럼 연속선상에 있기 때문에 파이프라인pipeline이라고 한다. 아울러 벽돌과 회반죽을 뜻하는 브릭 앤 모타르brick and mortar라는 용어는 소매상점과 같이 온라인 쇼핑몰과 대비되는 실물기반 오프라인 비즈니스를 상징한다.

파이프라인 경제는 가치의 창출과 이동이 '소재-부품-조립-물류-유통-소비-재활용'에 이르는 단선형 가치사슬linear value chain 구조를 갖는다. 파이프라인 기업은 인적 · 물적 자본의 투입과 사용 가능한 기술, 물리적 자산의 관리 능력에 따라 성장에 제약을 받는다. 전통적 기업은 내부의 통제시스템에 의존해 품질과 재고를 관리하며 거래비용을 부담한다.

플랫폼은 이 같은 제약과 부담을 벗어나 보다 자유롭고 혁신적인 비즈니스를 창조할 수 있게 해준다. 플랫폼 생태계에서는 가치 네트워크value network에 의해 생산 활동이 이루어지기 때문에 파이프라인 기업이 가치사슬 공정에서 만드는 제품보다 다양하고 창조적인 성과를 낸다. 품질·서비스 경쟁력이 뒤처지는 파이프라인 기업은 점점 시장에서 점점 플랫폼 기업에 밀려난다.

모바일 정보 전송 속도를 획기적으로 증대시키는 5G 이동통신, 모든 기기를 실시간 인터넷으로 연결하는 사물인터넷IoT 등 정보기술 혁신은 초연결 사회를 앞당긴다. 네트워크 연결성은 4차 산업혁명의 핵심 가치다. 이는 인간과 기계의 잠재력을 획기적으로 향상시킨다. 플랫폼상 모든 주체는 네트워크에 연결된 고품질 대용량의 서비스를 활용해 사회적·경제적 편익을 마음껏 향유할 수 있다.

4차 산업혁명 시대에 성장하는 플랫폼 비즈니스 모델은 크게 세 가지로 나눌 수 있다. 첫째, 확산diffusion형 비즈니스 모델이다. 플랫폼으로 구축된 자사의 비즈니스 모델을 중심으로 다양한 비즈니스와 기능을 연결하며 새로운 서비스를 지속해서 창출하는 모델을 통칭한다. 둘째, 융합convergence형 비즈니스의 형태다. 기존의 비즈니스에 새로운 생각과 기능을 추가해 지속적으로 다른 영역으로 사업을 융합해 나가는 경우다. 마지막은 전환conversion형 비즈니스다. 기존 사업의 핵심 가치를 새롭게 바꿔 완전히 다른 기능의 비즈니스 모델로 변신하는 경우다.

플랫폼 비즈니스는 다층 구조를 가질 수 있다. 플랫폼 기업은 플랫폼에 단순히 참여자들에게 가치 창출 공간만을 제공하는 것이 아니라 자사 제품이나 서비스로 특정 카테고리를 직접 운영하기도 한다. 이 같은 방식을 플랫폼 내 플랫폼PIP: platform in platform 이라고 한다. 또한 플랫폼 포획platform envelopment은 자사 플랫폼을 중심으로 외부 플랫폼을 흡수함으로써 새로운 사업 영역에 진출하거나 다른 플랫폼 기반 시장을 잠식하는 전략이다.

양면 · 다면시장의 다양한 사례

경제학 이론에서 보면 플랫폼은 양면 · 다면시장 구조를 갖는다. 양면시장兩面市場·two-sided market 또는 다면시장多面市場·multi-sided market 은 단일 또는 복수의 플랫폼이 생산자와 소비자(또는 다수의 참여자) 사이의 상호작용을 가능하게 해주는 동시에, 양측(또는 여러 참여자들)에 적절하게 비용을 분담시켜 거래에 참여할 유인책을 제공해주는 시장을 말한다.

양면시장의 대표적인 사례인 신용카드 시장을 살펴보자. 신용카드 플랫폼에서는 카드 이용자와 가맹점이 양쪽면의 참여자다. 카드 이용자가 많아야 가맹점 매출이 늘고 가맹점이 많아야 사용자의 편의와 효용이 커지는 구조다. 신용카드사는 제품을 파는 가맹점으로부터 카드 대금의 일정액을 수수료로 받는다.

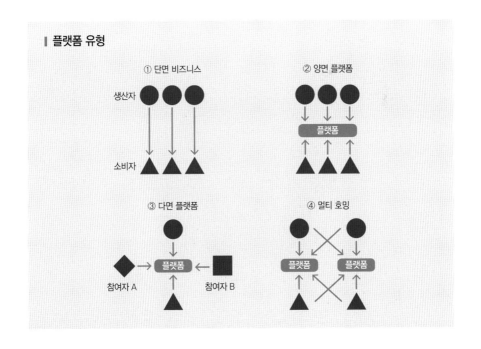

▌플랫폼 유형

또한 신용카드사는 제품을 사고 대금을 지불하는 카드 이용자에 대해서는 가입비나 연회비를 받지만 각종 포인트나 혜택을 줌으로써 카드 사용을 부추긴다.

나이트클럽도 양면시장이다. 남성과 여성을 한자리에 모아 놓고 연애 사업이라는 새로운 시장을 창출한다. 대개 여성의 입장료는 무료이지만 짝을 찾아 몰려드는 남성은 비싼 입장료와 술값을 부담해야 한다. 나이트클럽에는 미녀가 많이 등장해야 돈 많은 남성이 많이 몰려들어 매출이 증가하게 된다. 합리적인 소비자의 상품 구매 유형이 '매장구매 → 인터넷 쇼핑 → 인터넷 오픈마켓'으로 진화하는 것도 양면시장에서 나타나는 특성이다(에반스 · 슈말렌지, 2008).

플랫폼 사업자는 단면시장one-sided market에서 창출할 수 없는 새로운 가치를 만들어 내는 사업을 통해 이득을 확보하게 된다. 예를 들어, 페이스북은 〈그림〉에서 보듯이 친구 발신자, 기업 발신자, 앱 개발자, 광고주, 친구 수신자, 기

▌페이스북의 6면 플랫폼

광고주

친구(발신자)

기업(수신자)

플랫폼
FACEBOOK

기업(발신자)

친구(수신자)

앱 개발자

자료 = 에반스 · 슈말렌지(2008)

업 수신자 6면 플랫폼을 만들어 운영한다(에반스·슈말렌지, 2008).

월리엄 백스터는 양면시장을 처음 학문적으로 조명한 학자다. 스탠퍼드 대학 법학과 교수였던 그는 불공정거래에 중점을 둔 법률적 이슈에 경제학을 적용하는 연구에 몰두했다. 특히 카드 가맹점이 카드를 발급한 은행에게 거래 건별로 일정 금액을 지급하는 정산수수료interchange fee와 관련한 불공정거래 사례를 집중 분석했다. 그는 1983년 자신의 논문에서 카드 회원과 가맹점이 카드를 매개로 삼아 서로 거래를 하지 않는 한 카드사용은 아무런 가치를 창출하지 않는다는 사실을 밝혀냈다. 그는 카드 정산수수료와 고객의 카드수수료는 개별적인 관계로 정해지는 것이 아니라 은행과 가맹점−고객 간 수요에 균형을 맞추기 위해 사용되는 가격구조의 구성요소라는 점을 규명했다.

2003년 프랑스 툴루즈 대학 소속 경제학자, 장 샤를르 로쉐와 장 티롤은 수학적으로 백스터의 연구 성과를 입증하고 플랫폼 이론을 확장했다. 그들은 자신의 연구 모델을 쇼핑몰, 데이트 클럽, 비디오 게임 등 많은 비즈니스에도 적용할 수 있다는 사실을 입증했다. 장 티롤 교수는 플랫폼 이론을 시장 지배력과 정부 규제에 적용한 분석에서 선구적인 연구 성과를 일궈내 2014년 노벨 경제학상을 수상했다.

플랫폼의 경제적 효과

플랫폼의 경제적 효과는 세 가지로 요약된다(최병삼 외, 2014). 첫째, 플랫폼을 토대로 내부 자원을 효율적으로 사용할 수 있어 거래·탐색비용이나 공통비용 등 비용이 절감된다. 둘째, 외부 자원을 활용해 생산 판매활동을 확대하면 외부 이해관계자와의 교류·소통·협력과 상호작용이 증대된다. 셋째, 고객이 원하는 새로운 가치 창출을 통해 소비자와 생산자 가치를 극대화할 수 있다. 플랫폼 비즈니스의 적용 범위는 무궁무진하다. 국가적으로도 신도시, 공항, 첨단산업단지 등 개발 프로젝트를 기획하거나 전력거래소 등 새로운 거래시장을 도입해 활성화하는 데 유용한 기법임에 틀림없다.

아울러 플랫폼 기업은 기존 산업을 무너뜨리고 새로운 패러다임을 세우는 와해적 혁신disruptive innovation을 주도한다. 플랫폼이 만들어내는 와해적 혁신에는 다음과 같은 세 가지 형태가 있다(앨스타인 외, 2017). 첫째, 공유경제를 활성화하는 가치로부터 자산을 분리de-linking assets from value한다. 자산 소유권을 자산의 가치에서 분리하면 자산이 소유자에게만 한정되지 않고 독립적으로 거래되고 사용됨으로써 경제적 가치를 극대화할 수 있다.

둘째, 재중개화re-intermediation를 촉진한다. 플랫폼 비즈니스는 새로운 유형의 중개인을 끌어들인다. 네트워크로 연결된 플랫폼은 확장 가능한 시장 중개 메커니즘을 활용한다. 시장 참여자를 위한 새로운 경제활동이 가능해진 이유는 플랫폼을 통해 한계비용 제로, 한계수익 극대화를 누릴 수 있기 때문이다. 한계비용이 제로화하면 기존 파이프라인 비즈니스의 가치사슬이 완전 해체된다.

셋째, 시장통합market aggregation을 가능하게 만든다. 조직화되지 않은 시장이 통합되면서 효율성이 높아진다. 지역과 시간, 분야로 나뉜 시장이 플랫폼을 통해 하나로 통합되고 참여자들이 서로 만나 서로 원하는 제품과 서비스를 교환할 수 있게 된다.

세상을 지배하는 플랫폼 비즈니스의 가격결정 방식은 단면시장 이론과 다르다. 미시경제학에서 입증된 이론처럼 한계수익을 한계비용에 맞추는 수준에서 생산량을 결정하는 이윤극대화 최적 조건이 통하지 않는다. 양면시장 플랫폼에는 일반적으로 서비스나 상품을 공급하는 쪽과 수요하는 쪽이 존재한다. 이 중 상대방을 더 절실하게 필요로 해 요금을 기꺼이 지불할 용의가 있는 쪽에 부담을 더 지우는 것이 해법이다.

예를 들어, 많은 신문사는 종이 대신 인터넷이나 모바일 기기를 활용해 기사를 보도하면서 무료화 전략을 쓴다. 독자들을 많이 끌어 모아야 광고수입을 늘릴 수 있기 때문이다. 대개 신문값은 원가에도 못 미친다. 지하철에서 공짜로 제공하는 신문도 있다. 소위 '무가지'를 제작하는 신문사는 구독료 대신 광고수입에만 매출을 의존한다. 무가지 신문은 사업 초기 플랫폼 참여자를 늘리는 일이 쉽지 않아 공짜로 독자를 먼저 확보한 뒤 광고수입으로 매출을 끌어올리는 전략을 쓴다. 구체적인 가격결정 전략은 2부 5장에서 설명하겠다.

플랫폼, 역기능 사례도 있다

플랫폼 생태계는 흐르는 물과 같이 역동적이다. 성공한 기업일지라도 마음을 놓을 수 없다. 언제든지 예상치 못한 경쟁자가 등장해 판을 뒤집을 수 있기 때문이다. 특히 신성장 분야에서는 덩치만 큰 전통기업이 혁신적인 후발주자에게 따라 잡히곤 한다. 제아무리 힘 있고 잘나가던 기업이라도 더 잘하는 기업이 나타나면 눈 깜짝할 사이 역전되고 만다. 실제로 신문시장에서 무가지는 온라인 신문의 확산으로 사라지고 말았다.

갈수록 치열해지는 플랫폼 간 경쟁에서 이기려면 제품, 기술과 규모, 전략을 차별화해야 한다. 이를 통해 경쟁우위를 확보하고 새로운 비즈니스 기회를 잡아야 한다. 아울러 기업 내부 플랫폼을 외부에 개방해 핵심 가치를 더욱 향상시키는 노력도 필요하다. 참여자를 확대함으로써 새로운 수익원을 창출하고 고객 충성도를 끌어올리기 위해서다.

플랫폼의 문제점도 간과할 수 없다. 플랫폼이 산업 생태계에서 횡포를 부리는 등 역기능적인 사례도 다양하게 일어날 수 있다. 성숙단계에 접어든 사업 영역에서는 플랫폼이 승자독식하는 현상이 나타나기 쉽다. 플랫폼을 시작할 때만 해도 개방적이고 참여비용도 저렴하지만 플랫폼 규모가 커지고 참여자가 늘어날수록 플랫폼은 경쟁우위를 바탕으로 독점적 이익을 극대화하려 한다. 성공한 플랫폼은 자신의 플랫폼에 참여하는 협력 기업이나 콘텐츠 제공자를 인수합병M&A을 활용해 수직 통합vertical integration 하려는 경향이 있다. 여러 플랫폼 사업자가 동일한 시장에서 경쟁할 때 참여자가 몰리는 블랙홀 같은 플랫폼으로 다른 플랫폼이 흡수되는 경우도 발생한다.

또한 플랫폼 사업자가 납품하던 협력업체를 자신에게 유리한 조건을 제시하는 업체로 교체하거나 고객과 직접 접촉해 다른 경쟁사 제품을 공급하는 등 기존의 협력관계를 깨뜨리는 행동에 나설 수도 있다. 플랫폼 내에서 협력업체는 이처럼 경쟁사와 경합을 벌이는 위험이 상존하므로 긴장을 늦추거나 방심해서는 안 된다.

아울러 플랫폼 내부적으로도 참여 집단 사이에 이해가 상충하는 문제가 발생하기도 한다. 플랫폼이 현상유지에 주력하는 경우, 혁신의 속도가 느려지면서 역동적인 경쟁시장에서 발생하는 기술 발전의 혜택을 시장 참여자가 제대로 누릴 수 없는 현상, 즉 과잉 관성excess inertia 이 일어날 수 있다. 플랫폼의 네트워크 효과는 새롭거나 더 나은 기술의 채택을 더디게 하거나 혁신을 거부하는 역설적인 결과를 낳을 수도 있는 것이다.

플랫폼 사업자와 참여자 간에 파워게임도 일어난다. 사용자 경험user experience을 바탕으로 이뤄진 참여자의 선택은 플랫폼 사업자의 사용자 접점user interface을 결정짓고 네트워크 주도권을 장악하는 데 결정적으로 기여한다. 사업 초기 플랫폼 내부에서 생산자나 협력자는 플랫폼 사업자에게 경영 효율화와 고객 확보에 도움을 주거나 지원을 받을 수 있다. 하지만 플랫폼 사업자와 참여자의 호혜적 관계가 지배−종속 관계로 변화하면서 갑甲인 플랫폼 사업자의 횡포에 참여자인 을乙은 희생양이 될 수도 있는 것이다.

초기에 플랫폼 사업자는 무료에 가까운 서비스를 제공하다가 경쟁자를 제거한 이후에는 시장지배력을 이용해 가격을 인상하는 등 독과점 사업자와 같은 행동에 나설 가능성이 있다. 또 프랜차이즈 사업의 경우, 사업규모가 커지고 가맹점이 늘어나면 플랫폼 사업자가 수수료를 인상하거나 물품을 강매하는 등 횡포를 부리는 경우가 적지 않다. 임계점을 넘어선 플랫폼 사업자는 가맹점이 수수료 인상에 반대해 탈퇴하더라도 이를 대체할 새로운 가맹점은 얼마든지 구할 수 있다는 입장이다. 4차 산업혁명과 플랫폼 비즈니스 성장으로 공정거래법 개정 필요성이 대두된다. 기존의 규범으로는 변화된 경제여건과 현상을 규율하는 데 한계가 있다.

플랫폼에 참여하는 가맹점이나 협력업체의 교섭 능력이 취약하기 때문에 사업 초기에 모든 사태를 예상해 플랫폼 사업자가 부당한 수수료 인상에 나서지 못하도록 계약서에 명시하는 등 예방적 조치가 필요하다. 거대 플랫폼은 조세 회피 능력도 탁월하다. 법인세, 부가가치세 등 각종 세금이 낮은 국가에 거점을 두고 대부분의 나라에서 벌어들인 수익에 대한 세금을 회피할 수 있다. 아울러 개인정보 보호를 소홀히 하거나 고객정보 매매 및 남용, 불법 이용 등 프라이버시를 침해하는 문제를 낳기도 한다. 다양한 플랫폼의 폐해를 최소화하기 위해 플랫폼 사업자 스스로 시장 질서를 준수하는 노력이 필요하며 공정경쟁 당국의 감시, 시정 활동도 병행돼야 할 것이다.

05
양면·다면시장에서 승부하라

플랫폼 가격구조 한계비용보다 높거나 낮을 수도
부수적 지불·이용료 조절 가능 땐 양면시장 아니야

경제학에서 시장이란 수요자와 공급자가 재화나 서비스를 거래하는 물리적 또는 가상의 공간을 말한다. 시장에 참여하는 수요자와 공급자는 거래를 통해 각각의 잉여와 만족을 향유한다. 이 같은 단면시장에서는 제품과 서비스를 제공하기 위해 투입되는 원가가 존재하고 시장가격과의 차이인 마진 폭은 제품과 서비스를 구매하는 고객 선호체계와 시장의 경쟁구조에 의해 결정된다.

시장에 참여한 기업들은 생존을 위해 치열한 경쟁을 벌인다. 경쟁이 강하고 약한 정도에 따라 기업들이 얻을 수 있는 이윤의 크기가 결정된다. 생태계의 포식자와 같은 강력한 시장지배자가 있는 불완전 경쟁하에서 모든 면에 취약한 신규 사업자는 시장 진입 후 살아남기 힘들다. 다만 새롭게 진입하는 경쟁자가 제품의 품질이나 원가에서 경쟁력을 발휘할 수 있다면 시장을 잠식하면서 성장해 나갈 수 있는 것이다.

유통산업의 예를 들어보자. 전통적인 소규모 상점은 고객이 어떤 제품을 원하는지 고려하지 않은 채 매장 크기, 제품 구색, 제품 가격, 수량을 주인이 먼저 판단하고 고객을 맞는다. 소매점들은 고객이 매장에 들러 제품을 둘러보고 구매하는 데 수동적인 대응하는 방식으로 사업을 운영해왔다. 하지만 현명한 고객은 소규모 상점이 제공하는 제품 구색, 서비스나 가격이 대형 쇼핑몰에 비해 만족스럽지 못하다는 인식을 갖게 된다. 그래서 소매점 대신 대형 쇼핑몰을 선호하고 이에 따라 전통적인 소규모 상점은 문을 닫게 된다. 온라인과 통합된 서비스를 제공하는 쇼핑몰은 똑똑해진 고객의 니즈를 파악하고 대응해 고객이 만족할 수 있는 최적의 서비스를 제공할 수 있다. 이처럼 단면시장은 터보엔진이 달린 양면·다면시장 two/multi-sided market 에 맞설 수 없다.

인터넷 쇼핑몰이 플랫폼이 되어 다수의 판매자와 소비자를 연결하는 것은 양면시장이다. 하지만 쇼핑몰 운영자가 직접 제품을 선정하고 생산자로부터 제품을 구매하여 쇼핑몰에 등록하고 자신이 책정한 가격으로 자신의 책임하에 소비자에게 판매하는 경우, 이는 양면시장이 아닌 단면시장이 된다. 이때 쇼핑몰 운영자는 판매자와 운영자를 수직결합하고 판매자에게 부과되는 이용료를 내부화하는 경우와 다를 바 없다.

플랫폼 비즈니스는 단면시장과의 경쟁에서 유리하기는 하나 기존의 모든 영역에서 성공하는 것이 아니다. 새로운 제품과 서비스 영역을 개척하는 역량이 있어야만 돌풍을 일으킬 수 있다. 고객이 원하는 서비스, 성능, 효용을 제공함으로써 고객 감동을 얻어내는 새로운 산업 카테고리를 창조하고 지배해야 한다. 하나의 카테고리를 만들어내고 시장을 지배하는 플랫폼 기업은 '카테고리 킹 category king'에 등극한다. 이를 위해서는 이전에는 존재하지 않던 새로운 시장을 '명명'하고 '정의'할 수 있는 능력을 갖춰야 한다. 혁신적인 아이디어는 기본이다. 신규 사업에서 소비자들의 관심과 지지를 이끌어 내느냐의 여부에 사업의 성패가 달렸다.

플랫폼 비즈니스의 성공은 양면의 참가자가 가지고 있는 역량과 철학이 제품에 담기는 협력관계를 통해 가능하다. 콜래보노믹스collabonomics는 플랫폼 참가자의 상호 협력을 통해 이익을 창출하려는 전략이다. 혁신의 초점은 소비자의 잠재적 욕구 충족과 편의성 증대에 맞춘다. 그래야만 소비자의 공감과 폭발적인 반응을 이끌어낼 수 있다. 가격이 싸고 품질도 좋고 세련된 제품을 중심으로 생산자와 소비자가 협력할 때 새로운 시장이 창출될 수 있는 것이다.

양면시장을 운영하는 주체, 즉 플랫폼 사업자의 유형은 참여자 연결 및 가치 창출과 관련해 다음 세 가지로 나눠볼 수 있다. 첫째, 구매자와 판매자와 같이 상호작용을 원하는 양측을 연결하는 기능을 담당하는 시장조성자market maker를 들 수 있다. 둘째, 광고주와 다수의 고객을 연결하는 청중조성자audience maker가 가능하다. 셋째, 수요조정자demand-coordinator는 교차 네트워크 외부성을 창조하는 재화나 서비스를 만들어내는 역할을 한다.

양면 · 다면시장이 성립하려면

양면시장이 성립하기 위한 필요조건은 다음과 같은 세 가지다. 첫째, 상호연결을 필요로 하는 둘 이상의 구분되는 참여자 집단distinct user groups이 존재한다. 둘째, 한 면의 참여자 집단은 다른 면의 집단 규모가 클수록 더 큰 효용을 얻는다. 즉, 교차 네트워크 외부성cross network externality이 존재하는 시장이다. 특정 이용자 집단의 소비 · 생산 행위에 다른 이용자 집단의 소비 · 생산 활동이 영향을 미치는 효과다. 구체적 내용은 다음의 6장에서 살펴보겠다.

셋째, 높은 거래비용transaction cost으로 인해 서로 다른 참여자들이 자체 노력으로 직거래하는 것이 불가능하다. 즉, 다른 유형의 참여자들 사이에는 거래를 통해 교차 네트워크 외부성을 내부화할 수 없고 플랫폼에 참여한 거래를 통해서만 내부화가 가능하다. 따라서 양면시장에서 거래비용을 최소화하면서 외부성을 해소하는 플랫폼은 양면에 차별적인 이용료를 부과해 수익을 창출하는 실질적, 가상적 공간 또는 제도적 장치로 볼 수 있다.

양면시장에서 '시장'은 서로 다른 복수의 사용자 집단이 상호작용하는 물리적, 가상적 플랫폼을 의미한다. 단면시장에서 거래 쌍방이 교환하는 가격은 한계비용과 일치할 때 균형을 이룬다. 이는 단면시장의 특징인 가격구조의 중립성price structure neutrality이 확보된다는 것을 의미한다. 하지만 양면시장에서는 가격구조가 중립성을 확보하지 못하고 양면에서 형성되는 균형 가격은 한계비용보다 낮거나 높을 수 있다.

양면시장에 참여하는 이용자의 효용은 자신이 속한 측면에 부과되는 이용료뿐만 아니라 다른 측면에 적용된 이용료에 의해서도 영향을 받는다. 만일 서로 다른 측면의 이용자 사이에 부수적 지불side-payment이 가능하고 판매자와 구매자가 협상을 통해 각각의 플랫폼 이용료를 조절할 수 있다면 양면시장이 아니다. 부수적 지불이 가능하다는 말은 양측의 이용자가 플랫폼 없이도 자유롭게 거래가 이루어질 수 있다는 것을 뜻한다. 이처럼 양면시장은 최종이용자들이 부수적 지불이나 협상을 통해 효율적인 결과에 도달할 수 없고 가격구조가 비중립적인 두 가지 특성을 갖는다.

양면시장에서의 가격차별은 플랫폼 비즈니스의 기본 전략이 된다. 즉, 양측 참여자가 플랫폼에 모두 진입하도록 유도해서 임계점critical mass에 도달하기 위한 전략에서 참여자 양측에 상이한 가격을 책정하는 것이다. 이는 단면시장에서 일어나는 여러 가지 형태의 가격차별화 전략과는 성격과 차원이 다르다.

플랫폼 격전지에서 임계점을 넘어서는 승자는 시장 독식의 기회를 갖지만 패자는 시간 경과에 따라 시장점유율을 잃어가며 결국 소멸하고 만다.

양면시장에서는 두 그룹의 참여자가 모두 플랫폼에 참여하고 상호작용을 증대하도록 가격구조price structure를 정하는 것이 중요하다. 플랫폼 사업자가 양측 참여자에 부과하는 가격의 합인 가격 수준price level을 일정하게 유지하되, 한쪽 시장에서는 이용료를 인상하고 다른 시장에서는 동일한 금액만큼 이용료를 인하하는 방식으로 가격구조를 바꿈으로써 전체 거래량을 늘릴 수 있다면 이 시장은 양면시장이 된다. 이는 정보의 비대칭성, 각종 거래비용 부담, 무임승차에 의한 거래 불발 등 몇 가지 원인으로 참여자 간 부수적 지불을 내부화하는 것이 불가능하다는 사실과 밀접한 관계가 있다.

경쟁 정책에서 시장의 특징을 획정market definition 하는 일은 대단히 중요하

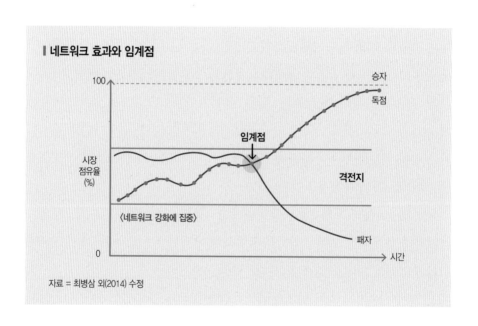

┃ 네트워크 효과와 임계점

자료 = 최병삼 외(2014) 수정

다. 양면시장을 단면시장으로 잘못 판단할 경우, 한계비용보다 낮은 가격책정은 약탈가격에 해당된다. 하지만 양면시장으로 제대로 획정하면 이를 기업의 이윤극대화를 위한 정당한 가격책정 행위로 인정할 수 있게 된다.

경쟁 당국은 종종 양면시장을 단면시장으로 오인해서 규제를 강화함으로써 시장의 질서를 무너뜨리는 오류를 범할 수 있다. 하지만 플랫폼은 자율적인 비즈니스 생태계이므로 정부 규제가 없더라도 자생적인 규율이 작동하고 참여자 간 핵심 가치 창출을 위한 상호작용을 극대화하는 선순환을 낳을 수 있다. 과도한 정부 규제는 기업 활동을 저해하고 시장의 성장을 방해함으로써 부가가치 생성을 훼손할 뿐이다.

양면시장의 성장을 위해 플랫폼 사업자는 다음과 같은 세 가지 자율적인 규제 활동을 통해 규제당국과 유사한 행동을 하기도 한다.

첫째, 생산자가 소비자에 대해 시장지배력을 가지고 있어서 소비자들이 비싼 가격을 부담해야 하는 경우가 있다. 그 결과 소비자의 참여가 부진해지고 생산자의 매출도 저하되는 악순환에 빠질 수 있다. 이때 플랫폼은 생산자가 지나치게 높은 가격을 책정하지 못하도록 가격상한 설정을 권고하거나 소비자에게 가격을 일부 보조해줌으로써 많은 소비자가 플랫폼에 참여하도록 유인책을 제공해줄 수 있다.

둘째, 플랫폼 참여자들은 양이나 가격 외에도 거래의 질적인 측면을 중요시한다. 플랫폼은 참여자의 자격을 제한하고 핵심 가치를 창출하는 활동을 자율적으로 규제한다. 규모의 경제 economies of scale 를 넘어선 플랫폼이 자정기능을 제대로 발휘하지 못해 품질이 떨어지는 콘텐츠가 대량 유통되면 결국, 플랫폼 사업은 사양길로 접어들 수밖에 없다.

셋째, 플랫폼은 한쪽 참여자 집단의 경쟁과 효율성 증대를 통해 다른 쪽 참여자에서 벌어들이지 못하는 이윤을 부분적으로 챙길 수 있다. 이 과정에서 수익 기여도가 미비한 참여자 집단에게 기회를 주고 집단 규모가 커지고 경쟁력을 회복할 수 있게 기다리는 전략을 구사할 수 있다. 이처럼 플랫폼은 부분 접근이 아닌 전체의 가치를 키우는 전략을 통해 수익을 창조한다.

06
네트워크 효과는 혁신의 원동력

긍정적 외부성은 창조적 독점기업 경쟁력의 원천
플랫폼 선발기업 유리하다는 법칙 성립하지 않아

꿀벌을 사육해 돈을 버는 양봉업자는 벌통을 옮겨가며 전국을 누빈다. 꿀을 품은 꽃이 많이 피는 계절에 산과 들을 찾아 벌과 함께 이동한다. 꽃이 만개한 지역 가까운 곳에 벌통을 배치하면 꿀벌이 꽃을 찾아 꿀을 먹고 열심히 벌통을 드나들며 꿀을 모은다. 꽃들도 벌을 반긴다. 벌이 몸으로 옮기는 화분이 다른 꽃에서 수정되면 번식에 도움이 되기 때문이다. 벌과 꽃의 공생관계는 경제학에서 외부성externalities을 설명하는 대표적인 사례다.

히트상품은 남을 따라하는 구매자의 심리에 의해 탄생한다. 유행을 의식하는 고객이 타인의 구매활동에 동조하는 행동에서 제품의 인기가 좌우된다. 얼마나 성능과 품질이 뛰어나고 가격이 저렴한지보다 구매자의 인식과 구매심리가 히트상품 탄생에 결정적인 역할을 한다. 군중심리의 동조현상은 '3의 법칙'으로도 설명된다. 한두 명이 아닌 세 명의 사람이 물건을 사면 다른 사람들도 따라서 구매를 하게 된다는 법칙이다.

창조적 독점 creative monopoly 이란 새로운 제품을 만들어서 모든 사람에게 혜택을 주는 동시에 그 제품을 만든 기업은 지속가능한 이윤을 얻는 것을 말한다. 세계 최대 결제시스템 페이팔의 공동 창업자 피터 틸은 《제로투원》에서 플랫폼 비즈니스 전략을 추구하는 창조적 독점기업의 네 가지 특징으로 독자 기술적 우위, 네트워크 효과, 규모의 경제, 브랜드 가치를 들었다. 그는 수평적 진보란 1에서 n으로 확장하는 것을 말하며 그 예를 기업의 글로벌화로 설명했다. 수직적 진보는 0에서 1로 집중적 진보하는 기술혁신을 뜻한다고 주장했다.

승자 독식 winner takes all 을 특징짓는 다른 요인으론 멀티호밍 multi-homing 비용이 많이 들고, 특화된 틈새 전문화 여지가 작아야 한다. 특히 멀티호밍은 사용자가 하나 이상의 플랫폼에서 비슷한 유형의 상호작용에 참여할 때 발생한다. 한 시장에서 경쟁하는 복수의 플랫폼이 존재하는 상황에서 소비자가 한 플랫폼에서 다른 플랫폼으로 옮겨가기 위해서는 지출해야 할 비용 부담이 생긴다. 멀티호밍에 수반되는 비용이 적게 들면 특정 플랫폼 사업자는 고객, 제품, 판매망 등 핵심 자산에 배타적으로 접근할 수 없다.

따라서 시장이 확장될 때 멀티호밍이 등장하지 못하도록 비용구조를 높여 진입을 제한하는 것은 플랫폼 경쟁에서 기본적인 전술이 된다. 또한 차별화된 제품을 특화된 고객에 제공하는 경쟁 플랫폼이 등장하지 못하도록 틈새 전문화 여지를 줄이는 선제적 조치를 취해야 한다.

그 이유는 특정 사용자 그룹이 필요로 하거나 원하는 것이 특수할 때, 해당 사용자들이 다른 경쟁 상대방 네트워크를 선호하게 되면 승자 독식 효과가 약해지기 때문이다.

플랫폼 경쟁력과 네트워크 효과

플랫폼의 핵심은 네트워크 형성에 따른 무한한 가치 창출 가능성에 있다. 플랫폼 비즈니스는 규모의 경제를 발생시킬 만큼 많은 가입자를 확보해야 하고 안정적인 수익 창출을 위해 다각적인 노력을 기울여야만 꽃을 피운다. 선점효과를 통해 많은 참여자를 확보하면 다른 형태의 광고, 판매, 수수료 수익이 동시에 급증하는 편승효과가 나타난다. 미디어 산업을 비롯해 플랫폼 비즈니스 구조를 갖는 모든 사업은 외부성, 즉 '네트워크 효과network effect'로 돈을 번다. 사용자가 제품에 부여하는 가치는 그 제품을 이미 구매한 다른 사용자들의 수에 달려있다.

우버는 세계 여러 나라에서 탑승객이 운전자를 찾는 것을 도와주고 운전자가 탑승자를 찾는 것도 돕는 서비스를 제공한다. 카카오택시 앱을 통해 탑승객과 택시 운전자가 연결되는 것도 마찬가지다. 플랫폼 비즈니스가 발전하면 거래비용이 줄어든다. 탑승객의 대기시간이 줄어들고 운전자들의 운전 중단시간도 감소한다. 운전자가 근무시간을 효율적으로 사용할 수 있게 되면 더 많은 탑승객을 태울 수 있어 수입도 증가한다. 플랫폼 비즈니스가 누이 좋고 매부 좋은 결과를 낳는 것이다. 이는 결과물이 원인이 되어 다시 증폭된 결과를 불러오는 순환 고리에서 비롯된다.

플랫폼은 판매자와 구매자 양측을 가급적 많이 연결해야만 이익을 낼 수 있다. 플랫폼이 창출하는 기대가치는 플랫폼에 참여하는 사람이 늘어남에 따라 동시에 증가한다. 쇼핑몰에 비슷한 매장이 같이 모여 있으면 손님이 더 많이 몰리는 집적효과agglomeration effect가 생긴다(에반스·슈말렌지, 2017). 그 결과 더 많은 사용자를 끌어들이고 서비스 가치는 더욱 배가된다. 이 같은 네트워크 효과는 플랫폼 내의 여러 사용자가 각 사용자를 위해 창출한 가치에 미치는 영향력이다. 이때 효과는 좋은 것과 나쁜 것, 선순환과 악순환이라는 두 가지 방향으로 작용한다.

긍정적positive 네트워크 효과는 잘 관리되고 있는 플랫폼 커뮤니티가 플랫폼 사용자를 위해 도움이 되는 가치를 생산해내는 능력이다. 이에 반해 부정적 negative 네트워크 효과는 엉터리로 관리되는 플랫폼 커뮤니티가 플랫폼 내 각 사용자를 위해 창출하는 가치의 질을 떨어뜨리는 현상을 뜻한다.

20세기 산업화시대 전통적인 제조업종에 속한 기업은 규모의 경제를 활용해 성장하고 시장을 지배했다. 규모의 경제는 대량 생산을 통해 효율성을 높여 제품이나 서비스를 공급하는 평균 비용을 낮추는 방식이다. 규모의 경제를 활용하는 거대기업은 제품의 가격 경쟁력을 창출한다. 규모가 작은 경쟁 기업을 따라오지 못하게 하는 비용우위를 확보하고 시장 내 독점적 지위를 강화한다.

가격 효과price effect는 판매자가 제품 가격을 할인해 수요자를 끌어들이는 방법이다. 이 방법은 할인 기간 동안 판매가 증대되는 효과를 거둘 수 있다. 하지만 경쟁 상대방이 제품 가격을 더 낮추는 경우 매출에 큰 타격을 입는 등 출혈경쟁에 따른 불이익이 발생한다. 브랜드 효과brand effect는 소비자가 특정 브랜드와 품질을 연관시킴으로써 매출에 영향을 미치는 현상이다. 기업이 브랜드 가치를 높이면 소비자가 그 가치를 높이 평가해 해당 브랜드의 제품을 구매하게 되는 것이지만 브랜드 가치 구축에는 많은 비용이 든다. 무작정 브랜드 가치에 돈을 들인다고 사업이 성공할 가능성이 높아지는 것도 아니다.

네트워크 효과는 기술혁신이 주도하는 새로운 경제현상이다. 21세기 정보산업의 발달로 공급측면뿐만 아니라 수요측면에서도 기술 향상이 생겨났다. 다름 아닌 규모의 수요경제demand economies of scale가 등장한 것이다. 소셜 네트워크의 참여자가 많아질수록 사용자에게 더 많은 가치를 창출하는 효과가 발생한다. 기업에게는 성장 잠재력인 생산부문 규모의 경제와 함께, 경쟁력 차별화의 원천이 된다.

멧커프의 법칙Metcalfe's law은 일찍이 통신산업에서 네트워크 효과에 관한 통찰력을 제시했다. 이는 n명의 사용자가 접속해 있는 네트워크 가치는 사용자 수의 제곱n^2에 비례한다는 것이다. 전화망의 가치는 전화망 가입자 수가 증가할수록 비선형적인 방식으로 체증하며 이에 따라 가입자들 간에 더 많은 연결 네트워크를 만들어낸다는 예언적 법칙으로 무선통신 시대에도 강력한 설명력을 갖는다.

이는 반도체의 집적밀도가 18~24개월마다 2배로 늘어난다는 무어의 법칙 Moor's law, 올리버 윌리엄슨 교수가 제시한 이론인 '가치사슬 지배 법칙'과 함께 '인터넷 경제의 3대 원칙'으로 불린다. 가치사슬 지배 법칙에 따르면 기업 조직은 거래비용이 적게 드는 방향으로 계속 변화한다. 미래 산업은 소프트웨어와 정보통신기술 융합을 통해 가치사슬 상의 연관 제품과 서비스가 초연결되는 융합 비즈니스로 진화한다.

기술혁신이 용솟음치는 플랫폼에서는 선발 기업의 이점first mover advantage, 즉 가장 먼저 위험을 안고 시장에 진입하면 승리한다는 법칙이 성립하지 않는다. 성공한 플랫폼의 대부분은 가장 먼저 만들어지지 않았다. 후발 주자가 선발 기업을 따라잡기 위해서는 확장성expandability이 뛰어나야 한다. 효과적인 플랫폼은 빠르고 쉽게 확장 가능해야 네트워크 효과가 창출하는 가치를 더 키운다. 확장성은 플랫폼 초점을 회사 내부에서 회사 외부로 전환함으로써 증대된다. 직원에서 일반 대중으로 관심의 초점을 바꾸는 것이다.

플랫폼의 지속가능한 성장을 위해서는 네트워크 효과를 관리하는 일이 무엇보다 중요하다. 네트워크 효과는 참여자를 플랫폼에 끌어들이고 묶어놓는 잠금

효과lock-in effect를 수반한다. 기업의 노력과 시장의 반응 간 선순환을 일으키는 네트워크 효과는 가격 효과와 브랜드 효과 등에 견주어 볼 때 지속성과 가성비가 뛰어나다. 가격 효과와 브랜드 효과는 기업이 사업을 일으키거나 치열한 경쟁에서 살아남기 위해 필요한 전략이다.

양면 네트워크 효과는 공급자가 수요자를, 수요자는 공급자를 서로 끌어들이는 현상이다. 우버의 사례에서 차량 공유 서비스 플랫폼에 참여하는 탑승객이 늘어날수록 우버 서비스를 제공하는 운전자가 늘어난다. 우버 운전자는 다시 탑승객을 끌어들인다. 에어비앤비도 마찬가지다. 숙박공유 서비스를 제공하는 호스트가 늘어나면 서비스를 이용하는 게스트가 기하급수적으로 증가한다. 게스트가 늘어나면 호스트도 증가한다. 긍정적인 피드백이 확장 작용하면서 양면 네트워크 효과는 극대화된다.

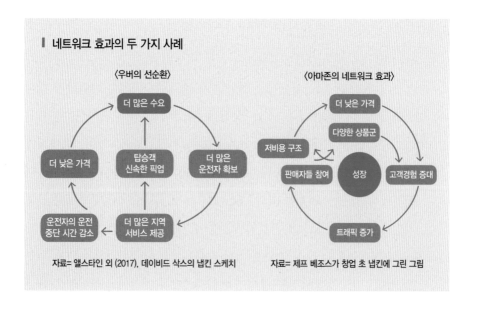

❘ 네트워크 효과의 두 가지 사례

〈우버의 선순환〉

더 많은 수요

더 낮은 가격 / 탑승객 신속한 픽업 / 더 많은 운전자 확보

운전자의 운전 중단 시간 감소 ← 더 많은 지역 서비스 제공

자료= 앨스타인 외 (2017), 데이비드 삭스의 냅킨 스케치

〈아마존의 네트워크 효과〉

더 낮은 가격

다양한 상품군

저비용 구조 / 판매자들 참여 / 성장 / 고객경험 증대

트래픽 증가

자료= 제프 베조스가 창업 초 냅킨에 그린 그림

우버의 비즈니스 모델에 대한 데이비드 삭스의 냅킨 스케치(64쪽 그림 왼쪽)는 네트워크 효과를 잘 포착하고 있다. 삭스의 냅킨 스케치는 낮은 가격과 신속한 승객 픽업으로 수요가 늘어날수록 각각의 참여자가 느끼는 우버의 가치가 커지는 순환 과정을 보여준다. 특히 플랫폼 한쪽의 참여자가 반대편 참여자로 바뀌는 사이드 전환side switching에 의해 양면 네트워크 효과는 증폭될 수 있다. 예를 들어, 우버 탑승자가 운전자로, 에어비앤비 숙박인이 주인으로 바뀌는 현상이다. 이처럼 소비자가 물건과 서비스를 만들고 공급하는 생산자로 전환하는 일이 촉진되려면 참여자에 대한 플랫폼 진입장벽이 낮아야 가능하다.

제프 베조스는 플랫폼 성공 신화를 쓴 아마존 창업자다. 프린스턴 대학 컴퓨터공학과를 수석으로 졸업한 그는 선순환을 의미하는 플라잉휠flyingwheel 효과를 신봉한다. 플라잉휠은 동력에 의존하지 않고 일관된 방향으로 가해진 힘이 누적되어 합쳐진 힘과 관성에 의해 회전운동 에너지로 변환하는 원형장치다. 플라잉휠 효과처럼 고객경험과 고객의 증가가 선순환을 통해 상호작용을 일으키는 과정에서 네트워크 효과는 증폭된다.

사업 초기 베조스가 레스토랑에서 냅킨에 메모한 그림(64쪽 그림 오른쪽)은 아마존을 키운 경영 철학이다. 그림에서 중심에 위치한 기업 성장은 저비용구조를 낳고 더 낮은 가격에 제품을 판매하는 것을 가능케 한다. 이는 고객경험을 낳고 트래픽을 증대시켜 판매자들을 끌어들이고 다양한 제품군을 고객에게 제공한다. 이 같은 순환 과정에서 성장이 증폭된다. 베조스의 냅킨 스케치는 삭스의 냅킨 스케치에 등장하는 표현과 다르지만 네트워크 효과를 보여준다는 점에서 유사성을 갖는다.

베조스는 스케치에는 넣지 않았지만 편리하고 빠른 배송을 통한 가용성availability을 고객과의 약속을 지키는 철칙으로 삼았다. 베조스가 추구하는 아마존의 삼위일체는 낮은 가격, 다양한 제품군, 가용성을 말한다. 그는 성장 순환 모델에 기반을 두고 경쟁자들이 무슨 일이 일어나는지 알아채기 전에 가능한 빨리 몸집을 키움으로써 나중에 경쟁자들이 따라올 수 없도록 해야 한다며 스피드 경영을 강조했다.

네트워크 효과의 종류

네트워크 효과는 플랫폼 비즈니스가 성공하는 원동력이다. 생산자와 소비자가 플랫폼에서 상호작용하는 양면 네트워크 효과에는 네 가지 종류가 있다(앨스타인 외, 2017). 양면시장에서 시장의 한쪽 면에 있는 참여자가 같은 쪽 참여자에 영향을 주면서 플랫폼 가치를 변화시키는 현상은 직접direct 네트워크 효과 또는 동일면same-side 네트워크 효과라고 한다. 즉, 소비자와 소비자 간에 일어나거나 생산자와 생산자 간에 일어나는 네트워크 효과를 말한다.

이와는 다른 차원에서 소비자와 생산자, 생산자와 소비자 간에 영향을 미치는 효과도 있다. 시장의 한쪽 면에 있는 참여자가 다른 면에 있는 참여자에게 영향을 미치면서 발생하는 네트워크 효과를 간접indirect 네트워크 효과 또는 교차cross-side 네트워크 효과로 칭한다.

플랫폼에 더 많은 면을 추가할 경우 사업 모델은 복잡해지지만 간접 네트워크 효과가 커지고 성장 동력이 상승한다. 시스템의 구조와 적용 규칙, 환경 변화, 시장의 반응 등 다양한 상황에 따라 이들 직접·간접 네트워크 효과는 다시 긍정적인 것과 부정적인 효과로 나뉜다.

① 긍정적 직접동일면 네트워크 효과는 동일한 유형의 참여자 수가 늘어날 때 참여자들에게 돌아가는 긍정적인 혜택이 늘어나고 선순환이 촉진되는 것을 말한다. 모바일 가입자 수가 늘어날수록 가입자에게 돌아가는 부가서비스 혜택이

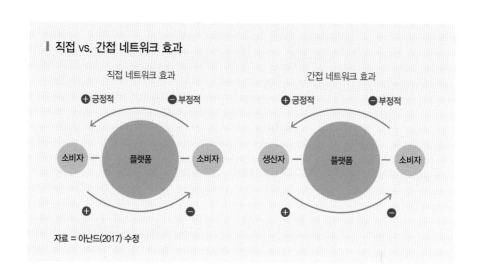

▌직접 vs. 간접 네트워크 효과

직접 네트워크 효과   간접 네트워크 효과

➕ 긍정적   ➖ 부정적   ➕ 긍정적   ➖ 부정적

소비자 — 플랫폼 — 소비자   생산자 — 플랫폼 — 소비자

자료 = 아난드(2017) 수정

더 증가한다.

② 플랫폼 한쪽 면에서 참여자가 급성장할 경우 반드시 긍정적인 효과만 나타나는 것은 아니다. 플랫폼에서 사용자의 불편과 가치가 사용자 증가에 비례해 증가하는 현상을 부정적 직접_{동일면} 네트워크 효과라고 한다. 교차 네트워크 효과에도 긍정적인 측면과 부정적인 측면이 있다.

③ 긍정적인 간접_{교차} 네트워크 효과는 반대편 시장의 참여자 수가 증가하면서 다른 편 시장의 참여자가 이득을 얻을 때 발생한다. 구글의 안드로이드 휴대폰 사용자가 늘어나면 안드로이드 앱 개발자가 돈을 많이 벌게 되는 경우다.

④ 구글 G메일과 전화 서비스를 활용해 보험상품을 판매하는 보험사가 지나치게 늘어나면 안드로이드 휴대폰을 소지한 사용자들이 불편을 느끼고 플랫폼 가치가 떨어지는 악순환적인 결과도 발생한다. 이를 부정적인 간접_{교차} 네트워크 효과라고 한다.

양면·다면시장에 자리한 플랫폼 기업은 이들 네 가지 네트워크 효과를 모두 신경 써서 관리해야 한다. 마치 선택편향selection bias 이라는 이슈가 좋거나 나쁜 극단적인 형태로 나타나는 것과 마찬가지로 플랫폼에서의 네트워크 효과는 다양한 방향으로 전개될 수 있다(아난드, 2017).

성공한 리더의 경우에는 다른 사람들에게 영감과 용기를 부여하거나 데이터 중심 사고방식을 가지는 등 긍정적인 측면도 있다. 하지만 실패한 리더의 선택편향은 직원들을 억압하고 사기를 저하시키며 독단적인 리더십을 발휘하는 부정적인 측면에도 적용된다. 플랫폼 기업이 시장에서 소기의 성과를 지속성 있게 거두려면 긍정적인 직 · 간접 네트워크 효과는 최대한 키우고 부정적 직 · 간접 네트워크 효과는 최대한 억제하는 데 역량을 집중해야 한다.

07

공유경제가 일으키는 플랫폼 혁명

공공자원 활용 시 관습권 합의 땐 '공유지의 희극' 가능
유휴 생산능력 · 자원 수요 – 공급 연결해 수익을 창출

한 마을에 소를 키우는 농가들이 모여살고 있었다. 마을 중심에는 누구에게
나 개방되어있는 목초지가 자리 잡고 있었는데 주민들은 이곳에 소를 풀어놓고
풀을 뜯게 했다. 주민들은 자신의 소에 공짜 풀을 많이 먹이기 위해 모든 소를
공유지에 방목했다. 이후 시간이 흐를수록 공유지에는 풀이 사라질 것이다.

개인이 소유하지 않는 공유지는 황폐해진다. 결국 방목된 소도 먹을 풀이 없
어지면서 굶어 죽는다. 마을은 해체되고 주민은 뿔뿔이 흩어진다. 각자의 이익
을 추구하는 다수가 공공의 자원을 무상으로 사용하는 경우 이 같은 '공유지의
비극tragedy of the commons'이 발생한다. 시장의 실패에 따른 비극을 막기 위해
서는 시장 참여자의 책임 소재를 분명히 하는 정부의 개입이 필요하다.

심리학자 에리히 프롬이 《소유냐 삶이냐》에서 지적했듯이 인간의 삶은 소유
에 함몰돼 있다. 개인은 소비함으로써 효용을 얻는다. 또 미래에 소비할 수 있

는 저축, 부동산 등 자산이 불어나면 만족이 커진다. 모두가 부富를 쌓을수록 뿌듯한 성취감을 느낀다. 자본주의 사회에서 소유에 대한 강박은 물질만능주의로 표출된다. 귀금속, 명품, 명차에 이르기까지 소중한 것일수록 소유하고 과시하려는 게 인간의 속성이다.

미래학자 제레미 리프킨은 《소유의 종말》에서 소유 경제가 퇴조하고 공유 · 개방 · 연결을 특징으로 하는 새로운 경제가 등장할 것으로 내다봤다. 자원을 공유하는 경제 활동의 긍정적인 측면을 강조한 '공유지의 희극commedy of the commons'도 불가능한 일은 아니다. 공공의 자원을 서로 나누고 함께 사용하면 모두의 효용이 증대될 수 있다는 설명이다. 고갈되지 않는 무한의 가치를 공유하면서 서로가 행복을 향유하는 유토피아적인 발상이다.

공유경제가 성공하기 위한 조건

공유경제는 공간, 물건과 지식, 경험 등 다양한 자산을 구성원들이 온라인을 통해 공동으로 사용하는 경제다. 이는 사유경제가 주류를 이루는 비즈니스 세상의 판도를 흔드는 새로운 개념이다. 공유는 네트워크로 연결된 참여자들이 포용, 나눔, 협조, 협력을 통해 공동의 이익을 창조하는 방식이다.

타인의 사용을 배제하는 사유 재산권으로 문제를 해결하기에 앞서 공공의 자원을 활용하는 권리인 관습권custom right을 존중하는 합의가 바탕이 된다. 필요할 때 공공재를 자신의 것처럼 사용할 수 있도록 구성원이 동의한 공동체의 규칙이 존재하고 이 규칙이 지켜질 때 '공유지의 희극'이 가능한 것이다.

공유경제 플랫폼은 제품 소유주와 제품, 또는 자산을 사용하려는 소비자를 연결시킨다. 사회적으로 활용되지 않고 남는 자원과 그것을 원하는 사람을 연결해주는 매칭이 필수조건이다. 공동 접근과 공동 소유를 허용함으로써 제품과

▍공유경제 플랫폼의 유형

공유경제 플랫폼		영리 vs. 비영리	
		이익추구	비영리 활동
참여대상	P2P	상업적 P2P	집단적 공적 자선·봉사
	B2C	상업적 B2C	대고객 사회적 책임 수행

자료 = 레이시·뤼비스트(2017) 수정

자산의 활용도를 높일 수 있는 것이다. 공유 자전거 서비스를 비롯해 공유경제가 폭발적으로 성장하는 중국에서는 공유경제를 공향共享 경제 또는 분향分享 경제라고 달리 부른다.

소비에서도 다수의 개인이 모여 대량구매 방식으로 가격협상력을 높이면 싼 가격에 물품을 살 수 있다. 이와 연장선상에서 제품을 여러 명의 고객에게 제공함으로써 추가적 자원을 사용할 필요가 없도록 하는 협력 소비collaborative consumption 활동이 확산한다. 협력 소비에는 소유와 임대, 물품과 서비스 사용 및 교환, 공동 구매 등 다양한 협력이 가능하다.

공유경제는 제품, 노동, 시간 등 경제적 가치의 잉여를 전제로 한다(마화텅 외, 2018). 경제적 잉여는 플랫폼을 통해 남는 참여자와 부족한 참여자가 연결되고 잉여 자산이 거래되며 참여자 서로 간에 윈윈이 될 수 있다. 경제적 잉여를 공유하는 방식은 잉여 사용권license, 잉여 소유권property, 잉여 시간time 공유방식이라는 세 가지로 분류된다. ① 잉여 사용권 공유방식에는 P2P 온라인 대출, 크라우드 펀딩 프로젝트, 임대형 공유 플랫폼 등이 있다. ② 잉여 소유권

공유방식의 사례로는 온라인 중고거래, 물물 교환을 들 수 있다. ③ 잉여 시간 공유모델은 대리운전, 가정식 요리 배달 서비스, 가사 도우미 서비스 등이 대표적인 사례로 꼽힌다.

온디맨드경제on-demand economy는 수요가 모든 것을 결정하는 공유경제의 일종이다. 한마디로 소비자가 원하면 언제든지 서비스를 제공하는 비즈니스 모델이다. 온디맨드경제는 고객이 보다 편리하고 효율적인 일상생활을 누리도록 돕는 모든 비즈니스 솔루션을 제공한다. e비즈니스 방식을 이용해 기업 외부의 협력사·공급업체를 연결하고 모든 공급망 관리를 구축, 고객 수요에 맞춰 서비스한다. 카카오택시, 택배사업 등이 대표적인 케이스다.

공유경제는 충분히 이용되지 않는 재화나 기술을 활용케 함으로써 공동체에 참여하는 누구에게나 이득을 주기 때문에 자원의 효율성을 제고한다. 소비자는 적은 비용으로 다양한 가격대의 수많은 제품과 서비스를 다양한 장소에서 사용하거나 특별한 체험을 누릴 수 있다. 한편 공유 플랫폼 모델은 다수의 소비자들이 동일 자원을 함께 사용케 함으로써 추가적인 제품 생산에 대한 수요를 감소시킨다.

제레미 리프킨은《한계비용 제로 사회》에서 자본주의를 대체할 새로운 패러다임으로 협력적 공유사회collaborative commons라는 개념을 제시한다. 이는 사물인터넷에 의해 연결된 세상에서 제로에 가까운 한계비용으로 생산된 제품과 서비스, 정보를 협력적으로 공유하는 이상적인 사회를 말한다. 컴퓨터와 인터넷이 정보 생산과 유통에 드는 비용을 제로에 가깝게 낮춰 인터넷 공유문화를 만든 것처럼 통신 물류 에너지 분야까지 제로비용 공유사회를 확산시킬 수 있다는 주장이다.

공유 플랫폼 모델은 제품의 리스, 렌트, 공동사용, 맞교환, 대여, 기증, 물물 교환 등을 활성화한다. 플랫폼 운영자는 제품 자체를 직접 공급하지는 않지만 유휴 생산능력이나 유휴 자원에 대한 수요와 공급을 연결함으로써 수익을 창출한다. 플랫폼에 참여하는 거래 당사자에게 일정한 수수료를 부과하는 협업 비즈니스 모델인 것이다.

모든 공유 플랫폼 비즈니스 모델은 온라인을 기반으로 한다. 온라인과 오프라인을 연결하는 O2O 방식으로 서비스를 제공한다. 이 사업에는 모바일 소프트웨어, 소셜 커뮤니티, 위치 추적 서비스 등 다양한 기술이 활용된다. 이와 함께 원격 진료, 원격 잠금 해제, 신원 확인 등 중요한 기술적 요소는 자원 공유의 속도와 보안, 사용자 편의성을 향상시킨다. 아울러 공유 플랫폼을 통해 수집된 데이터는 분석 과정을 통해 추가 수익원을 창출한다. 공유 플랫폼의 성공 모델은 가격 인하, 소비자 체험 향상, 신뢰성 제고 등 다음과 같은 세 가지다(레이시·뤼비스트, 2017).

① 가격 인하: 현실적으로 공유 플랫폼의 가장 큰 매력은 소비자가 소유하거나 대여를 통해 지불하는 가격보다 저렴하게 제품을 사용할 수 있다는 점이다. 이 비즈니스 모델의 경쟁 전략은 구매나 대여 비용보다 공유 서비스 이용 비용을 싸게 유지하는 데 있다. 공유 플랫폼에 유휴 자산을 제공하는 참여자는 부가적인 소득을 얻을 수 있기 때문에 상대적으로 저렴한 가격을 책정할 수 있다. 다만 사용자가 품질 대비 가성비 높은 공유 제품과 서비스를 구매하려면 희망 제품의 품질에 대한 다양한 가격 정보를 온라인에서 비교 검토하는 탐색활동을 해야 한다.

② 소비자 체험 향상: 공유 플랫폼 소비자는 정상적으로는 접근하기 힘든 자산을 저렴하게 이용할 수 있으므로 소비자 체험을 극대화할 수 있다. 자신만을 위한 맞춤 경험을 원하는 소비자는 독특한 제품이나 개인화된 서비스에서 차별

화된 만족을 느낀다. 성공적인 공유 플랫폼은 독특하고 명확하며 강력한 고객 경험을 제공하는 전략에 집중한다. 사용자 인터페이스는 사용하기 간편하며 시각적으로도 매력적이어서 고객이 원하는 서비스를 편리하고 쉽게 찾을 수 있게 구축해야 한다.

③ 신뢰성 제고: 공유 제품이나 자산에 대한 완벽한 감시나 통제는 불가능하다. 공유 플랫폼 모델이 작동하려면 참여자가 서로를 충분히 신뢰할 수 있어야 한다. 공유 자산을 소비자가 파손하거나 잘못 사용할 가능성에 대한 대비책도 필요하다. 쌍방 평가를 통해 명성을 관리하는 등 소유자와 사용자 모두에게 차별적인 보상을 제공하는 장치가 마련돼야 한다. 소셜 플랫폼과 연결해 사용자가 정보를 교류하고 후기를 통해 이전 사용자 체험을 검토할 수 있어야 한다. 플랫폼에서는 사용자를 더욱 안심시키기 위해 서비스 보험을 제공하기도 한다.

공유 플랫폼은 차량, 주거, 별장 등 소비자 대 소비자C2C 모델에서 출발했다. 이제는 개인뿐만 아니라 기업도 기업간B2B 공유 플랫폼을 적극 활용한다. 서비스 플랫폼PaaS: Platform as a Service은 고객이 필요한 서비스를 쉽게 빌려 쓸 수 있게 하는 비즈니스 모델이다. 소비자 입장에서는 구매하던 제품에 대한 소유권을 획득하지 않고 제품 기능에 대한 접근 권리를 확보한다.

이 모델에서 PaaS기업은 디자인, 사용, 관리, 재사용, 재제조, 재활용 등 다양한 제품 용도를 고객이 이용할 수 있도록 물리적인 제품과 서비스를 제공한다. 이 모든 것은 제품의 소비자가 아니라 서비스의 사용자가 되는 고객들과 긴밀한 협력으로 이루어진다. 모바일 앱 개발이 용이하게 하드웨어H/W와 소프트웨어S/W를 제공하는 개방적 체계가 PaaS의 일종이다. 이는 협력사가 개발을 위한 자체 플랫폼을 구축할 필요 없이 클라우드상에서 API를 제공받아 편리하게 앱을 개발, 실행, 관리할 수 있게 하는 방식이다. 공유 플랫폼과 PaaS가 결합되면 공유를 통한 접근성과 가용성의 극대화, 제품의 고품질 유지가 가능해진다. 탈중심화 가치 네트워크로 개성화한 제품과 서비스를 제공하는 것이다.

　PaaS 비즈니스 모델의 초점은 배송 비용, 성능, 비용 절감, 위험 분산 등에 기반을 둔 새로운 수익원을 창출하는 데 맞춰져 있다. 이 모델은 가동시간과 유지보수, 기능, 가용성 등 사용자들이 스스로 해결할 수 없는 보증을 공급업자가 제공할 때 더욱 효과적이다. PaaS 비즈니스 모델에는 사용량 과금, 리스, 렌탈, 성과협약의 네 가지 종류가 있다(레이시·뤼비스트, 2017).

　① 사용량 과금 모델은 고객이 주행거리, 시간, 인쇄양, 데이터 전송량 등 제품의 사용량을 기준으로 대금을 지불한다. ② 리스는 고객들이 제품을 장기간 사용할 권리를 구해하는 것으로 일반적으로 독점적이고 사적인 접근권이 제공된다. ③ 렌탈 고객들은 30일 이하의 단기간 제품을 사용할 권리를 구매한다. 일반적으로 리스 계약보다 유연하며 고객들은 배타적이고 무제한적인 접근권을 보장받지 않는다. ④ 성과협약은 고객들이 사전에 정의된 서비스와 품질 수준을 구매하고 기업들은 그 결과를 보증하기로 계약한다.

창조적 파괴와 노동의 미래

　4차 산업혁명은 공유경제의 부상과 함께 노동시장, 직업 세계에 대변혁을 일으킨다. 로봇이 생산을 담당하는 공장에는 직원 한 명과 개 한 마리만 필요하다. 직원이 하루 종일 하는 일은 개에게 먹이를 주는 게 전부다. 개는 직원이 로봇을 잘못 건드려 고장 내지 않도록 감시한다. 미래 제조업 현장을 상상한 모습이다. 슘페터가 주장한 창조적 파괴는 혁신을 촉진하지만 고용시장에 드리운 암울한 노동의 미래를 예고한다.

　운송·숙박·배달 등 각종 서비스와 고객을 연결하는 정보 사회 서비스가 활기를 띤다. 대표적인 비즈니스 사례가 차량 공유(우버)나 숙박 공유(에어비앤비) 사업이다. 변화의 물결이 모든 것을 바꾼다. 디지털 기술 발달은 노동시장을 해체한다. 미래 일자리는 기업 조직이 아니라 개인의 역량에 기초한 업業을 중심으로 재편될 전망이다. 집단화된 전문조직과 정해진 출퇴근 시간이 없더라도 개인이 업무 역량을 갖추면 언제든지 원하는 일을 할 수 있게 된다. 산업 현장에서는 필요에 따라 인력을 구해 계약을 맺고 일을 맡기는 형태의 유연한 고용이 일반화된다. 개인은 프리 에이전트가 되고 특정 프로젝트에 따라 온라인 플랫폼, 소셜미디어를 통해 일을 맡는다.

공유경제가 확산하는 바람에 노동시장에서는 개인의 여가 시간과 재능, 자산을 효율적으로 활용해 새로운 부가가치를 창출하는 '긱 이코노미Gig economy'가 부상한다. 이는 필요에 따라 인력을 공유하고 이합집산하는 '독립형 일자리 경제' '프리랜서 경제'를 의미한다. 긱Gig 은 1920년대 미국 재즈 공연장 주변에서 즉석으로 연주자를 섭외해 공연하는 행위를 일컫는 데서 유래했다. 미국에서는 긱 이코노미가 2015년 직업의 16%에서 2020년 43%까지 늘어날 것으로 예측된다. 모바일과 IT 기술 발달로 긱 이코노미는 생계 보조형 직업에서 지속 가능한 직업 세계로 변모할 수 있다. 긱 이코노미가 부상하면 피라미드식 구조의 인력을 고용하는 기업 조직은 새 모습으로 탈바꿈할 것이다.

앞서가는 기업은 공유 플랫폼 모델을 활용해 시장을 선점하고 입지를 강화하고 있다. 그러나 그 과정에서 많은 도전에 직면한다. 공유경제에 대한 부정적인 시각과 장기적인 실행가능성에 대한 우려가 그것이다. 공유경제 활동이 다른 기업 활동보다 반드시 이타적이어야 한다는 조건은 없다. 공유라는 용어가 반드시 커뮤니티 기반이거나 무료 교환을 의미하는 것은 아니다.

또한 공유경제는 고용이 불안정하고 혜택도 많지 않아 새로운 유형의 근로

빈곤층을 만들어낸다는 비판에 직면할 수 있다. 사실 공유 플랫폼은 전통적인 고용을 창출하지는 않는다. 사람들이 충분히 사용하지 않는 기존 제품과 자원의 활용을 더욱 촉진함으로써 추가적인 소득을 얻는 기회를 열어줄 뿐이다. 아울러 공유경제의 등장으로 피해를 입는 기존 비즈니스는 공유경제가 공정 경쟁에 위배되며, 세금과 규제를 회피함으로써 공식적 경제에 속한 기업과 직업인을 위협한다고 주장하며 거세게 반발한다.

디지털 기술 발전을 기반으로 한 4차 산업혁명은 모든 산업에서 변화와 혁신을 요구한다. 그동안 계열화 등을 통해 전체 가치사슬을 내부화했던 거대 기업 조직은 점차 와해되는 운명을 맞는다. 내부 핵심 역량만 남기고 외부와 연계·협조하는 형태로 조직이 변모할 전망이다. 개인 또한 자신의 잠재 역량을 키우고 이를 적극 발휘하는 기회를 확장해야 고용 불안에서 벗어날 수 있다. 일자리 창출은 결국 제조업보단 서비스업과 IT 융합에서 돌파구를 찾아야 한다. 혁신을 무조건 거부할 것이 아니라 지역이나 국가 차원에서 민의를 수용하는 방식으로 지혜를 모아 합리적으로 수용할 방안을 강구해야 할 때다.

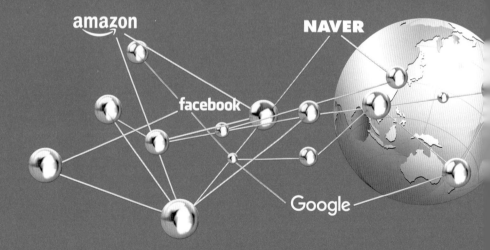

PART
2

플랫폼 경영의 성공 방정식

Do
Platform

01
기업 플랫폼 생태계를 정복하라

기업 성장 · 경쟁의 법칙 결정하는 新사업의 구심점
독점 · 라이선싱 · 합작투자 · 공유 등 사업 모델 다양

기업경영 현장에서 플랫폼은 경쟁력 있는 생태계를 형성한다. 플랫폼은 커뮤니티가 특정한 목적을 달성하기 위해 상호작용하는 기술적이고 조직적인 비즈니스 모델이다. 특히 플랫폼은 이윤 극대화를 추구하는 기업에 의해 창조 · 소유되며 막대한 수의 참여자를 끌어들이도록 설계되어 운영된다. 세계적으로 가장 가치 있고 강력한 브랜드 가운데 십중팔구는 플랫폼 비즈니스 모델에 기반을 두고 있다.

플랫폼은 기업 생태계에 강력한 영향을 미친다. 기업 생태계에서 플랫폼은 기업의 성장성을 결정하고, 새로운 생태계를 창조하며, 구심점 역할을 하는 동시에 경쟁의 법칙을 바꾼다. 플랫폼과 기업 생태계의 관계는 다음과 같이 설명된다(최병삼 외, 2014).

① 플랫폼은 기업 생태계의 성장성을 결정한다. 단기간에 적은 자원을 투입

해 낮은 비용에 다양한 상품과 서비스를 생산, 소비자에 제공될 수 있게 해준다. 또한 기업 생태계의 성장의 속도를 적절히 조절할 수도 있어 양과 품질의 균형 잡힌 성장을 도모할 수 있다.

② 기존의 없던 새로운 기업 생태계를 창조하기도 한다. 플랫폼을 설계하여 새로운 제품과 서비스를 제공하는 기업에는 플랫폼 자체가 새로운 사업이 된다. 다양한 아이디어와 기술을 갖춘 참여자가 모여들어 새로운 사업모델을 만들어 내는 토대가 될 수 있다.

③ 플랫폼은 기업 생태계의 구심점이 된다. 플랫폼은 구성원이 전체 시스템의 최적화를 위해 협력하도록 이끌어간다. 작은 눈덩이가 중심이 되어 굴러가다 탄력을 받으면 큰 눈덩이가 되듯이 작은 힘으로 무거운 물건을 들 수 있는 지렛대 역할을 한다.

④ 플랫폼은 경쟁의 법칙을 바꾼다. 다양하고 기발한 혁신이 자발적으로 생성되는 경쟁의 산실이다. 또한 플랫폼은 경쟁의 판을 키운다. 효율적으로 설계되고 잘 운영되는 플랫폼은 기업생태계와 구성원의 경쟁력을 업그레이드할 수 있다. 플랫폼은 기업 경쟁력을 좌우하는 핵심 요인이다.

플랫폼 비즈니스의 주체는 누구인가

플랫폼 개발과 운영을 담당하는 사업자는 두 가지 주체가 존재한다. 하나는 플랫폼을 설계하고 지원하며 기술에 대한 법적 통제권을 보유한 설계자(후원자)다. 설계자는 플랫폼의 컨트롤 타워이자 소유자다. 다른 주체는 플랫폼을 관리하고 사용자와 직접 접촉하는 회사인 관리자(제공자, 운영자)다. 대부분의 경우 이들 두 실체는 동일하다. 그러나 플랫폼 설계자와 관리자가 다른 경우도 있다.

플랫폼 참여자 간 핵심 상호작용은 시간이 흐르면서 추가 가치를 창출하고 새로운 참여자를 끌어들이는 과정에서 진화한다. 협력자 혹은 개발자는 이 같은 핵심 상호작용을 만들어내는 주역이다. 이 개발자는 핵심 개발자, 확장 개발자, 데이터 수집자 등 세 가지 유형으로 나뉜다(앨스타인 외, 2017).

① 핵심 개발자core developer는 플랫폼 관리자에 고용돼 참가자들에게 가치를 제공하는 핵심 기능을 만든다. 주요 업무는 플랫폼 도구와 규칙을 통해 사용자에 가치를 제공하고 핵심 상호작용이 원활하게 이루어지도록 하는 것이다.

② 확장 개발자extension developer는 플랫폼의 세부적인 기능과 가치를 더해가며 기능을 향상시킨다. 시장이 진화함에 따라 관리자는 플랫폼을 확장 개발자들에게 어느 수준까지 개방할 것인가 하는 문제를 결정해야 한다.

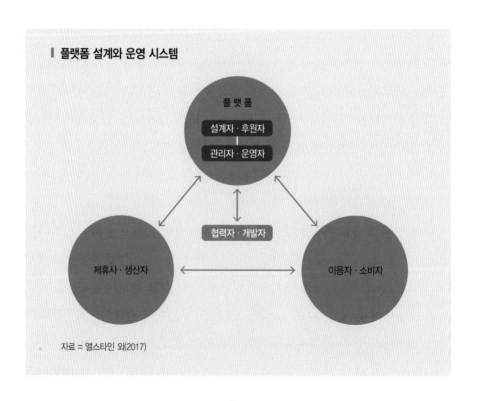

┃ 플랫폼 설계와 운영 시스템

플랫폼
설계자 · 후원자
관리자 · 운영자

협력자 · 개발자

제휴사 · 생산자

이용자 · 소비자

자료 = 앨스타인 외(2017)

플랫폼 공급전략의 유형

공급전략		관리자 역할	
		직접(단일)	외부개방(다수)
설계자 역할	직접 (단일)	〈독점〉 ① 통합플랫폼	〈라이선싱〉 ③ 양면플랫폼
	외부개방 (다수)	〈합작투자〉 ② 제품플랫폼	〈공유〉 ④ 협업플랫폼

자료 = 앨스타인 외(2017), 최병삼 외(2014) 수정

③ 데이터 수집자data aggregater는 다양한 정보원으로부터 얻은 데이터를 가지고 플랫폼의 매칭 기능을 향상시킨다. 플랫폼 관리자의 허가를 얻어 사용자들과 이들의 상호작용에 대한 데이터를 모두 축적한다. 빅데이터 분석을 통해 창출한 가치는 플랫폼과 공유한다.

플랫폼 설계자와 관리자는 소비자와 생산자(제휴사)를 플랫폼상에서 연결하고 상호작용을 촉진한다. 플랫폼 공급전략은 설계자와 관리자 역할을 직접 맡든지 아니면 외부에 맡기는지에 따라 유형이 달라진다. 플랫폼은 설계와 관리에 대한 개방−폐쇄 전략에 따라 네 가지 모델이 가능하다(앨스타인 외, 2017).

첫 번째는 단일 기업이 플랫폼 설계자와 관리자인 독점proprietary 모델이다. 애플처럼 플랫폼 설계와 사업 관리를 한 기업이 모두 담당한다. 두 번째는 플랫폼 관리자는 다수이지만 설계자는 하나인 라이선싱licensing 모델이다. 구글의 스마트폰 안드로이드 운영체제와 같이 설계는 직접 담당하면서 관리는 외부에 개방하는 양면 플랫폼 방식이다. 세 번째는 합작투자joint venture 모델인데 관리자는 단일 기업이지만 플랫폼 설계자는 외부의 다수 기업으로 구성돼 있다. 기

업이나 언론사가 홍보회사나 광고회사를 공동 출자방식으로 설립해 운영하는 경우다. 네 번째 사업 모델은 다수 기업이 플랫폼 설계자가 되고 다수 기업이 관리자가 되는 공유share 모델이다.

플랫폼 비즈니스 모델은 또한 참여기업에 대한 통제력이 강하고 약한 수준에 따라 다음과 같은 네 가지로 나뉜다(최병삼 외, 2014). 첫째, 통합integrator 플랫폼은 플랫폼에 참여하는 외부 참여기업에 대한 플랫폼 기업의 통제가 가장 강력한 경우다. 플랫폼 관리자는 콘텐츠 개발자와 고객의 상호작용을 직접 감시·통제하며, 대상 콘텐츠를 심사하고 콘텐츠 판매수익의 일정 비율을 회수한다. 둘째, 제품product 플랫폼은 플랫폼 참여기업에 대한 통제가 어느 정도 강한 유형이다. 플랫폼 기업은 핵심 기술의 설계나 상호계약을 통해 외부 참여자를 통제하지만, 그 참여자는 기업가로서 자율적인 결정을 내릴 수 있다. 셋째, 양면/다면two / multi-sided 플랫폼은 통제가 느슨한 경우다. 참여기업과 고객이 자유롭게 서로 직접거래를 하고 플랫폼 기업은 이런 양자/다자 간 거래와 상호작용을 촉진한다. 다만 플랫폼의 품질 관리를 위해 필요한 규칙을 참여자에게 부과할 수 있다. 넷째, 협업collaboration 플랫폼은 통제가 가장 약한 플랫폼이다. 플랫폼의 설계와 관리를 외부의 다수 기업이 참여함으로써 공동의 가치를 창조하는 비즈니스 모델이다.

기업이 설계·관리 개방정도와 통제의 강·약이 다른 비즈니스 모델을 선택할지는 플랫폼 개발과 설계 목적에 따라 달라진다. 비즈니스 수요와 시장 구조가 변화하면서 특정 기업의 비즈니스 플랫폼은 설립 당시 하나의 모델에서 다른 모델로 진화하기도 한다. 예를 들어, 라이선싱 모델로 출발했던 비즈니스가 설계자의 영향력이 강해지면서 개방전략을 폐쇄적인 전략인 독점 모델로 전환할 수도 있다.

플랫폼 비즈니스의 유형

플랫폼 기업은 가장 잘하는 핵심 역량에 집중하는 방식으로 시장을 공략하고 실적을 끌어올리는 데 총력을 기울인다. 또한 기존에 가지고 있던 자원과 능력을 최대한 활용해 사업을 확장한다. 아울러 플랫폼 내의 방대한 정보와 인적 자원을 활용해 혁신에 나서며 가치를 창출한다. 플랫폼 비즈니스에서는 기업이 추구하는 목표에 따라 다양한 전술이 채택된다. 플랫폼이 기업에 주는 주요 혜택은 전략의 형성, 협력을 통한 성장, 분산화 혁신, 실적 개선 네 가지다. 경영진이 이 가운데 어디에 역점을 두느냐에 따라 의사결정 방향이 달라진다.

제조업과 관련된 비즈니스 플랫폼은 가치사슬상 기업의 위치인 전공정과 후공정, 참여기업에 대한 접근을 통제하는 개방성과 폐쇄성에 따라 네 가지 모델로 분류된다(김창욱 외, 2012). ① 개방참여형은 주력기업이 플랫폼만 제공하고 거래는 참여기업과 소비자 사이에서 직접 이루어지는 생태계를 말한다. 가치사슬상 최종재를 생산하는 하공정에 위치한다. ② 기술요소형은 주력기업이 플랫폼을 제공하고 참여기업은 이 플랫폼을 활용하여 제품을 생산한 후 시장에 공급

┃ 제조업 비즈니스 플랫폼 유형

제조업 플랫폼		가치사슬상의 위치	
		전공정(업스트림)	후공정(다운스트림)
통제 방식	개방	② 기술요소형	① 개방참여형
	폐쇄	③ 부품조달형	④ 채널통제형

자료 = 김창욱 외(2012)

하는 생태계다. 가치사슬상 중간재를 생산하는 상공정에 위치한다. ③ 부품조달형은 주력기업이 플랫폼을 제공할 뿐만 아니라 참여기업이 플랫폼에 제공한 부품, 소재를 사용해 완제품을 제조하는 개방적인 생태계다. ④ 채널통제형은 주력기업이 제공한 플랫폼에 참여기업이 최종재를 생산하고 소비자는 플랫폼과 직접 거래하는 폐쇄적인 비즈니스 모델이다.

이와 유사한 시도로 발론과 헤스빌더는 ICT 플랫폼을 규제 관점에서 분류했다 (김선호·박아란, 2017). 즉, 이들은 플랫폼이 제품을 구매하는 소비자와 콘텐츠와 앱을 개발하는 니치 플레이어에게 행사하는 통제성의 유무에 따라 네 가지 유형으로 구분한 것이다.

첫째 유형은 소비자 관계나 니치 플레이어에 대해 전혀 통제하지 않는 중립 neutral 플랫폼이다. 이 같은 유형의 플랫폼 사업자는 니치 플레이어에 대한 게이트 키퍼 역할을 수행하지 않으며 소비자 잠금효과도 최소화한다. 둘째 유형은 소비자 관계는 계약을 통해 통제하는 한편, 니치 플레이어에 대해서는 통제하지 않는 중개broker 플랫폼이다. 플랫폼 사업자는 니치 플레이어에 대한 게이트 키퍼 역할은 수행하지 않으나 소비자 가입 조건과 수수료 문제를 통제한다. 셋째는 소비자 관계에 대해서는 통제하지 않지만 니치 플레이어의 기술과 자산을 통제하는 제공enabler 플랫폼이다. 플랫폼 사업자는 콘텐츠나 앱 개발자에 대해 엄격한 규정을 적용하는 게이트 키퍼 역할을 수행한다. 마지막 유형은 소비자와 니치 플레이어 모두를 통제하는 통합integrator 플랫폼이다. 플랫폼 사업자는 이해관계자의 기술을 통제하는 게이트 키퍼 역할을 수행하면서 소비자와도 직접적인 가입, 결제관계를 형성한다.

딜로이트 컨설팅은 〈플랫폼의 힘〉 보고서에서 플랫폼이 참여자들로 하여금 어떤 일을 하도록 도움을 주느냐에 따라 통합 플랫폼, 소셜 플랫폼, 동원 플랫

플랫폼 비즈니스의 진화 단계

플랫폼 진화		조직 행동의 특성	
		연결 · 상호작용	공동 행동 · 협력
조직 유형	분산	② 소셜 플랫폼 그물망 관계	④ 학습 플랫폼 창조적 협력관계
	집중	① 통합 플랫폼 허브앤스포크 모델	③ 동원 플랫폼 프로세스 네트워크

자료 = 딜로이트 컨설팅(2015)

폼, 학습 플랫폼 네 가지 유형으로 구분했다.

첫째, 통합aggregation 플랫폼은 광범위한 관련 자원들을 한 곳에 모아 플랫폼 참여자들이 가장 적절한 자원과 연결될 수 있도록 도와준다. 이러한 플랫폼은 거래 혹은 과업 중심적인 특성을 가진다. 이 플랫폼들은 허브앤스포크 모델로 운영되는 경향이 있다. 모든 것이 중심 거점을 통해 연결되고 작동하는 구조다. 중심 거점에 있는 자원을 공유하고 통제를 받으면서 개별 단위들이 차별화된 서비스를 제공할 수 있다.

통합 플랫폼 모델은 다시 ① 데이터나 정보를 집적해 활용하는 정보 통합 aggregation of information 플랫폼, ② 참여자들을 효과적으로 연결하는 브로커 broker 플랫폼, ③ 해결하기 힘든 문제나 과제를 다수의 참여와 아이디어로 해결하는 콘테스트형contest 플랫폼 세 가지 하위 범주를 갖는다. 집단지성을 활용해 참여자의 아이디어를 제공받아 소셜 상품을 개발, 수익을 창출하는 사업은 콘테스트형 플랫폼의 대표적인 사례다.

둘째, 소셜social 플랫폼은 많은 참여자를 아우른다는 점에서 통합 플랫폼과 유사하다. 그러나 다음과 같은 두 가지 핵심적인 특징을 가지기 때문에 통합 플랫폼과 차이가 있다. ① 개인을 커뮤니티에 연결함으로써 플랫폼 참여자들 간에 견고한 관계를 구축하고 상호작용의 지속성을 강화한다. ② 허브앤스포크 모델이 아닌 그물망 형식의 관계 형성을 조성하는 경향이 있다. 플랫폼 참여자는 시간이 흐름에 따라 가치 네트워크에서 다양한 방법으로 서로 간의 연결을 공고히 한다.

셋째, 동원mobilization 플랫폼은 공동의 관심을 행동으로 이끌어낸다. 단순히 대화와 관심사를 나누고 공유하는 데 목적을 두는 것이 아니라 개개인의 활동만으로 실현하기 어려운 일을 함께 행동해 공동의 목표를 이루는 데 중점을 둔다. 이런 플랫폼은 단기적이고 일회성인 거래나 과업 수행 관계를 넘어 참여자 간 장기적인 관계 구축을 조성하는 경향이 있다. 비즈니스 측면에서 가장 흔한 형태는 프로세스 네트워크process network 플랫폼이다. 이는 공급망, 유통 운영망 등 확장된 비즈니스를 운영하는 데 도움을 주고 유연하게 협력할 필요가 있는 참여자를 선정하고 모아주며 입장을 조율한다.

넷째, 학습learning 플랫폼은 변화무쌍하고 도전적인 요구가 많은 경영 환경 아래서 참여자들이 빠른 속도로 학습하고 적응해 경제적 가치를 창조하고 새로운 사업 기회를 포착하는 최적의 위치를 선점할 수 있는 진화된 유형의 플랫폼이다. 유능한 기업 리더는 참여자들이 더 쉽게 일하게 해줄 뿐만 아니라 그들의 지식을 성숙시키고 성과 개선에 박차를 가하며 그 과정에서 능력을 연마시켜 줄 새로운 형태의 경영전략을 추구한다. 창작 공간으로 알려진 독특한 형태의 플랫폼은 이 유형에 속한다. 플랫폼 참여자는 암묵적 지식에의 접근을 포함한 강력한 학습 관계의 형성에 초점을 맞추고 오랜 기간 서로 긴밀히 협력한다. 플랫폼은 개별 그룹의 수준을 뛰어넘도록 서로 연결해 학습하면서 잠재력을 강화한다.

02

판을 바꾸는 플랫폼 설계와 론칭

**참여자·가치단위·필터는 핵심 상호작용 3대 요소
제품 대체가능성 낮고 보완성 높아야 경쟁력 확보**

플랫폼 비즈니스 전략은 경쟁의 판을 바꾼다. 플랫폼 비즈니스에서는 기업의 전략을 비롯해 조직관리, 수익 창출, 인재 육성, 대고객 마케팅 등 사업 전반에서 전통적인 경영방식과 다른 획기적인 변화가 필요하다. 기존의 플랫폼이 건재한 시장에서도 신규 플랫폼의 사업 기회는 언제든지 존재한다.

'플랫폼 사고platform thinking'는 제품에 내재된 핵심 역량을 발견해 이를 강화하는 전략을 도출하는 과정으로 미국 노스웨스턴 대학의 모한비르 소니 교수가 제시한 개념이다. 플랫폼 사고는 시스템에서 핵심적인 공통구조를 찾아내 이를 플랫폼으로 정하고 참여자에 대한 인센티브 제공과 규칙 표준화를 통해 다양한 분야에 활용하는 것을 말한다(소니, 1998).

플랫폼 사고를 전략화하는 과정은 기업이 상품을 개발·제조해 판매하는 과정에서 공통적으로 존재하는 구조를 찾아내 이를 플랫폼으로 활용하여 새로운 영역으로 진출하거나 성장하는 3단계로 구성된다.

1단계는 기존 상품의 기술, 부품, 제조 및 유통 프로세스, 조직역량 등을 종합적으로 분석해 공통 요소를 추출한다. 2단계는 추출된 공통 요소를 결합해 상품, 가치 네트워크, 브랜드를 효과적으로 창출하는 플랫폼을 구성한다. 3단계는 이 플랫폼을 토대로 목표 시장과 고객 집단, 가격을 감안해 다양한 신상품과 새로운 서비스를 개발한다.

기업이 신성장 동력을 이끌어낼 플랫폼 비즈니스 발굴의 기회는 변화 동인 enabler, 고객 문제customer problems, 기업 역량capabilities 등 세 가지 영역의 교집합에 있다(최병삼 외, 2014).

① 플랫폼은 신기술 등장이나 규제 완화, 사회 트렌드 등 변화 동인을 포착해 만들거나 서비스해야 할 가치 있는 무엇what을 결정해야 한다.

② 과거에는 충족되지 않았거나 잠재되어있던 고객 니즈를 해결해야 한다.

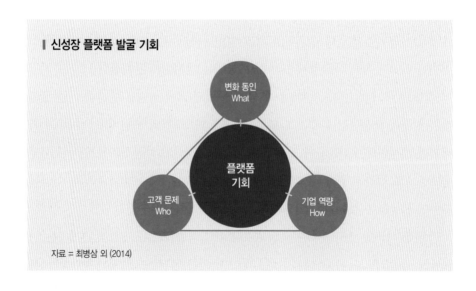

┃ 신성장 플랫폼 발굴 기회

자료 = 최병삼 외 (2014)

즉, 팔거나 서비스할 대상who 을 말한다.

③ 기업 내부적으로 어떻게how 변화를 일으킬 것인가도 중요하다. 즉, 노하우, 지적 재산, 프로세스, 자산 등 기업이 이미 보유했거나 새로 확보할 역량을 활용해 플랫폼이 만들어지는 것이다.

플랫폼 시장구조 결정 요인

완전경쟁에서 독과점에 이르기까지 플랫폼 시장구조는 다양한 형태를 띨 수 있다. 여러 플랫폼이 용호상박하는 시장에서 소비자는 하나의 플랫폼이 아닌 복수의 플랫폼에 참여하기도 한다. 공급과 수요 측면에서 플랫폼 시장구조를 결정하는 요소는 다음과 같은 네 가지를 들 수 있다(최병삼 외, 2014).

첫째, 플랫폼의 고정비용이 클수록 독점구조가 되기 쉽다. 고정비용이 많이 드는 시장에는 기존의 독점적 경쟁자가 시장지배력을 행사하기 때문에 대규모 투자를 통한 공세적인 시장진입 전략이 요망된다.

둘째, 네트워크 효과가 큰 시장에서는 생산자와 소비자가 서로를 끌어들여 특정 플랫폼으로 쏠림현상이 일어난다. 네트워크 효과가 강한 시장에서는 특정 플랫폼이 경쟁에서 승리하리라는 참여자들의 기대와 열망이 자기실현적 예언self-fulfilling prophecy으로 작용할 수 있다.

셋째, 소비자의 멀티호밍 비용은 시장 내 주도적인 플랫폼 사업자 수에 영향을 받는다. 주도적인 사업자가 많을수록 멀티호밍 비용이 많이 든다. 하나 이상의 플랫폼을 모두 활용하기 위해 소비자가 추가로 지불해야 하는 비용이 크다면 소비자는 거래비용과 가격, 네트워크 효과를 고려해 가장 선호하는 플랫폼만 선택할 가능성이 크다.

넷째, 차별화된 기능에 대한 고객 선호도는 플랫폼 비즈니스 구조에 변수가 될 수 있다. 특정 제품이나 기능을 선호하는 소비자 집단이 존재한다면 그들에게 초점을 맞춘 틈새 플랫폼이 시장을 지배하는 거대 플랫폼과 함께 생존할 수 있다.

플랫폼 비즈니스가 성공하는 방법은 매우 다양하다. 플랫폼 기업은 창업을 통해 시장에 진입하고 경쟁 기업과의 싸움에서 이겨야만 생존하고 성장할 수 있다. 리처드 슈말렌지 교수는 양면시장을 공략하는 플랫폼 전략의 기본적인 여섯 가지 원칙을 다음과 같이 제시했다.

① 서로를 필요로 하는 복수 참여자 집단, 즉 거래상대방을 찾아낸다.

② 최대한 많은 참여자를 확보하기 위해 가입비 부담 등 플랫폼 진입장벽을 없애거나 최소화한다.

③ 참여자 집단 간 소통을 활성화하고 거래비용을 최소화한다.

④ 참여자 집단 간 핵심적인 상호작용에서 생기는 네트워크 효과를 통해 전체 시스템의 수익성을 극대화한다.

⑤ 경쟁하는 플랫폼과 전략적인 제휴, 협력도 필요하다. 작은 시장을 독식하기 위해 출혈경쟁에 나서기보다 시장을 키워 장기적으로 더 많은 가치를 창출하는 윈윈 전략을 펼친다.

⑥ 후발주자라도 선발 플랫폼에 기죽을 필요는 없다. 창의적 학습과 시행착오를 통해 치밀한 전략과 혁신으로 진화 · 발전하면 얼마든지 앞선 경쟁상대에 맞서 전세 역전과 추월이 가능하다.

플랫폼 핵심 상호작용의 활성화

플랫폼에서 일어나는 가장 중요한 활동은 핵심 상호작용core interaction 이다. 플랫폼 비즈니스의 성공은 돈이 아니라 수많은 기업과의 인맥, 지혜, 노하우,

고객 관계가 한데 어우러져서 상호작용을 일으키는 데 있다. 가치 있는 핵심 상호작용은 다양한 참여자를 플랫폼에 끌어들일 뿐만 아니라 긍정적인 네트효과를 발생시킨다.

핵심 상호작용에는 참여자, 가치단위, 필터 세 가지 요소가 존재한다(앨스타인 외, 2017). 기업의 초기 단계에서 플랫폼의 목표에 맞게 핵심 상호작용의 3대 요소를 명확하게 정의하고 핵심 상호작용이 활성화될 수 있도록 플랫폼을 설계하는 일이 비즈니스 성패를 좌우한다. 핵심 상호작용의 세 가지 요소가 유기적으로 연결되도록 시스템을 만드는 일은 플랫폼 설계에서 가장 중요하다.

① 참여자participants 의 역할과 범위를 명확하게 파악해야 한다. 참여자는 기본적으로 생산자와 소비자다. 대개는 참여자가 둘 가운데 하나의 역할을 담당한다. 참여자에는 생산과 소비를 돕는 별도의 협력자도 있을 수 있다. 잘 설계된 플랫폼에서 참여자는 하나의 역할 이상을 하며 다른 역할로도 쉽게 전환 가능하다.

② 가치단위value unit 는 플랫폼 참여자들 사이에 유용한 교환 가치를 지니는 제품이나 서비스를 의미한다. 생산자가 가치단위를 만드는 것에서 핵심 상호작용이 시작된다. 가치단위는 플랫폼에서 소비자의 구매와 이용이 이루어질 때 거래비용을 낮추고 효용을 높이는 등 다양한 가치를 창출한다. 플랫폼은 모든 고객집단이 플랫폼에 계속 남고 싶은 마음이 들도록 충분히 '큰 가치 파이'를 제공해야 한다.

③ 필터filter 는 검색엔진과 같이 가치단위를 효과적으로 이용하게 해주는 필수적 수단이다. 가치단위는 필터를 통해 선별된 소비자에게 제공된다. 필터가 잘 작동하면 플랫폼 참여자는 유용한 가치단위를 생산하고 소비할 수 있다. 플랫폼 규칙과 규범은 가치단위의 질을 통제하는 필터다.

플랫폼은 참여자 간 핵심 상호작용을 활성화하기 위해 ① 참여자 끌어오기 pull, ② 핵심 상호작용 촉진하기 facilitate, ③ 참여자와 가치를 연결하기 match 라는 세 가지 기능을 수행해야 한다(앨스타인 외, 2017). 플랫폼의 이 같은 3대 핵심 기능이 제대로 작동해야 네트워크 효과가 원활히 일어날 수 있다. 성공한 플랫폼은 새로운 상호작용이 활성화하는 방식을 보여준다. 즉, 생산자나 소비자든 새로운 범주의 참여자를 만들기 위해 기존 참여자를 재분류한다.

그다음 이들 새로운 범주의 참여자를 플랫폼에 끌어들인다. 또한 기존 참여자 사이에서 교환되는 가치단위를 바꾸기도 한다. 그리고 사용자들이 새로운 유형의 가치단위를 교환할 수 있게 한다. 많은 참여자를 끌어들이는 사용자 획득 user acquisition 과 함께 충성도가 높은 활성 소비자로 만드는 사용자 관여 user commitment 가 중요하다.

매칭 matching 플랫폼은 데이트, 결혼 중개와 같은 남녀 간의 만남을 연결해주는 장이다. 하버드 대학 앨빈 로스 교수와 UCLA 대학 로이드 섀플리 교수는 〈매칭 플랫폼의 성공조건에 대한 연구〉로 2012년 노벨 경제학상을 수상했다. 플랫폼 설계 시 참여자 간 효율적인 매칭을 유도하는 세 가지 기본조건은 다음과 같다(최병삼 외, 2014).

① 균형 balance 메커니즘: 플랫폼에 참여하는 거래상대방인 공급자와 소비자의 규모가 균형을 이루어야 한다. 어느 한쪽이 다른 쪽에 비해 규모가 지나치게 크거나 적으면 효과적인 매칭이 성사될 가능성이 낮다.

② 정직 integrity 메커니즘: 질적인 수준 차이가 크지 않은 상대방을 서로 연결해주는 메커니즘이 필요하다. 참여자의 질적 수준 차이를 최소화한다. 학벌이나 재산 같은 배경이나 신장, 외모 등 기대수준이 비슷하고 격차가 크지 않아야 남녀 간 만남이 성사될 확률이 높다.

③ 쇄신renovation 메커니즘: 새로운 가치단위와 핵심 상호작용을 지속적으로 추가하고 활성화함으로써 플랫폼의 유용성을 높인다. 플랫폼에서의 참여자 간 상호작용에 장애가 되는 요인을 단계적으로 제거해나감으로써 가치 있는 활동이 촉진되도록 유도한다.

결국 플랫폼의 양적 성장과 질적 강화는 서로 상충되는 것이 아니라 조화를 이뤄야 하는 것이다. 다만 플랫폼의 진화가 자칫 과도한 복잡성으로 이어지면 참여자들이 피로감을 느끼고 이탈하며 시스템 효율성이 떨어지는 부작용이 생길 수 있다는 점을 유념해야 한다.

플랫폼이 경쟁우위를 확보하려면

플랫폼은 상대방과의 경쟁에서 전략적으로 만들어진다. 남의 플랫폼이 성장하는 것을 사전에 막고, 내가 가진 것은 플랫폼이 되도록 하며, 플랫폼을 구축한 뒤에는 방어선을 만들어야 한다. 지배적인 플랫폼이 되기 위한 핵심 자산과 경쟁 제품의 특성은 두 가지로 요약된다(최병삼 외, 2014).

첫째, 자사 제품의 대체가능성substitutability 이 낮고 보완성complementarity 은 높아야 한다. 시장에서 경쟁사의 대체 제품이 그다지 위협적이지 않아야 자사 제품의 가치가 올라간다. 또한 자사 제품에 많은 보완 제품이 연결될 수 있어야 참여자에게 제공하는 핵심 가치가 더욱 빛날 수 있다.

둘째, 플랫폼에 협력하는 제휴사 제품의 대체가능성은 높아야 한다. 다른 표현으로는 생태계 내에서 제휴사 제품을 다른 제품으로 대체하기가 용이하도록 이동성mobility 이 커야 한다는 의미다. 이동성이 클수록 제휴사 제품 대비 자사의 협상력이 높아진다.

이처럼 지배적 플랫폼이 되려면 자사 제품 보완성과 제휴사 제품의 이동성

모두가 커야 한다. 자신의 제품을 토대로 많은 제휴사를 확보하되 제휴사를 자신의 통제아래 두고 견제할 수 있어야 플랫폼 생태계에서 경쟁우위가 확보될 수 있는 것이다.

기존 플랫폼 사업자와의 경쟁에서 승리하는 신기술 전략은 네 가지 유형이 있다(샤피로 · 배리안, 1999).

① 나홀로 도약performance play : 구현 가능한 최고의 성능을 독자적으로 추구하는 혁신 전략이다. 강력한 브랜드나 충분한 자금력을 보유한 경우에만 사용 가능하다.

② 나홀로 일보 전진controlled migration : 신기술을 채택해 기존 플랫폼과 차별화된 제품과 서비스, 판매 방식을 독자적으로 구사한다.

③ 함께 일보 전진open migration : 호환성 있는 신제품을 도입하되 상대방과 제휴, 협력 등 공동전선을 펴면서 시장에 진입하는 전략이다.

④ 함께 도약discontinuity : 거대 플랫폼에 맞서기 위해 오픈소스 방식으로 새로운 기술을 개발해 혁신을 창조함으로써 사업 기회를 확장해 나가는 방식이다.

▌ 플랫폼의 혁신 전략

혁신 전략		기술활용 주체	
		독자생산	외부개방
기술 · 제품 관계	호환성	② 나홀로 일보 전진 controlled migration	③ 함께 일보 전진 open migration
	혁신성	① 나홀로 도약 performance play	④ 함께 도약 discontinuity

자료 = 샤피로 · 배리안(1999) 수정

개방적인 시스템에서는 독자적인 노력보다 함께 힘을 모으는 창조적인 활동이 필요하다. 이와 관련해 플랫폼 네트워크 내부에서 뿐만 아니라 내부와 외부 간 상호작용을 촉진하는 일은 매우 중요하다. 플랫폼 설계자는 이를 위해 다음의 두 가지 원칙에 유념해야 한다(앨스타인 외, 2017).

첫째는 단대단 원칙end-to-end principle 이다. 네트워크가 효율적으로 작동하려면 중요한 핵심 활동은 중심에 자리 잡고, 특정 사용자들에게만 중요하거나 특화된 기능은 종단에 위치해야 한다는 원칙이다. 그래야만 부가적인 기능이 플랫폼 핵심 활동을 방해하거나 핵심 자원을 끌어다 쓰지 않으며 플랫폼을 유지 · 관리하거나 업그레이드하는 과정이 원활해질 수 있다.

둘째는 모듈화modularity 원칙이다. 플랫폼은 모듈과 인터페이스로 구성된다. 모듈은 플랫폼에서 독립적 기능을 가진 구성요소다. 모듈은 블록과 같이 조립 · 장착될 수 있는 부품의 결합체, 서비스나 프로세스 등 종류가 다양하다. 인터페이스는 모듈이 플랫폼에서 제대로 작동할 수 있도록 표준화한 연결고리다. API application programming interface 같이 잘 정의된 인터페이스는 외부 시스템이 플랫폼 핵심에 접속할 수 있도록 개방성을 확장한다. 모듈화는 플랫폼 생태계에서 복잡한 제품과 프로세스를 효율적으로 구축하고 외부와 소통이 원활해질 수 있도록 돕는다.

03
플랫폼, 열 것인가 닫을 것인가

개방성은 사용자 · 개발자 참여와 수익 창출에 영향
오픈소스는 신속 투명한 의사소통 · 개발 효율성 증대

애플과 구글은 휴대폰 운영체제에서 양대 산맥이다. 애플은 아이폰 제조기능을 엄격히 통제하는 독점 모델을 채택했다. 애플은 아이폰 앱 개발자에 대해서는 참여하고 싶은 수준의 개방성을 부여했다. 후발 주자인 구글은 안드로이드 오픈소스 플랫폼AOS: PAndroid Open Source Platform을 모든 휴대폰 기기 제조업체에 개방했다.

페이스북에 역전 당해 기억에서 사라진 마이스페이스, 예전의 기세가 한풀 꺾인 오픈소스 백과사전 위키피디아는 개방성 관리를 잘못해서 곤욕을 치렀다. 통합이냐 개방이냐 결정은 비즈니스의 성패를 가르는 플랫폼 설계에서 중요한 문제다. 한번 잘못 선택하면 나중에 쉽사리 바꿀 수 없는 일이기에 그렇다.

플랫폼의 개방성은 두 가지 관점에서 설명된다. 첫째, 플랫폼의 개발이나 사업화에 있어서 핵심 가치를 사용하는 이해관계자의 참여 기회에 제약이 없음을 의미한다. 둘째, 기술 표준이나 라이선스 요금 등 플랫폼의 규정이 합리적이면서도 차별 없이 모든 잠재적 참여자에게까지 동등하게 적용되는 것을 의미한다 (앨스타인 외, 2017).

개방 수준에 대한 결정은 플랫폼의 사용 활성화, 개발자 참여, 수익 창출, 거래 규정 등에 영향을 미친다. 폐쇄성은 단순히 외부 고객의 플랫폼 참여를 금지하는 것이 아니다. 잠재적 이용자들이 주저할 정도로 부담이 되는 규칙을 만들거나 잠재적 참여자가 기꺼이 부담할 용의가 있는 수준을 넘어서는 과도한 이용료를 부과하는 것을 의미한다.

개방 시스템은 플랫폼의 활력과 건전성을 촉진해 혁신을 도모하는 데 유용하다. 플랫폼 외부에 있는 파트너들의 협력이 증대되고 창출되는 가치가 늘어난다. 하지만 플랫폼 운영자 입장에서 개방적인 시스템은 폐쇄적이고 통제된 시스템보다 수익을 창출하기가 더 힘들다. 해당 시스템을 규정하는 지적재산권을 통제하기도 힘들다.

코우즈의 법칙을 뒤집는 플랫폼 전략

법경제학의 대가, 로날드 코우즈의 이론은 기업이 외부 활동을 내부화inter-nalization하는 전략과 관련해 많은 시사점을 준다. 그는 거래비용을 의식하는 기업은 내부에서 최대한 많은 기능을 소화하는 것이 가장 합리적이라고 생각하기 때문에 조직을 유지하고 키워나간다고 주장했다.

코우즈의 법칙Coase's law은 "기업은 추가 거래를 조직 내부에서 처리하는 비용이 동일한 거래를 시장 외부에서 처리하는 비용과 같을 때까지 조직을 확장하는 경향이 있다"는 것이다. 코우즈는 회사를 최저의 비용으로 운영하게끔 만드는 주된 요인으로 시장의 경쟁을 꼽았다.

코우즈가 수직적으로 통합된 기업구조의 원인으로 꼽은 거래비용transaction costs에는 세 가지 종류가 있다.

① 자원과 정보를 발견하며, 거래상대방을 찾고 그들이 제공하는 가치가 적합한지 파악하는 탐색비용, ② 인적·물적 자원 조달 가격을 협상하고 조건을 합의하며 이를 이행하는 데 드는 계약비용, ③ 모든 사람이 함께 효율적으로 일하도록 돕고 갈등이나 분쟁을 관리하는 조정비용이 그것이다.

기업이 특정 제품을 생산하는 비용상 경쟁우위를 확보하려면 가치사슬과 연결돼 있는 사업 부문을 업스트림(생산에서 원자재 방향)이나 다운스트림(생산에서 유통 방향)으로 수직적 통합하는 것이 상당히 매력적일 것이다. 예를 들어, 자동차 회사가 자체적으로 철강을 생산하는 것이 외부에서 구입하는 것보다 싸다면 기꺼이 철강 생산을 내부화하는 수직적 통합 전략을 구사할 것이다.

노벨 경제학상 수상자 조지 스티글러는 수직적 통합은 초기 단계 산업에서, 수직적 해체는 성숙기 산업에서 각각 일어난다고 주장했다. 특정 산업이 충분히 성장해서 생산과정의 많은 부분이 잘 정립되어 있으면 기존의 문어발식으로 통합했던 비즈니스를 전문화된 기업으로 넘기는 해체 전략이 오히려 플랫폼 기업에 이득이 될 것이라는 설명이다. 해체 전략은 기존에 통합된 사업 전략을 추진하던 기업이 경쟁우위에 있는 최종 완제품 생산에만 집중할 수 있게 도움이 되는 역할도 한다.

그런데 정보통신혁명과 제조, 유통산업 기술혁신에 따라 기업 외부의 거래비용은 급격히 하락한다. 협업 경제는 외부 거래비용을 확 낮출 수 있다. 디지털 기술의 발전으로 코우즈의 법칙을 거꾸로 해석하는 것이 더 유용한 세상이 됐다. 기업의 입장에선 외부자산을 내부화하기보다 외부 자원을 충분히 활용하면서 기업 조직을 작게 가져가는 것이 이익 극대화를 위해 현명한 결정이 된다.

개방형 참여 플랫폼은 대규모 협업 활동이다. 개방형 플랫폼은 경쟁력 있는 비즈니스의 표준이 된다. 집단지성의 활용을 높여 가치를 창조하는 데 유용한 시스템인 개방형 플랫폼은 기업 생태계의 주류로 부상한다. 조직 구조가 단순한 분산·개방형 시스템은 복잡한 중앙집중식 폐쇄형 시스템보다 새로운 가능성을 창조할 때 더 빨리 진화할 수 있어 효과적이다(팀 오라일리, 2018).

소프트웨어 산업과 아이디어 플랫폼

혁신적인 아이디어가 충만한 소프트웨어 산업은 폐쇄형과 개방형 모델의 시험장이 되고 있다. 아이디어 플랫폼은 아이디어를 창출하는 제안활동과 파트너와 중개자로서 플랫폼의 역할에 따라 소셜 평가형, 사업 역량 육성형, 기존 사업부 연결형, 솔루션 경쟁형과 같은 네 가지 유형으로 나뉜다.

소프트웨어 산업에서는 어떤 일이 일어나는 것일까? 컴퓨터와 모바일 기기는 소프트웨어로 작동한다. 소프트웨어 없는 아무리 좋은 기기도 무용지물이 되고 만다. 소프트웨어는 일련의 명령어들에 의해 직간접적으로 컴퓨터 하드웨어가 동작하도록 기능한다. 인간 두뇌의 지적인 산물인 소프트웨어는 여러 기호로 프로그래밍되어 있다. 소프트웨어 프로그램은 손쉽게 새로운 기능을 추가할 수 있게 설계된다.

소프트웨어는 재생산 비용이 거의 들지 않는다. 대부분 재화나 서비스와는 달리, 정보화 제품처럼 한 사람의 소비가 다른 사람들이 사용할 수 있는 소비량을 감소시키지 않는다. 오히려 한 사람이라도 더 이용하면 그 소프트웨어의 가치가 증대될 수 있다.

또한 소프트웨어는 복제가 용이하다. 이는 지적재산권 보호 없이는 개발자가 돈을 벌기 어려운 비즈니스 영역이다. 소프트웨어를 판매하는 회사에게 불법복제는 가장 큰 골칫거리다. 그래서 소프트웨어 회사는 다음의 세 가지 주요 지적재산권 보호 시스템에 의존한다(에반스 외, 2008).

첫째, 가능한 한 소스코드를 비밀로 유지하는 데 최선의 노력을 기울인다. 이미 만들어진 시스템을 역추적해 프로그램을 재구성하는 역엔지니어링reverse engineering은 상업적 소프트웨어 사용계약서상 금지된다. 둘째, 소스코드를 저작권으로 보호한다. 저작권자의 동의 없이 소프트웨어를 복제하면 저작권법 위반 행위가 된다. 셋째, 알고리즘이나 다른 기능에 대해 특허를 등록한다. 소프트웨어를 특허 등록하는 방법은 가장 강력하다.

소프트웨어는 하드웨어처럼 가격이 빠른 속도로 떨어지지 않는다. 소프트웨어 개발비 대부분이 고급인력의 인건비이기 때문이다. 아울러 하드웨어 사양이 업그레이드됨에 따라 소프트웨어도 새로운 기능이 추가되면서 점점 더 복잡해진다. 동시에 소프트웨어는 하드웨어 플랫폼에 통합되는 추세다. 독립된 애플리케이션에 의해 실행되던 많은 기능이 통합된 애플리케이션이나 소프트웨어 플랫폼 자체에 합쳐지고 있다. 한 제품 안에 여러 기능을 통합하는 형태는 소비자 구매가격을 저렴하게 해주고 거래비용을 낮춰준다.

▍아이디어 플랫폼의 유형

아이디어 플랫폼		플랫폼의 역할	
		파트너	중개자
제안 내용	아이디어	① 소셜 평가형 외부 참여자들의 평가	② 사업 역량 육성형 아이디어 제안자의 실현 역량
	해결책	④ 기존 사업부 연결형 사업부와 제안자의 직접 교류	③ 솔루션 경쟁형 아이디어 제안자 교류 활성화

자료 = 박성민(2013)

오픈소스 전략의 성공 사례

2001년 개발된 리눅스는 오픈소스open source 소프트웨어의 대표 주자다. 오픈소스란 인터넷에 전적으로 의존하는 분산형 소프트웨어 개발 방법이다. 오픈소스를 진행하는 커뮤니티는 빠르고 투명한 의사소통, 반복적인 개발과 테스트를 통한 효율성 증대를 추구한다. 오픈소스 프로젝트에 참여한 프로그래머들은 자신들이 개발한 소스코드를 공개함으로써 커뮤니티에 기여한다. 그 결과물은 누구나 무료로 이용할 수 있다. 오픈소스에 참여한다는 것은 자신이 개발한 기술에 대해 영업비밀, 저작권, 특허 등 지적재산권 보호장치를 사용하지 않겠다는 것과 같은 의미다.

구글 창업자들이 벌어들인 엄청난 부는 부분적으로 리눅스 운영체제에 자발적으로 참여한 수천수만 소스코드 기여자들의 헌신과 노력에 기인한다. 구글은 자사 서버에 리눅스를 탑재하고 있으며, 리눅스는 구글의 고객이 원하는 정보를 찾아주고 특화된 광고 메시지를 전해주는 구글 서버 컴퓨터의 중추적 역할을 담당하고 있다.

오픈소스 소프트웨어는 설계 전체가 공개될 때 초기 버전의 소스코드도 함께 인터넷에 공개된다. 이를 기반으로 커뮤니티가 구성되며 많은 기여자가 소스코드 추가, 오류수정, 테스트에 자발적으로 참여한다. 오픈소스 플랫폼에서는 많은 참여자가 프로그램 개발과정을 지켜보고 사용하며 기능을 추가하고 수정·보완을 통해 품질을 개선하는 데 기여한다. 오픈소스는 프로그램에 기반을 둔 하드웨어나 소프트웨어 혹은 보완재 성격의 서비스 판매가 이루어지는 새로운 형태의 플랫폼 비즈니스로 부상했다. 역설적으로 개방과 공유를 통해 더 큰 부를 창출하는 것이다.

아마존의 알렉사Alexa는 각종 정보를 검색하고 음악 스트리밍서비스 등 다양한 기능을 갖춘 인공지능AI 비서다. 아마존은 알렉사 플랫폼을 가전제품 유통체인인 베스트바이 등 다른 유통업체에 개방하는 전략으로 AI시장 초기 주도권 확보전략을 펴고 있다. 넥플릭스는 자사의 응용프로그램인터페이스API를 공개, 다양한 기기를 통해 서비스를 제공하는 기반을 마련했다. 현재 인터넷 연결이 가능한 1,500여 종의 디바이스에서 넷플릭스 이용이 가능하다. 페이스북은 자사가 소유하는 오리지널 콘텐츠 공유 감소를 상쇄하기 위해 스냅챗, 인스타그램 이용자 콘텐츠를 수혈 받는 전략을 강화하고 있다.

플랫폼의 개방과 폐쇄를 이분법에 따른 흑백논리로 봐서는 곤란하다. 폐쇄에서 개방으로 이어지는 스펙트럼상 다양한 선택이 얼마든지 가능하다. 시스템 설계 초기에서부터 시간의 흐름에 따라 플랫폼 전 생애주기에 걸쳐 개방 수준을 미조정하는 일관된 전략 프레임워크가 필요하다. 개방과 폐쇄 전략은 다른 플랫폼과의 경쟁 과정에서 장점과 단점이 상이하게 나타난다. 플랫폼은 보다 향상된 품질과 서비스 가치를 유지할 수 있도록 개방성에 대한 지속적인 평가와 궤도 수정이 필요하다.

04
플랫폼 성장 딜레마를 뛰어넘는 전략

'닭과 달걀의 문제' 해법 찾기는 난제 중의 난제
생산자 · 소비자 확보, 임계점 도달 전략 다양해

사업 초기 플랫폼 운영 · 관리자는 양면시장에서 생산자와 소비자를 많이 끌어들여야 하는 문제를 풀어야 한다. 즉, 플랫폼 창업자는 '생산자가 먼저냐 소비자가 먼저냐'하는 매우 어려운 딜레마에 직면한다. 양측 모두 상대방에 의존할 때 어느 한쪽도 플랫폼에 먼저 올라타기를 꺼리고 모두 다 눈치 보기에 급급할 가능성이 있다. 양쪽 참여자가 동시에 일정 규모로 존재해야 작동하는 플랫폼에서 '닭과 달걀의 문제 chicken and egg problem'는 사업 성공의 해법을 찾기 힘든 난제 중의 난제다.

생산자와 소비자를 단번에 플랫폼 안으로 끌어들이는 일은 대단히 힘들다. 닭이 먼저냐 달걀이 먼저냐의 문제를 풀기 위해 다음과 같은 세 가지 기본 원리가 적용된다(앨스타인 외, 2017).

첫째, 사용자 가치 창출을 실현하는 일이다. 하나 이상의 참여자 그룹을 끌어들일 수 있는 핵심적인 가치단위를 준비하고 참여자에게 잠재적인 이득을 제시한다. 초기 참여자들이 많은 가치단위를 생성하고 다른 참여자를 끌어오면서 긍정적 피드백 고리가 생성된다.

둘째, 다수의 사용자 집단을 유인할 플랫폼 설계다. 시장의 한쪽 면에 있는 사용자 수가 충분히 확보되면 반대편 사용자가 늘어나며 서로 다른 사용자 집단 사이의 상호작용을 통한 네트워크 효과가 증대된다.

셋째, 동시참여다. 초기에는 네트워크 규모가 작더라도 인센티브를 제공해 사용자 모두가 관심을 가질 가치단위를 생성하는 조건을 만든다. 가치단위를 지속적으로 생성하면서 핵심 상호작용을 일으키기에 충분할 정도로 생산자와 소비자 양측을 동시에 끌어들이는 활동을 촉진하면 된다.

경영 현실에서는 닭과 달걀의 문제를 풀려면 빅뱅이 일어나는 임계점critical mass에 도달하는 것이 중요하다. 생산자와 소비자가 충분히 확보된 임계점에 진입해야 플랫폼 성장이 순조롭게 이루어진다. 쌍방의 참여자 집단이 충분히 확보된 집합 형태가 갖추어지는 것이다. 네트워크 효과가 큰 시장에서 임계점은 지속가능한 성장과 생존의 갈림길이다.

비슷한 규모로 시작한 플랫폼 기업들 사이에는 경쟁이 치열하다. 플랫폼 기업은 초기 시장과 주류 시장 사이의 대단절chasm, 혹은 '죽음의 계곡'을 넘어서기 위해 안간힘을 쓴다. 임계점의 연결인 임계전선은 사멸지역 또는 붕괴지역과 성장지역의 경계를 의미한다. 시간이 지남에 따라 대단절과 임계전선을 넘는 승자와 그렇지 못한 패자가 가려진다(에반스 · 슈말렌지, 2017).

참여자가 임계전선을 넘어 성장 엔진이 점화된 플랫폼은 촉매 작용을 일으키는 네트워크 효과를 기반으로 경쟁력이 증폭돼 성장이 가속화되고 지속적으로 시장을 장악해 나간다. 하지만 나머지 플랫폼은 임계전선에 도달하지 못하

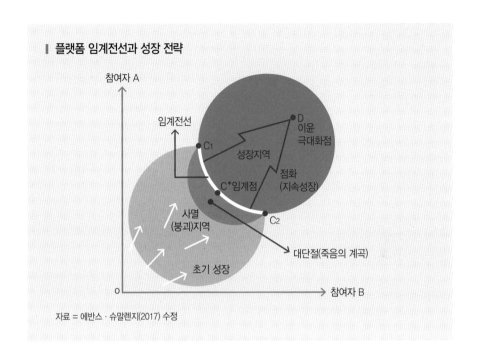

∥ 플랫폼 임계전선과 성장 전략

참여자 A

임계전선

C_1

D
이윤
극대화점

성장지역

C^*임계점

점화
(지속성장)

사멸
(붕괴)지역

C_2

대단절(죽음의 계곡)

초기 성장

O

참여자 B

자료 = 에반스 · 슈말렌지(2017) 수정

고 죽음의 계곡에 빠져 시장에서 사라지고 만다.

플랫폼 사업자가 참여자 집단을 확보해 성장에 전기를 마련하는 임계점에 도달하기 위해서는 온갖 수단과 방법, 다양한 성장 엔진 점화 전략이 동원된다. 가장 원론적인 해법은 생산자와 소비자 양측을 끌어들이는 정면돌파식 올인 전략이다. 전통적인 푸시 마케팅을 적극 활용해 플랫폼에 대한 관심과 주목을 이끌어 내는 방식이다. 이는 동시 다발적인 참여효과를 일으켜 단시간에 네트워크를 완성하려는 과감한 시도다. 이때 적절한 타이밍, 적절한 장소에서 다수의 참여자에 집중하는 방식이 주효할 수 있다.

하지만 대중의 폭발적인 관심을 받아 잠재적 참여자를 플랫폼에 끌어 모을 수 있는 기회가 항상 열려있는 것은 아니다. 어떤 참여자도 다른 참여자가 없다면 플랫폼을 이용하려 하지 않는다. 이때 조건부 계약이 동원될 수 있다. 참여자 양쪽으로부터 조건부 참여에 대한 동의를 받아 동시에 플랫폼에 진입토록 해 비즈니스를 정상궤도에 진입하도록 협력하는 것이다.

닭과 달걀 문제 해결하는 법

현실적으로는 정면돌파 전략이 성공하기 힘들다. 양면시장 참여자 모두를 동시에 플랫폼에 끌어들이는 일이 어렵기 때문이다. 현실에서는 대부분 '닭과 달걀의 문제'를 우회하는 방식으로 임계점에 도달하는 전략이 다양하게 활용된다(앨스타인 외, 2017).

먼저, 사업 전개에 따른 위험을 최소화하려면 기존의 파이프라인이나 시장성 있는 제품사업 기반 위에 플랫폼 비즈니스를 세우는 '토끼 따라가기 follow the rabbit 전략'을 시도할 만하다. 이는 사업을 시작할 때 자가공급 전술을 활용하거나 시제품과 시험용 프로젝트를 통해 성공 가능성을 사전에 점검한 뒤 검증된 비즈니스에 참여자를 끌어들여 플랫폼을 구축하는 전략이다.

둘째, '업혀가기 piggybacking 전략'이다. 자신만의 독창성으로는 주목받을 자신이 없을 때, 관심을 끌기 위해 사용하는 전략이다(아난드, 2017). 사업 초기 경쟁력이 약할 때 강한 자의 힘에 의존해 기생하는 전략으로 볼 수 있다. 앞서가는 다른 플랫폼의 기존 사용자들과 관계를 맺고 이들이 자사 플랫폼으로 끌어들이는 가치단위를 생성해 시장에 진입한다.

셋째, 사업의 마중물을 투입하는 '씨 뿌리기 seeding 전략'이다. 최소한 하나의 잠재적 사용자 그룹과 관련된 가치단위를 만들어 이들과 상호작용을 원하는 다른 참여자를 끌어들이는 방식이다. 플랫폼 개발자는 새로운 가치단위를 만드는 대신 다른 곳에서 가치단위를 빌릴 수도 있다. 또 어떤 경우에는 유사·가짜

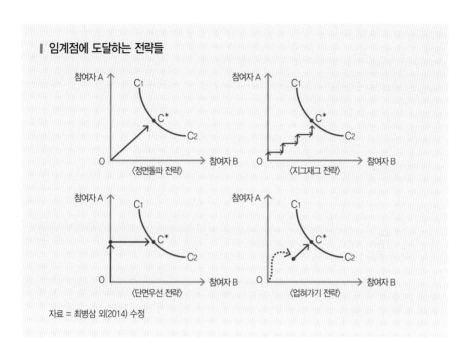

┃ 임계점에 도달하는 전략들

〈정면돌파 전략〉

〈지그재그 전략〉

〈단면우선 전략〉

〈업혀가기 전략〉

자료 = 최병삼 외(2014) 수정

가치단위를 활용해 참여자를 유혹하는 전략도 가능하다.

넷째, 참여자들이 상호작용을 하는 작은 시장을 대상으로 '불쏘시개kindling 전략'을 구사해볼 필요가 있다. 이미 존재하는 극히 세분화된 시장에 초점을 맞추면 상호작용을 촉발하는 데 필요한 참여자가 소수일지라도 매칭이 쉽다. 일단 상호작용이 활성화되면서 가치단위의 품질이 높아지면 성장에 탄력을 받게된다. 생산자와 소비자를 작은 규모에서 시작해 조금씩 단계적으로 야금야금확보해나가다 보면 성장경로가 지그재그 형태를 띤다고 해서 '지그재그zig-zag 전략'이라고도 한다(에반스·슈말렌지, 2017).

다섯째, 슈퍼 유저나 핵심 사용자를 최우선적으로 확보한다. 이들은 플랫폼에 추진력을 불어넣는 촉매와 같다. 쇼핑몰에 가장 유명하거나 중요한 핵심 점

포anchor tenant를 먼저 유치하면 다른 소매점이 자동적으로 참여한다. 플랫폼을 활성화하는 핵심 사용자를 손에 넣으면 이들이 창출하는 가치를 독점할 수 있다. 유명 브랜드처럼 특정 참여자는 다수 참여자의 우상이 됨으로써 성장 모멘텀을 제공할 수 있기 때문에 이들에 집중하는 것이다.

마지막으로, 플랫폼이 '닭과 달걀 딜레마'를 넘기 위해서는 생산자와 소비자 중 상대적으로 끌어들이기 쉬운 하나를 선택해 먼저 확보하는 '단면우선divide and conquer 전략'이 유효할 수 있다. 이 전략은 한 집단의 플랫폼 참여를 유도해 충분한 성과를 달성한 다음, 다른 집단의 가입을 설득한다는 점에서 2단계 전략이라고 한다(에반스·슈말렌지, 2017).

생산·소비자 공략과 바이럴 확산 전략

시장에서 플랫폼이 아닌 생산자를 공략하는 전략은 핵심 가치를 직접 공급하는 파이프라인 비즈니스를 먼저 창출하고, 그다음에 핵심 가치의 혜택을 받는 특정 고객 집단을 확보해 플랫폼 비즈니스로 전환하는 방식이 가능하다.

또한 소비자를 겨냥하는 경우 최초 사용자 그룹을 확보한 뒤 그들과 거래를 원하는 생산자 그룹을 플랫폼에 끌어들이는 사례도 있다. 이때 유인책에 민감한 소비자 쪽에 가격할인, 보조금 등 인센티브를 제공하는 전략이 유효하다. 새로운 제품을 판매하는 경우 다른 제품을 덤으로 주는 끼워팔기bundling 전략도 동원된다. 슈퍼스타를 동원하는 전략에서는 제품 간 불완전한 대체 현상이 존재할 경우 결합 소비를 통한 소비자 구매 증대가 이루어진다.

한편 플랫폼 성장을 촉진하는 방법으로 입소문 전파를 의미하는 바이럴 확산viral growth 전략을 적절히 활용해야 한다(앨스타인 외, 2017). 시장 참여자들이 다른 잠재적 참여자들에게 플랫폼에 대한 소문을 퍼뜨리는 것을 독려하는 바이럴 전략은 기본적으로 풀pull 기반 간접적 마케팅 프로세스다.

전통적인 파이프라인 기업은 생산과 유통의 경제성에 집중한다. 전통 기업은 직접적인 광고나 홍보를 통해 제품 이미지와 메시지를 소비자 쪽으로 밀어넣는 푸시push 전략에 주로 의존한다. 푸시 전략은 단기적인 효과가 있을 수 있지만 까다로운 소비자 니즈를 계속 충족시키기엔 한계가 있다.

플랫폼 세상에서는 빠르고 확장성이 크며 지속가능한 풀 전략이 유효하다. 플랫폼은 고객에게 더 효과적인 서비스를 제공하는 풀 기반 접근법을 가능케 한다. 바이럴 확산에는 사람과 사람의 관계를 연결해주는 다양한 소셜네트워크 서비스SNS: social network services를 활용한 풀 전략이 구사될 수 있다.

바이럴 전략에는 네 가지 요소가 존재한다(앨스타인 외, 2017). 이들 핵심 요소는 ① 송신자 ② 가치단위 ③ 외부 네트워크 ④ 수신자다. 이들 요소가 상호작용을 일으키는 바이럴 확산에 의해 플랫폼 확장 속도는 가속화될 수 있다. 플랫폼 설계자는 먼저, 사용자가 송신자가 되어 가치단위를 전파할 때 인센티브를 제공하거나 자신의 행위로 만족을 느끼도록 유도해야 한다. 가치단위를 전파하는 활동이 플랫폼 사용방식과 일치할수록 바이럴 확산 가능성이 높다.

둘째, 가치단위를 외부 네트워크에서 상호작용을 촉발시키는 데 도움이 되도록 확산 가능하게 설계해야 한다. 셋째, 성장에 발판이 될 만한 외부 네트워크를 발굴하고 사용자들과 창조적이면서도 가치를 증대하는 방식으로 관계를 맺을 수 있는 방법을 찾아내야 한다. 넷째, 수신자는 해당 가치단위가 자신과 관련이 있거나, 흥미롭거나, 유용하거나, 가치가 있을 때 반응한다. 플랫폼 설계자는 수신자가 가치단위를 더 널리 확산시키거나 다른 네트워크에서 새로운 상호작용을 일으키도록 유도해야 한다.

05
플랫폼 가격결정과 수익 창출

先 사용자 증대 – 後 수익 창출이 유효한 전략
보조금 지원 · 요금 부과 비대칭 가격이 일반적

부동산 중개 온라인 사이트와 앱이 인기를 모은다. 미국의 부동산 중개업자들은 구매자와 판매자를 연결하기 위해 수많은 부동산 정보 사이트를 운영한다. 잠재적 구매자와 판매자는 아무 대가 없이 사이트에 접근해 매물을 검색하고 질문과 상담을 벌일 수 있다. 만일 부동산이 팔리면 판매자는 대개 5%가량 수수료를 낸다. 하지만 구매자는 아무런 이용 수수료를 지불하지 않는다.

플랫폼이 존재하지 않는 단면시장 비즈니스에서 최적의 가격을 찾는 일은 2차원의 산을 오르는 일과 같다. '비용+마진' 형태의 가격을 책정하는 마크업 markup 방식 전통적 가격결정이다. 기업의 한계비용과 한계수익이 일치하는 수준에서 가격과 판매량을 결정하면 시장은 균형을 이룬다. 생산자와 소비자의 부분 최적화가 시장 전체 최적화와 일치한다. 소비자가 기꺼이 지불하고자 하는 가격은 실제 지불하는 가격보다 높다. 생산자는 원가보다 높은 가격으로 제품을 판매한다. 특정 제품시장에서 거래를 통해 소비자는 만족, 기업은 이익을 각각 얻는다.

그러나 양면·다면 플랫폼 비즈니스에서는 최적가격 결정이 복잡한 3차원의 산을 오르는 난제나 마찬가지다. 구름과 계곡, 절벽을 넘고 헤쳐 나가야 정상에 오를 수 있다. 플랫폼 사업자는 플랫폼 전체 참여자 수를 극대화하면서 창출되는 가치를 고려해 요금을 부과하는 전략을 짜야한다. 플랫폼 사업자가 복수의 참여자 집단에 부과하는 이용료의 수준이나 구조는 플랫폼 참여자의 특성과 규모, 거래량에 영향을 받는다.

온라인 검색 포털의 경우, 플랫폼에 가입한 광고 대행사에게 수수료를 받거나 서비스를 이용하는 사용자에게 수수료를 받는 방안, 개별 프로젝트를 플랫폼에 올려주는 대가로 돈을 받는 방안 등을 검토할 수 있다. 하지만 생산활동과 소비활동에 부과하는 획일적인 요금은 사용자 모두가 플랫폼에 참여하는 것을 방해할 수 있다.

플랫폼 수익 창출 기본 전략

수익 창출 문제는 바람직한 상호작용을 북돋아 긍정적인 네트워크 효과를 높이거나, 부정적인 네트워크 효과를 줄이는 방향으로 가격결정의 해답을 찾아야 한다. 이에 따라 선 사용자 창출, 후 수익 창출users first, monetization late 이 유효한 전략이다. 즉, 플랫폼 초기에는 서비스 무료화 등 인센티브를 제공, 적자를 감수하면서 참여자를 끌어 모아 임계점에 신속히 도달하는 전략을 구사해야 할 필요가 있다. 서로에게 충분한 가치를 제공할 수 있는 양면 참여자를 확보하되 수요에 균형을 이루면서 촉매 반응을 극대화하는 전략이 유효하다.

이론적으로 가격정책은 플랫폼이 생성하는 초과가치 공급원sources of excess

value에 요금을 부과함으로써 수익을 창출하는 것이다. 잘 관리된 플랫폼이 창출한 가치는 소비자를 위한 가치, 생산자 또는 협력자를 위한 가치, 소비자와 생산자의 상호작용을 촉진하는 가치, 상호작용의 품질을 향상시키는 큐레이션 가치의 네 가지로 구분된다. 플랫폼이 창출하는 다양한 가치를 이용자에 제공해 수익을 획득하기 위해 활용하는 차별화된 수수료 부과 방식은 다음과 같은 세 가지가 있다(앨스타인 외, 2017).

① 플랫폼 접근 수수료: 생산자나 협력자에게 소비자 커뮤니티에 대한 접근을 허용하는 대가로 수수료를 부과한다. 가격에 대해 예민한 반응을 보이는 소비자의 경우, 가입비를 부과하는 데에 저항이 클 수 있어 효과가 반감된다.

② 거래·이용 수수료: 금전거래가 가능한 플랫폼의 경우 거래 가격의 일정 비율이나 거래 한 건당 고정 수수료 방식으로 수수료를 부과한다. 금액이 크지 않고 거래 빈도가 잦은 경우 고정 수수료 방식이 낫다.

③ 큐레이션 강화 수수료: 품질을 향상시키는 큐레이션 강화 활동은 소비자 입장에서는 서비스를 차별화해 가치를 높이므로 기꺼이 비용을 지불하려 할 것이다. 하지만 광고성 포스팅이 범람하면 소비자가 플랫폼에서 이탈할 수 있다.

특히 접근 수수료와 거래·이용 수수료는 목적과 설정 방법의 차이에 따라 달리 부과된다. 가입비와 접근 수수료는 온라인이나 오프라인 플랫폼으로의 접근을 관리하는 방식이다. 플랫폼은 양면에 올바른 고객을 충분히 끌어들일 수 있도록 접근 수수료를 설정한다. 낮은 접근 수수료는 고객 참여를 유도해 촉매 반응을 지속시키는 것을 돕는다. 높은 접근 수수료는 고객 참여가 억제되지만 올바른 고객들이 커뮤니티에 참여하게 만드는 데 도움이 된다.

이에 반해 거래·이용 수수료는 고객집단과 상호작용하기 위해 플랫폼의 서비스 이용을 관리하는 것이다. 낮은 수준의 거래·이용 수수료는 상호작용을

플랫폼 산업의 다양한 보조금 가격 정책

플랫폼 비즈니스	돈 내는(money) 측	보조금 받는(subsidy) 측	보조금 가격 정책
증권거래소	증권 매도자	증권 매수자	수수료 인하 · 면제
종이신문	광고주	독자	원가 이하 구독료
TV방송	광고주	시청자	무료
신용카드	가맹점	이용자	수수료 인하 · 면제
쇼핑몰	소매 매장	쇼핑객	무료 혹은 마이너스
미 부동산 중개인	주택 매도자	주택 매수자	무료
일자리 게시판	고용주	구직자	무료
온라인시장	판매자	구매자	무료
검색엔진	기업	이용자	무료
나이트클럽	남성	여성	입장료 인하 혹은 무료
비디오게임 콘솔	게임회사	소비자	원가 이하
PC 운영체제	PC 구매자	SW 개발자	무료

자료 = 에반스 · 슈말렌지(2017)

촉진하지만 높게 책정하면 상호작용을 시작할 가능성이 높은 고객집단의 참여를 억제하게 된다.

플랫폼에 참여하는 사용자마다 경제적 동기, 목적, 인센티브, 얻어가는 가치의 종류와 양이 모두 다르다. 인터넷 사업자가 수익을 창출하는 방법에는 수수료 부과와 광고를 유치하는 전략이 있다. 긍정적인 상호작용을 촉진하고 참여자들을 위한 가치를 창출하기 위한 가입비, 거래 수수료 부과 등 플랫폼의 가격 정책은 사용자의 속성에 따라 차별화될 수 있다(앨스타인 외, 2017).

① 모든 사용자에 요금 부과: 판매자와 구매자 모든 참여 집단에 요금을 부과하는 대칭적 가격설정 symmetric pricing 이다. 주로 참여 집단 간 수요의 강도, 가격 민감성의 차이가 없을 때 사용된다. 다만 사용자의 참여율이 낮아져 네트

워크 효과가 줄어들거나 훼손될 가능성이 있다. 골프장, 호텔 헬스장 등 고급 가치를 제공하는 경우는 예외적으로 모든 사용자에게 가입비를 부과한다.

② 대부분 참여자에게 제값 부과, 극소수에만 보조금: 존재만으로도 다른 사용자들의 돈을 끌어들이는 매력 만점인 슈퍼 유저에게만 보조금을, 나머지 참여자에게는 제값을 부과한다. 중요한 핵심 이용자marquee user를 플랫폼에 끌어들여야 비즈니스에 도움이 된다. 오프라인 쇼핑몰에서 유명, 인기 브랜드를 가진 대형 소매점을 유치할 때 이런 전략을 쓴다.

③ 한쪽에 요금, 다른 쪽에는 보조금 부과: 온라인 데이팅 사이트와 같이, 플랫폼에 참여할 경우 가치가 증대되는 여성 등 가격·품질에 민감하고 유치가 까다로운 보조금 받는 측subsidy side에게 무료 또는 보조금 혜택을 제공한다. 동시에 플랫폼 참여에 따른 모든 비용을 기꺼이 지불할 의사가 있는 남성 등 다른 한쪽, 즉 돈 내는 데 호의적인 측money side에게는 요금을 부과한다. 보조금이 특정 플랫폼 내에서만 유효하려면 지원을 받는 측이 경쟁 관계에 있는 다른 플랫폼 지불자와 접촉하지 못하도록 차단벽이 구축돼야 한다.

비대칭적 가격결정의 세부 전략

양면시장에서는 일반적으로 비대칭적 가격설정asymmetric pricing이 유효하다. 한 고객 집단에게 큰 가치가 있지만, 그 고객 집단에 별다른 가치를 두지 않는 다른 집단을 끌어들이기 위한 가격설정이 필요하다. 플랫폼상 생산자와 소비자는 가격과 품질에 대한 민감도가 다르다. 가격에 예민한 반응을 보이는 소비자보다는 생산자에 요금을 부과하는 것이 원칙이다. 소비자에겐 가격을 할인해주거나 보조금을 지원해주는 전략이다.

플랫폼에 참여하는 A(소비자)와 B(생산자) 두 집단에 대한 가격 결정을 예로 들어

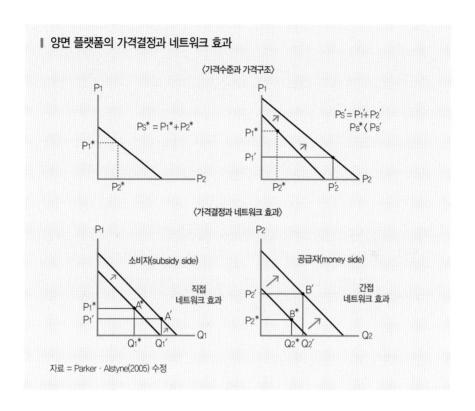

┃ 양면 플랫폼의 가격결정과 네트워크 효과

〈가격수준과 가격구조〉

〈가격결정과 네트워크 효과〉

자료 = Parker · Alstyne(2005) 수정

보자. A는 가격 민감도가 높고 B는 가격부담에 상대적으로 둔감하다. A는 보조금 사이드, B는 머니 사이드가 된다. 플랫폼 사업자는 A에 대한 수수료를 최대한 인하$_{(p_1^* \to p'_1)}$하는 대신 B에 대한 수수료는 인상$_{(p_2^* \to p'_2)}$해 가격 수준을 일정하게$_{(p'_1 + p'_2)}$ 확보한다. 수수료 인하 효과로 A의 참여가 늘면서 소비자 수요곡선이 우측으로 이동하는 직접 네트워크 효과가 일어난다. 이에 따라 B의 참여와 판매량도 동시에 증가$_{(공급자\ 수요곡선\ 우측\ 이동)}$하는 간접 네트워크 효과가 발생한다. A와 B에 대한 가격 구조를 변화시킴으로써 상호작용을 촉진해 플랫폼 수익을 증대$_{(p_S^* \langle\ p_S')}$하는 효과가 발생하는 것이다.

플랫폼 사업자는 양면 가운데 어느 한쪽 가격을 높여 이익을 극대화하는 비약탈적인 가격 정책을 구사할 수 있다. 가격구조 설정은 플랫폼 전체 사업의 수익 극대화 관점에서 중요하다. 구체적으로 차별적인 가격할당을 실시하거나 한계수익이 한계비용보다 낮은 마이너스 가격을 특정 참가자 집단에 적용하는 교차 보조금cross subsidy 지급을 통해 최적의 가격구조를 만들어 낸다.

교차 보조금은 단면시장에서 시장지배적 사업자가 독점력을 이용해 얻은 초과이윤을 다른 부문에 보조하는 금액을 의미한다. 교차 보조금은 양면의 교차 네트워크 효과cross-network effect를 플랫폼 사업자가 지속적으로 향유하기 위해 지불하는 불가피한 선택이다. 플랫폼 최적 가격구조 결정에는 교차 네트워크 효과 이외에도 양 측면의 가격탄력성, 품질 민감도, 고정비, 양쪽의 거래량 변화에 따른 한계비용 특성 등 복잡한 요소가 작용한다.

교차 네트워크 효과를 확보하기 위해 동원하는 교차 보조금에는 다음과 같은 공짜 미끼, 대가성 광고, 프리미엄 모델이 있다.

① 공짜 미끼loss leader는 최초 1개월 무제한 무료 콘텐츠 이용, 일정 금액 이상 무료 배송 등 공짜 미끼 서비스를 제공하는 것이다. 한동안 수혜를 누렸던 고객 집단인 소비자가 일정 기간이 지나 제값을 부담하고 구매 규모가 늘어남으로써 다른 측면의 고객 집단인 생산자를 교차 보조하는 방식이다. 특별한 경우 무료 이용료를 넘어 유상 보조금을 지원해 플랫폼 참여를 촉진하는 전략도 구사된다.

② 대가성 광고reward advertising는 한쪽의 고객 집단이 특정한 제품을 공급하는 생산자이자 광고주여서 언론사 플랫폼을 통해 광고비를 집행하고 이 광고비의 일부를 다른 측면의 소비자 가격에 전가하는 방식이다. 생산자가 제품 광고비를 지출하더라도 광고효과에 따라 소비자가 제품 구매를 늘리면 제품 매출

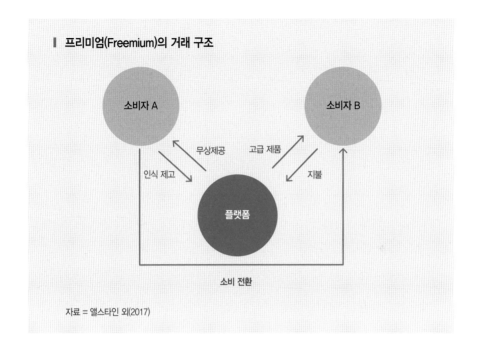

┃ 프리미엄(Freemium)의 거래 구조

소비자 A

소비자 B

무상제공

고급 제품

인식 제고

지불

플랫폼

소비 전환

자료 = 앨스타인 외(2017)

이 증가해 비용을 보전하고 수익을 거둘 수 있는 것이다.

③ 플랫폼 기업이 성장 단계에서 수익 창출 모델로 전환하는 전략인 프리미엄freemium 모델은 일단 무료 서비스를 통해 사용자들을 모은 다음, 추가적인 고급 버전 제품에서 돈을 받는 가격 모델이다. 기본 상품이나 서비스 가격을 공짜로 책정한 뒤 고급 기능에 대해서만 유료화를 적용하는 방식이다. 플랫폼이 특정 제품 사용자에게 무료 가격정책을 펼치면서 다른 고급제품을 구매하는 경우에는 제값을 청구하는 것이다.

하지만 부분 유료화 모델인 프리미엄 방식은 무임승차자를 양산하는 단점이 있다. 다수 고객이 무상 서비스만 선호할 뿐 고급 제품 구매에 대한 저항이 심할 경우 수익을 내기 힘들다. 또한 무료로 제공하는 서비스의 수준이 높으면 고객은 유료 서비스를 이용할 필요를 느끼지 못한다. 반대로 무료 서비스의 질이 낮으면 대다수 고객은 관심을 기울이지 않는다.

플랫폼 가격정책을 무료에서 유료화free to fee로 전환하는 데 있어서는 신중한 접근이 필요하다. 플랫폼 사업자가 고객의 저항 없이 유료화에 성공하려면 다음과 같은 네 가지 원칙에 유념해야 한다(앨스타인 외, 2017).

① 가능하면 사용자가 이전에 무료로 누렸던 가치에 요금을 부과하지 말라. 사용자는 같은 가치에 요금을 부과하면 플랫폼을 이탈하려 할 것이다.

② 사용자가 익숙하게 누렸던 가치에 대한 접근성을 약화시키지 말라. 사용자가 선호하는 활동에 제약을 받으면 플랫폼에 남아있기를 기피할 것이다.

③ 무료에서 유료로 전환할 때는 이러한 변화를 정당화할 수 있는 새롭고 추가적인 가치 창출에 매진해야 한다. 즉, 사업자는 품질 향상을 엄정하게 관리하고 보증할 수 있어야 한다.

④ 처음 플랫폼을 설계할 때 잠재적인 수익 창출전략을 고려해라. 사용자들에게 도달하는 콘텐츠 경로와 모든 상호작용에 관한 데이터 흐름을 포착하는 등 수익을 창출할 자원을 완벽히 통제할 수 있어야 한다.

플랫폼 기업은 '스폰서형 비즈니스 모델'을 효과적으로 구축해야 성장과 수익 창출이라는 두 가지 목표를 달성할 수 있다. 온라인·모바일 시대에 외부의 스폰서는 사용자의 관심과 데이터를 원한다. 스폰서는 플랫폼에 참여하는 사용자 저변이 늘어날수록 빅데이터 등 원하는 가치를 대량으로 제공받을 수 있다. 사용자에게는 가급적 추가적인 부담을 주지 않으면서 플랫폼이 확대될 수 있도록 스폰서는 금전적 부담을 대신 지려한다.

보완재 전략과 가격결정

제품은 가격과 관련해 다양한 특성을 갖는다. 경제학에서 가격 변화에 따른 판매량의 변화 관계를 분석할 때 제품은 두 가지 종류로 구분된다. 보완재와 대체재가 그것이다. 먼저 보완재complements는 가격효과의 관점에서 설명된다. 두 제품 중 하나의 가격이 하락할수록 나머지 제품의 수요는 더 증가한다.

이 같은 보완재는 하나가 없으면 다른 하나의 쓸모가 없어지는 관계다. 이는 면도기와 면도날razor and blades 모델로 잘 알려져 있다. 보완재 관계는 프린터와 카트리지, 자동차와 휘발유, 램프와 전구, 커피와 설탕 등 수없이 많다. 핫도그와 토마토케첩처럼 보완재에서는 제품을 따로 사용했을 때보다 제품을 함께 사용했을 때 두 제품의 가치와 효용을 더욱 증대시킨다. 즉, 사용자가 두 가지 제품을 함께 사용하는 데서 얻는 가치가 두 제품을 따로따로 사용할 때 얻는 각각의 가치를 더한 것보다 크면 두 제품은 보완재다. 다른 말로 2개의 보완재를 함께 팔면 고객은 두 제품을 따로따로 구입할 때보다 더 많은 돈을 지불하더라도 기꺼이 구매할 것이라는 얘기다.

대체재substitutes는 보완재의 정반대 개념이다. 가격이 더 낮거나 더욱 널리 사용되는 어떤 제품이나 서비스가 자사 제품에 대한 수요를 감소시키면 그 제품은 대체재다. 대체재의 종류에는 쌀과 빵, 고기와 생선, 한복과 양복 등과 같이 한쪽을 소비하면 다른 쪽은 소비가 줄어 서로 대체될 수 있는 제품이다.

이때 효용이 보다 큰 쪽을 상급재, 작은 쪽을 하급재라고 한다. 대부분의 기업은 경쟁력 있는 대체재의 등장을 큰 위협으로 느낀다. 음악 산업에서 LP레코드판은 카세트테이프에, 카세트테이프는 다시 CD에, CD는 파일 공유 서비스 등 디지털 음악 확산에 의해 사라졌다. 산업융합, 초경쟁, 영역파괴 등 포장을 바꿔가며 등장하는 신기술 발전은 대체재의 등장을 촉진한다.

보완재와 대체재를 구분하는 일은 플랫폼 전략의 방향을 좌우한다. 보완재 전략을 이용하기 위해서는 먼저 어떤 제품을 보완재로 활용할 수 있는지 면밀히 파악해야 한다. 그런 뒤 해당 제품 공급을 늘려야 효과를 볼 수 있다. 새로운 보완재를 활용하는 창의적인 방법도 동원해야 한다.

'면도기-면도날 모델'은 일반적으로 보완재 가격을 설정할 때 활용된다(아난드, 2017). 즉, 내구성이 높은 제품의 가격을 싸게 책정하고 수익은 소모품에서 올리는 방식이다. 이처럼 '하드웨어는 싸게, 서비스나 소프트웨어는 비싸게' 가격을 책정하는 규칙은 한 기업이 하드웨어와 보완재를 모두 생산하는 경우에 효과적이다. 보완재의 구매 또는 사용에 지불한 비용이 고객에게 전환비용으로 작용하는 경우에는 고객이 한 제품에 고착화되는 경향이 있다. 이는 제품의 시장 지배력이 증대되는 효과로 연결된다.

수익을 늘리는 것보다 비용을 통제하는 것이 이익을 창조하는 데 효과적인 방법일 수 있다(아난드, 2017). 특히 고정비가 높은 사업에서는 고객 한 명에게 서비스를 제공하고 얻는 이익이 다른 모든 고객에게 서비스를 제공하고 얻는 이익과 불가분의 관계를 갖는다. 항공, 호텔, 소매점, 언론사 등 많은 산업이 고정비 관리에 애를 먹는다. 특히 고객 감소 추세에 있는 콘텐츠 비즈니스에 고정비는 한 순간에 폭발하는 티핑 포인트가 된다. 고정비 비중이 높은 사업에서는 고객 100명 가운데 3명만 잃어도 이익이 날아갈 수 있다.

하지만 고정비를 늘리는 역발상 전략으로 비즈니스에 성공한 사례도 있다. 아마존은 전자상거래 이용 배달시간을 줄이기 위해 물류센터와 창고를 대대적으로 증설했다. 주문이행 물류센터에 막대한 고정비를 투자했다. 그 결과 아마존은 시장을 확장하고 경쟁사보다 낮은 가격에 서비스하는 비용우위를 확보했다. 2002년 아마존은 다른 상인에게 수수료를 내고 아마존 웹사이트와 물류센터를 이용할 수 있는 마켓 플레이스라는 새로운 비즈니스를 시작했다.

아울러 아마존은 대규모 투자로 키운 자사의 서버와 클라우드를 원하는 사람 모두에게 개방했다. 아마존은 클라우드 컴퓨팅을 선도하는 기업으로 부상했다. 또한 펭귄랜덤하우스는 고정비에 집중 투자함으로써 유통물류를 아웃소싱해 고정비용을 절감하려는 경쟁사들을 인소싱하는 전략으로 사업을 확장했다.

06
큐레이션으로 플랫폼 품질 높여라

자율적 정화기능 작동해야 양질의 핵심 가치 생산
플랫폼 지배구조 확립으로 시장의 실패 막아내야

미녀들이 많은 나이트클럽에 돈 많은 남자들이 모여든다. 빼어난 외모를 가진 여성 입장자를 많이 받아들여야 나이트클럽이 대박을 낸다. 매니저는 소위 영업장 수질관리에 대단한 신경을 쓴다. 또한 모든 주민이 깨끗한 물을 먹고 건강을 지킬 수 있도록 지자체는 수돗물의 수질을 엄격히 관리해야 한다.

이처럼 플랫폼 커뮤니티를 깨끗하게 정화하는 작업도 대단히 중요한 일이다. 특히 플랫폼에 참여하는 고객은 매우 세심한 관리가 필요하다. 또한 저질 콘텐츠에서 양질의 콘텐츠를 가려내고 목적에 따라 이를 다시 선별하고 조합하며 특별한 의미를 부여해 핵심 가치를 재창출하는 큐레이션curation은 플랫폼 성장을 좌우하는 중요한 활동이다.

지식 플랫폼은 흩어져있는 정보를 최대한 끌어 모아 활용하는 능력이 기본이다. 그러나 많은 양의 정보 유입에 신경을 쓰다보면 자칫 폭력물, 음란물과

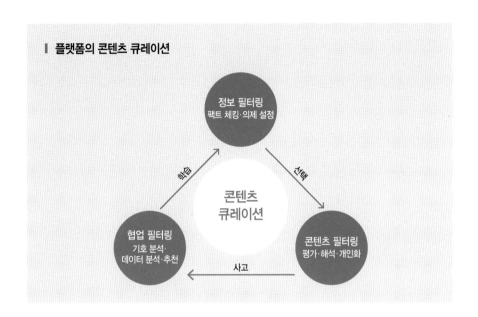

┃ 플랫폼의 콘텐츠 큐레이션

같은 다수가 불쾌해하고 원하지 않는 저질 콘텐츠가 유입되기 쉽다. 플랫폼은 백해무익한 잡동사니 정보가 시스템에 쌓이고 자료가 훼손되며 왜곡되고 갈등이 발생하는 문제를 해결해야 한다. 부정적인 행동의 외부효과를 최소화하는 시도다. 동시에 좋은 것을 골라주는 일도 매우 중요하다. 성공한 플랫폼은 긍정적인 행동의 외부효과를 키우기 위해 노력한다.

필터는 제공하는 정보나 제품을 깨끗하게 여과해 품질을 높여 다른 편에게 전달하는 매개자다. 큐레이터도 미술품, 콘텐츠, 디자인, 상품 등 다양한 대상의 '선별-설정-해석-평가'를 수행한다. 미디어 산업에서 기사를 작성할 때 활용하는 팩트 체킹(사실 확인), 게이트 키핑(문 지키기), 어젠다 세팅(의제 설정)은 스크리닝이나 큐레이션과 유사하게 내용을 걸러내는 기능을 한다.

콘텐츠 서비스 분야에서는 콘텐츠의 특성, 시청자의 기호에 따라 유사 콘텐츠를 추천해주는 필터가 활용된다. 협업 필터링은 시청자의 동영상 콘텐츠 시청 패턴을 분석해 다른 콘텐츠를 추천해주는 방법이다. 시청자의 클릭, 좋아요, 싫어요 등 시청 데이터를 수집하여 유사한 취향을 가진 시청자를 묶고 이를 기반으로 시청자의 다음 시청 패턴을 예측하는 알고리즘이 작동한다. 콘텐츠 기반 필터링은 콘텐츠 자체의 특성을 분석하여 유사 콘텐츠를 찾는 방법이다. 콘텐츠 자체를 독립적인 항목으로 분석하여 시청자의 시청 패턴을 예측해 적합한 콘텐츠를 추천한다.

디자인 사고의 창시자 로저 마틴은 '지식생산 필터'라는 세 단계 과정이 혁신적인 기업에서 공통적으로 발견된다고 주장했다. 첫 번째 단계는 미스터리 탐색이다. 설명하기 힘든 일인 미스터리는 기업의 성과를 향상시키는 경험, 비결이나 촉매와 같은 것으로 무수히 다양한 형태를 지닌다. 두 번째 단계는 미스터리에서 조직의 경험법칙을 찾아내는 과정이다. 단순하고 명확한 개념으로 표현되는 경험법칙은 미스터리 탐색의 영역을 다룰 수 있을 만한 범위로 좁혀준다. 마지막으로 세 번째는 검증된 제작과정인 알고리즘이다. 알고리즘은 경험규칙을 체계적이고 완벽한 코드로 전환한 것이다. 조직 구성원이 정립된 알고리즘에 따라 구체적으로 제시된 절차를 밟아 순서대로 행동하면 원하는 특정한 결과를 보장받을 수 있다.

지배구조 확립해야 플랫폼 지속성장 가능

플랫폼이 촉매기능을 발휘하고 큐레이션이라는 자율적인 정화 기능을 작동해 양질의 핵심 가치를 생산하려면 두 가지 제도적인 장치가 필요하다(앨스타인 외, 2017). 첫째, 누가 참여할 수 있는지, 참여자들은 어떤 역할을 할 수 있는지, 참여자들이 어떤 방식으로 상호작용하는지, 분쟁이 발생하면 어떻게 해결할 것인지 등에 대한 운영 규칙을 포함한 지배구조가 정립돼야 한다. 둘째, 참여자를 자원과 연결하고 활동을 조정하며 상호협력을 촉진하도록 일반적으로 설계된 추가적인 업무 표준이 마련돼야 한다. 큐레이션은 매우 중요한 콘텐츠 보호 장치다. 세밀하게 조정하여 생산자에게 어느 수준까지 개방할지, 또 어떤 유형의 개방을 허용할지를 사전에 결정해야 한다.

지배구조는 플랫폼 생태계의 성장과 지속가능성을 높이기 위한 일련의 규범이다. 플랫폼은 항상 다양한 이해관계가 뒤엉켜 있다. 가치를 제공하는 참여자에게 선택의 자유를 주는 것과 통제력을 강화하는 일은 서로 상충된다. 훌륭한 플랫폼 지배구조는 다음의 세 가지 원칙을 갖는다(앨스타인 외, 2017). 첫째, 서비스를 제공하는 참여자에 언제나 가치, 보상을 제공하라. 둘째, 플랫폼 설계·운영자에게 유리하게 규칙을 바꾸기 위해 힘의 우위를 이용하지 말라. 셋째, 보편타당한 정도 이상의 수익을 과도하게 취하지 말라.

플랫폼에서도 시장의 실패가 일어날 수 있다. 시장의 실패가 일어나는 경우는 정보 비대칭성, 외부효과, 독점력, 위험 등이 그 원인이 된다. 시장의 실패를 막으려면 잘 설계된 플랫폼 지배구조가 필요하다. 노벨 경제학상 수상자인 앨빈 로스는 그 조건을 네 가지로 설명한다.

① 투명성이나 품질, 보험을 통해 안전을 향상시킴으로써 위험을 막고 참여자 간 긍정적인 상호작용을 촉진한다. ② 시장 참여자의 층을 두껍게 형성해 가치 창출이 원활하게 이루어지도록 돕는다. ③ 저급 가치를 걸러내고 고급 가치가 잘 생성될 수 있도록 적체현상을 예방한다. ④ 참여자들이 유발하는 혐오감을 주는 활동을 억제하고 제거해 나간다.

플랫폼 참가자들이 불안해하고 서로 신뢰할 수 없을 때 상호작용은 위험에 노출된다. 누가 진실된 정보를 숨기고 있는지, 누가 제공할 수 있는 것 이상을 약속하는지 혹은 누구든 불법은 아니지만 다른 기회주의적인 속임수를 쓰는지 알기 힘들다. 이 같은 정보 비대칭성은 중고차 시장에서 불량품을 의미하는 '레몬 문제'를 일으킨다(에반스·슈말렌지, 2017).

판매자들은 특정 중고차가 겉만 번드르르하지만 사고가 난 적이 있고 성능은 떨어지며 고장에 취약한 '레몬'이라는 것을 잘 안다. 구매자들은 차가 레몬인지 아닌지 제대로 분간할 수 없다. 구매자들은 이런 위험 때문에 모든 중고 자동차 가격을 깎으려고 한다. 그럴 경우 제대로 된 중고차를 팔려는 사람들은 가격이 터무니없이 낮다며 차를 팔려하지 않는다. 결과적으로 시장에는 하자있는 중고차만 늘어난다. 잘 관리되는 플랫폼은 저질 중고차의 유입을 막음으로써 레몬 문제를 해결할 수 있다.

하버드 경영대학원의 안드레이 학주 교수는 플랫폼상 레몬 문제를 해결하기 위해 네 가지 방법을 제시했다(안드레이 학주, 2009). 이는 품질인증quality certification 관리방식을 강하게(행동규제), 또는 약하게(정보제공) 수행하거나, 참여자 활동이나 제품에 대한 평가시점을 플랫폼 진입과 관련해 사전적ex ante 혹은 사후적ex post으로 결정하는 방식으로 구분된다. 행동규제는 평가에 따라 벌금이나 상금을 제공한다. 정보제공은 품질 평가등급을 표시하거나 인증서를 발급하는 방식이다. 기업은 플랫폼의 상황에 맞게 다양한 방법을 선택해서 평가와 품질인증을 시행할 수 있다.

특히 온라인에서는 저질 콘텐츠와 혼란을 일으키는 악의적인 스토리 때문에 질이 저하된다. 이는 사용자 생성 불만user generated discontent을 유발한다. 플랫폼 내부에는 우선, 고객에게 유용한 것과 그렇지 않은 것을 구분해내는 메커니즘이 있어야 한다. 플랫폼은 한 편이 제공하는 정보를 고르고 걸러서 다른 편 입맛에 맞게 제공해야 한다. 즉, 정보를 제공받는 고객의 니즈와 선호도를 미리 정확하게 파악해야 한다.

정보 홍수시대에 사는 사용자는 유용한 지식에 항상 목말라한다. 선택의 역설paradox of selection은 '더 많은 것이 더 적은 것이 된다'는 의미다. 선택 과부하의 문제는 의미 없는 선택지를 제거하고 소수의 선택지로 대상을 압축함으로써 해결할 수 있다. 온라인에서 평점을 매기는 사이트가 인기를 모으는 이유다. 수많은 잡동사니와 쓰레기를 제거한 소수의 유용한 정보는 사용자를 플랫폼에 오래 머물게 하고 다른 사용자들의 유입을 촉진한다.

이와 동시에 플랫폼 내부에서 부정적인 연결 관계를 방지하는 일도 중요하다. 타인에게 해를 입히는 참여자들이 플랫폼에 유입되는 것을 차단해야 한다. 동시에 참여자들이 허위 정보 혹은 오류가 있는 정보를 올리는 행위와 혐오감을 유발하는 활동을 막아야 한다. 이는 일부 전문가 집단에 의존하는 전통적 방식이 간과하는 부분이다. 이때 세심한 균형관리가 필요하다. 기준을 낮추면 훼손과 갈등이 유발된다. 반대로 기준을 너무 높이면 소중한 참여자를 쫓아내는 결과를 자초하게 된다.

큐레이션으로 퀄리티 관리하는 법

큐레이션은 보통 플랫폼의 중요한 접근 지점에서 선별 검사와 피드백의 형태를 취한다. 선별검사는 적절한 참가자를 골라내 플랫폼에 들여보낼지를 결정한다. 사용자 평판은 과거 행동에 따라 형성되는데, 다른 커뮤니티에서 긍정적인 평가를 받은 사용자는 선별검사 과정에서 통과할 가능성이 높다. 피드백은 일단 진입이 허용된 참여자를 대상으로 바람직한 행동을 촉진한다. 일반적으로 긍정적인 평판을 받은 참여자는 평판이 나쁜 참여자에 비해 더 호의적인 피드백을 받기 쉽다.

큐레이션은 게이트키퍼에 의해 관리되기도 한다. 이를 수동 큐레이션이라고 한다. 게이트키퍼는 직접 사용자를 선별하고 콘텐츠를 편집하며 품질을 향상시키기 위한 피드백을 제공하는 일을 담당한다. 플랫폼 참여자의 품질 또는 수준을 관리해 질 좋은 성장을 만들어가려면 무엇보다 운영규칙이 중요하다. 소위 물이 좋은 나이트클럽은 손님 수를 제한하는데 단지 멋진 고객들에만 집중하기 위해서가 아니다. 전체 참여 고객 수를 제한하면 고객이 더 빠르고 쉽게 서로 연결될 수 있게 되는데, 이로써 혼잡비용에 따른 고객 불만을 줄이게 된다.

수동 큐레이션보다 더 좋은 시스템은 참여자 자율에 큐레이션을 맡기는 것이다. 이는 자동 큐레이션이라고 한다. 참여자들이 직접 플랫폼의 품질을 관리하고 소프트웨어 도구를 활용해 신속하게 피드백을 수집 통합하여 이를 큐레이션 결정에 적용하는 것이다. 큐레이션 도구가 지나치게 개방적이면 잠재적으로 플랫폼 품질을 떨어뜨리는 참여자나 콘텐츠가 유입될 수 있다. 그렇다고 지나치게 엄격하면 가치 있는 참여자와 유용한 콘텐츠가 선별검사 과정에서 걸러지거나 아예 차단되기도 한다. 플랫폼 관리자는 상당한 시간과 자원을 투입해 끊임없이 개방과 폐쇄 사이에 있는 플랫폼 경계를 모니터링해야 한다.

대부분의 문제는 플랫폼이 양적으로 커지는 데서 발생한다. 플랫폼이 새로운 공급원의 문을 열 때 종종 품질이 급격히 떨어진다. 부정적인 네트워크 효과는 바로 여기에 해당된다. 시간이 흐르면서 큐레이션 메커니즘이 작동하기 시작하면 연관성이 있고 품질이 뛰어난 콘텐츠, 상품, 서비스를 생산자에게서 끌어내 소비자와 연결시켜주는 플랫폼 역량이 개선된다. 플랫폼의 품질이 올라가면 다양한 참여자를 끌어들이는 데 필요한 신뢰가 쌓이게 된다.

편견이나 부정적인 내용에 의해 반복적으로 플랫폼 핵심 가치의 품질이 떨어지면 신뢰성이 상처를 입는다. 추락한 신뢰성을 회복하기 위해 플랫폼 관리자는 참여자의 올바른 행동을 유도하기 위해 사회적 압력을 이용하려고 노력을 기울인다. 그러나 사회적 압력만으로 충분치 않다. 브랜드 가치를 높이고 적극적인 커뮤니케이션에 나서며 커뮤니티 규범을 확립하는 등 다양한 노력을 기울여야 한다.

플랫폼 설계자는 또한 자체의 위험을 참여자에게 전가함으로써 피해를 최소화하려는 근시안적인 접근을 채택해서는 곤란하다. 이보다는 시장의 보험이나 위험 분산 메커니즘을 이용하여 참여자들의 위험을 낮춤으로써 결과적으로 플랫폼 전체의 안전성을 높이고 가치를 끌어올리는 데 노력해야 한다. 참여자의 안전이 최우선이 돼야 한다.

참여자 간 이해상충이나 갈등이 발생하는 경우, 플랫폼은 가치를 많이 창출하는 참여자 집단과 시장의 편에서 갈등을 해소해야 한다. 정교하고 효율적인 플랫폼 지배구조는 참여자 간 소통과 협력으로 스스로 문제를 치유하고 규칙을 바꿔나가면서 진화하는 특성을 가져야 한다. 자가 설계를 위한 설계design for self-design 수준의 효율성을 발휘해야 한다. 잘못된 규칙과 불필요한 간섭은 플랫폼에서 시장의 실패를 초래할 뿐이다.

강력한 필터링과 큐레이션은 바람직한 상호작용을 촉진하는 한편 바람직하지 않은 행동을 저지한다. 아예 일탈행동을 일삼는 참여자에 대해 삼진 아웃제도를 시행하거나 바람직하지 않은 상호작용의 싹을 잘라내기도 한다. 퇴출은 플랫폼이 규칙을 시행하고 커뮤니티에 해를 입히는 참여자들의 나쁜 행동을 줄이기 위해 최종적으로 사용할 수 있는 위협적인 방법이 된다. 엄격한 규칙의 존재와 이를 항상 적용할 수 있다는 분위기 조성만으로 참여자들의 행동을 통제 가능한 범위 내에서 관리할 수 있다.

07

블록체인, 플랫폼 지평을 넓힌다

개방성 · 투명성으로 보안강화한 디지털 공공거래장부
암호화폐 · 분산DB · 스마트계약은 블록체인 3대 기능

비잔티움제국은 동로마제국의 후신이다. 이슬람과 싸우며 1000여 년간 배반과 음모로 점철된 역사를 가졌다. 비잔티움 장군 문제는 전략상 딜레마를 해결하는 방안을 묻는다. 7명의 장군이 있다. 공격을 놓고 찬성 · 반대 의견이 팽팽하다. 하지만 마음을 숨긴 1명의 배신자가 있다. 자칫 4대 3으로 찬성이 우세한 것으로 믿고 출병했다간 자신만 적의 공세에 희생될 수 있다. 내부 배신자의 농간을 막을 방법은 무엇일까?

먼저 난수발생기를 사용해서 가장 작은 숫자를 받은 참여자에게 결정권을 주는 방법이 있다. 하지만 누구든지 숫자를 속이고 가장 작은 숫자라고 주장할 수 있다. 해결책은 모두에게 어려운 계산문제를 풀도록 하는 방법이다. 풀기 힘들어도 답이 맞았는지 서로가 즉시 안다. 가장 먼저 문제를 푸는 사람이 자신의 답을 말한다. 답이 맞았으면 그에게 모든 결정권을 준다. 이러면 참여자 누구도 거짓말을 할 수 없게 된다.

거짓말과 해킹을 방지하는 효과적인 거래 방식을 찾는 비잔티움 장군 문제는 역발상 아이디어로 풀린다. 개별 주체가 시스템에 이중삼중 차단 장벽을 치는 기존 폐쇄적인 방식으로 해결하지 못한다. 거래 참가자 모두에게 정보를 공개하고 연결하는 개방성과 투명성이 배신을 막아내는 것이다. 블록체인Blockchain은 해킹 방지 기술이 낳은 혁신적인 플랫폼이다. 특정 분야 거래 내역을 담은 디지털 공공 거래 장부帳簿 다. 전문 용어로는 분산원장기술DLT: Distributed Ledger Technology로 불린다.

블록체인과 플랫폼, 어떻게 연결되는가

블록체인은 원래 가상 전자화폐인 비트코인Bitcoin의 보안을 강화하기 위해 개발됐다. 비트코인 거래 정보를 특정 중앙 서버에 집중하지 않고 네트워크 내 모든 컴퓨터에 분산해서 저장하는 방식이다. 블록체인 구조에서는 정보가 분산돼 상대적으로 높은 보안성을 유지할 수 있고 모든 참여자가 정보를 공유하면서 거래기록도 개방된다.

블록체인상 새로운 거래 정보는 정해진 시간(10분)마다 거래내역의 묶음인 하나의 블록으로 묶여 체인처럼 시간 순으로 계속 연결된다. 거래의 기록과 관리 권한을 당사자 간P2P 네트워크로 분산해 블록으로 기록해 관리한다. 네트워크에 참여하는 모든 주체는 장부를 분산 보유한다. 위·변조된 장부나 데이터가 빈 장부가 하나라도 생기면 다른 모든 장부와 비교해 즉시 바로잡는다. 네트워크에 연결된 컴퓨터가 이를 자동 처리한다. 상시 감시체제가 작동한다. 전체 참여자 장부의 50% 이상을 동시에 해킹하지 못하면 위·변조가 불가능하다. 그래서 보안성과 동시에 안정성과 신뢰성, 투명성이 확보된다.

블록체인은 중앙집권 기관의 개입이나 별도의 중개기관이 없어도 거래의 완결성을 보장한다. 개방된 구조와 거버넌스 모델 덕분에 참여자를 통제하는 중앙 집중식 권한이 존재하지 않는 플랫폼이 탄생한 것이다. 또한 상대방의 행위와 관계없이 거래의 신뢰를 보장받을 수 있는 정확하고 자세한 정보와 플랫폼을 갖추게 되었다는 점이다. 신뢰란 디지털 경제의 필수불가결한 요소다. 안전하고 믿을 수 있는 대량 협업 플랫폼은 새로운 종류의 조직과 사회를 위한 다양한 가능성을 내포한다. 한마디로 '신뢰의 기계'인 블록체인 기술은 거래상대방 위험을 제거하고 사물을 신뢰하게 만드는 가치의 사슬인 셈이다.

블록체인은 플랫폼상 특정 참여자의 시장지배력 문제를 해결한다. 게이트키퍼가 필요 없기 때문에 시스템 유지·관리 비용과 인력을 크게 절감할 수 있다. 생산자와 소비자 사이에 블록체인만 존재하므로 거래비용이 대폭 줄어든다. 또한 제3자의 공증이 없어지기 때문에 불필요한 수수료가 들지 않으며 시스템 통합에 따른 복잡한 프로세스와 고가의 서버 등 인프라 비용도 크게 절감할 수 있다. 해킹 우려가 없어 보안비용도 크게 줄어든다. 정보에서는 개방적이고 수평적인 인터넷으로 시스템이 전환된다. 정보에 대한 권리도 콘텐츠 생산자 몫이 되어 생산자가 합당한 대가를 받을 수 있다.

블록체인은 암호화폐 거래인 1세대, 스마트 계약이 가능한 2세대, 모든 분야에 확대 적용하는 3세대로 진화 단계가 나뉜다. 클라우드 컴퓨팅 플랫폼인 이더리움Ethereum은 스마트 계약 기능을 블록체인에 추가했다. 블록체인의 주요 기능은 암호화폐, 분산 데이터베이스DB, 스마트계약 등 세 가지다. 스마트

계약은 신뢰할만한 제3자의 역할을 프로그램이 대신한다. 특히 블록체인은 중앙처리장치가 없어도 블록체인 참여자를 통해 계약의 신뢰성을 확보하고 거래를 완결한다. 계약 이행을 보장하는 스마트 계약은 투명성과 효율성을 높인다. 금융거래나 개인 인증 등 모든 거래 행위는 블록체인을 통해 스마트 계약의 형태로 구현할 수 있는 것이다.

블록체인 기술은 4차 산업혁명의 성공을 위한 핵심 인프라가 된다. 다른 표현으로 블록체인은 4차 산업혁명의 뿌리기술이다. 사물인터넷과 클라우드 컴퓨팅을 활용해 모든 정보를 연결하고 분산 저장해 신뢰와 안전을 담보하는 유력한 기술이기 때문이다. 블록체인 기술은 활용도가 무궁무진하다. 국가적으로 전자투표, 전자 시민권·여권 발급, 세금 징수, 지적재산권 등록 관리, 부동산 등기 및 토지대장 관리 등 각종 행정업무와 공공서비스를 혁신하는 데도 효과적으로 활용될 수 있다. 교육·의료·군사 정보 기록에도 적용 가능하다. 세계경제포럼은 2027년 세계 국내총생산GDP의 10%가 블록체인으로 저장될 것으로 전망했다.

블록체인 비즈니스 모델과 유용성

블록체인을 활용한 새로운 비즈니스 모델은 네 가지다(돈 탭스콧·알렉스 탭스콧, 2017). ① 스마트 계약은 중앙집중식이며 가장 기본적인 모델이다. 스마트 계약은 복잡해서 다중 서명계약의 형태가 늘어난다. ② 다른 계약과 상호작용이 활발한 상황에 적합한 공개형 네트워크 모델은 스마트 계약이 진화한 방식이다. ③ 분권형이지만 자동성이 높은 자율형 에이전트는 인간의 손길 없이 의사를 결정하고 작동하는 소프트웨어 모델이다. ④ 공개형 네트워크와 자율형 에이전트를 결합한 새로운 방식은 분산형 자율기업 모델이다. 분산형 자율기업은 기존의 경영방식이나 위계구조가 없더라도 고객의 가치나 주주의 부를 창조할 수 있다. 분산형 애플리케이션의 가능성은 블록체인과 함께 거의 무한대로 영역이 확장된다.

블록체인 모바일 디지털 아이디ID 인증 서비스는 별도의 가입 또는 ID 통합 절차 없이 금융, 통신, 운송, SOC, 에너지, 환경, 자원개발, 농업, 제조, 서비스 등 다양한 산업에서 바로 활용할 수 있는 '원 아이디'를 실현한다. 이렇게 되면 특정 통신사의 디지털 ID를 보유한 소비자는 해당 통신사와 제휴를 맺고 있는 쇼핑몰, 금융기관, 영화관, 편의점 등에서 개인식별 숫자PIN 코드 입력만으로 서비스 이용이 가능해진다. 앞으로 물류 경로 추적 및 물류 정보의 효율적 관리를 위한 블록체인 물류 유통 서비스 등 무역업 등에도 관련 기술이 적용될 수 있다. 블록체인 기술이 사물인터넷과 결합될 경우에는 전혀 새로운 형태의 공급망이 탄생할 수 있는 것이다. 물리적 세상에 생명력을 불어넣기 때문이다.

블록체인은 인공지능과 결합돼 사물인터넷의 기능을 제고한다. 새로운 만물원장ledger of things은 다음과 같은 아홉 가지 특성을 지닌다(돈 탭스콧 · 알렉스 탭스콧, 2017). ① 유연성: 어디에서도 고장이 날 수 없는 자기 수정기능을 보유한다. ② 견고성: 수많은 데이터 포인트와 거래를 조정할 수 있다. ③ 실시간: 항상 작동하며 순식간에 데이터 흐름이 일어날 수 있다. ④ 반응성: 변화하는 환경에 반응한다. ⑤ 개방성: 새로운 입력값에 따라 변화하고 진화한다. ⑥ 재생 가능: 복수의 목적을 지닐 수 있고 재활용이 가능하다. ⑦ 감축 가능: 비용과 마찰을 최소화하면서 과정의 효율성은 극대화한다. ⑧ 수입창출성: 새로운 비즈니스 모델과 새로운 기회가 가능하다. ⑨ 신뢰성: 데이터의 진실성, 참가자들의 신뢰성을 보장함이다.

블록체인의 장점을 활용해 새로운 비즈니스 기회를 잡기 위한 글로벌 경쟁이 치열하다. 전 세계적으로 정부, 금융회사, 글로벌 기업이 블록체인 기술 개발과 활용에 적극 나서고 있다. 금융권에서는 블록체인 기반 표준 플랫폼 개발과 상용화 노력이 구체화된다. 은행, 카드사 등은 복잡한 은행 간 거래 간소화 및 효율성 제고를 위해 송금 관련 원천기술 개발, 본인인증 등 금융거래 및 관리시스템에 블록체인을 적용 중이다. 아울러 글로벌 은행 등 40여 개 사가 참여해 부동산, 회사채, 주식 거래 등에 적용될 블록체인 거래 표준 플랫폼을 컨소시엄 방식으로 개발하고 있다. 금융회사 블록체인 시스템이 완성될 경우, 기업 간 거래비용은 10분의 1수준으로 줄어들 것으로 예상된다.

글로벌 기업은 원천기술 개발 및 비즈니스 선점을 위한 선제적인 대응에 박차를 가한다. MS, IBM 등 대형 IT기업은 산업별로 표준화된 비즈니스 플랫폼 구축과 관련 서비스 지원을 위해 연구개발R&D을 강화하고 있다. 예를 들어, 중국 돼지고기 유통시스템에 블록체인을 접목한 사례가 있다. 사육 농장에서부터 가공업체, 판매업체 등 모든 거래내역을 블록체인에 저장하여 특정 돼지가 어떤 농장에서 어떻게 사육, 가공됐는지 추적이 가능하도록 했다.

제조업에서는 블록체인 기술 기반 관리 플랫폼의 유용성이 클 것으로 분석된다. 높은 신뢰도를 확보해야 하는 공급망 관리 분야에 블록체인은 가장 필요한 기술로 인정받는다. '구매-생산-판매-결제-회수'로 이어지는 일련의 가치사슬에서 생성되는 생산·재무적 정보 흐름이 리얼타임으로 파악된다. 각 '원재료-부품-반제품-제품'에 대한 기초 정보부터 자금의 흐름 등 모든 정보와 데이터를 수집·관리·분석하고 동시에 공유할 수 있게 된다. 이를 통해 생산·판매 단계별 방대한 물적·재무적 정보를 추적해 오류 해결 및 유지 보수 등 관리 책임을 명확화하고 효율성을 제고할 수 있다.

아울러 복잡한 거래로 인한 불필요한 비용 지출을 차단해 수익성 향상에도 보탬이 된다. 위변조가 불가능한 블록체인 기반 플랫폼을 통해 신뢰도 높은 재무 데이터를 확보하여 지역 · 법인 · 부문 단위 모니터링 및 관리 프로세스를 강화할 수 있다. 또한 기업의 기술 특허나 업무 기밀이 대외로 유출되는 사례를 원천 봉쇄할 수 있게 된다. 인사관리 면에서도 개인의 업무 역량과 자격, 성과를 정밀하게 기록하고 확인할 수 있어 적재적소 배치와 인재 발굴에 활용이 가능하다.

블록체인은 미디어 산업에도 새로운 모델을 제시한다. '정보의 바다'인 인터넷을 '가치의 바다'로 바꿀 기술이라 불린다. 블록체인 기술을 이용해 기자와 독자가 직접 만나는 21세기형 저널리즘 모델을 창조하려는 실험, '시빌Civil'이 추진된다. 시빌을 통해 블록체인 기술의 특징인 강력한 보안성, 분산성, 보존성, 익명성을 통해 기사의 검열이나 입력, 수정이나 삭제 시도를 방지할 수 있기를 기대하고 있다.

한번 만들어진 뉴스 콘텐츠는 완전무결하고 투명하게 보존된다. 함부로 내용을 바꾸거나 지울 수 없다. 오류를 바로 잡는 경우에도 기록으로 남는다. 또한 블록체인을 통해 기자는 독립성과 자율성을 보장받는다. 기자는 언론사 사주나 광고주의 입김, 정치적 외압 등에서 자유롭게 기사를 쓸 수 있게 된다. 이처럼 시빌은 이더리움 블록체인을 기반 삼아 하나의 오픈마켓으로 자립 가능한 새로운 저널리즘 모델을 모색하게 해준다.

08

무궁무진한 플랫폼 비즈니스 모델

다양성 · 확장성 뛰어난 플랫폼은 핵심가치 생성 근본
정보선택 · 거래유형 · 가치창출 · 수익공식 따라 변환

비즈니스 모델이란 기업이 핵심 자원을 바탕으로, 핵심 프로세스를 동원하고, 수익공식을 활용해, 핵심 가치를 창출함으로써, 매출과 수익을 증대하고 지속가능한 성장을 이끌어 가는 사업의 유형을 말한다. 비즈니스 모델은 기업 조직을 영위하는 중심 사상이자 핵심 가치 생성의 근본, 조직이 어떻게 작동하는지를 이야기로 풀어내는 것, 공급자, 유통 및 서비스 제공자, 인프라 제공자, 고객 등을 엮어주는 사업 형태 등으로 개념을 확장한다.

남대일 등은 존슨 · 크리스텐슨 · 카거만 교수가 발표한 논문 〈Reinventing your business model, HBR〉을 확장해 기업의 성공 사례를 적용한 〈101가지 비즈니스 모델 이야기〉에서 다양한 기업 비즈니스 모델을 통합하고 분류했다. 개인과 기업, 그리고 시장을 연결하는 비즈니스 모델은 크게 가치사슬형과 플랫폼형 두 가지로 나뉜다.

먼저 가치사슬형은 생산에서 유통으로 연결되는 과정상 중요 분야를 수직계열화해서 기업을 효율적으로 만드는 모델이다. 이 유형에는 ① 가치사슬상 중요하다고 생각되는 기업활동을 기업 내부에서 투자해 수직계열화하는 통합형, ② 가치사슬을 세분화해 기업활동을 핵심 영역에만 집중하는 세분형, ③ 자원을 적절히 재배치하고 생산과정에서 자원을 재조합하고 비즈니스 모델을 재정의해 수익을 창출하는 재정의형의 세 가지 전략이 있다.

비즈니스 모델, 이렇게 활용하라

가장 다양하고 확장성이 뛰어난 분야가 플랫폼 비즈니스 모델이다. 플랫폼 비즈니스 모델이란 시장에 참여하는 이해관계자들이 상품, 서비스, 기술, 저작권, 콘텐츠 등을 기반으로 삼아 플랫폼상에서 상호작용을 통해 가치를 창출하는 차별화된 활동을 말한다. 이 모델은 정보흐름의 방향, 플랫폼 거래의 유형, 제공가치 유형, 대안 정보 선택방법, 수익공식의 다섯 가지 형태로 분류된다.

첫째, 개방형 혁신과 맥을 같이하는 것으로 플랫폼을 구성하는 정보흐름의 방향에 따라 두 가지 모델이 가능하다. ① 내향형은 혁신과 같이 필요한 자원을 외부에서 찾아 기업 내부로 들여오는 방법이다. 이 모델에는 외부 엔지니어 활용, 개방형 디자이너 네트워크 플랫폼, 자유기고가 활용 오픈소스형, 모듈형 오픈소스 등 다양한 사례와 전략이 있다. ② 외향형은 내부 유휴자원을 외부로 돌려 공동의 이익을 추구하는 방법이다. 내부의 아이디어를 외부에서도 활용할 수 있도록 하는 라이선싱 아웃형과 특허 풀이 대표적인 케이스다. 이 모델은 외부 주체와 기술개발의 역할 분담, 리스크의 최소화 등 가치를 제공해준다.

둘째, 플랫폼 거래의 유형에는 상품과 서비스 등 거래의 흐름과 자원을 통제하는 힘을 누가 행사하는지에 따라 집합형, 제품형, 다면형의 세 가지로 구분한다. ① 집합형은 사업자가 실제 그 제품·서비스를 확보하고 있으면서 재판매를 통해 수익을 내는 것으로 단순한 거래 중개와는 달리 플랫폼 전체에 강한 지배권을 행사할 수 있다. ② 제품형은 플랫폼 사업자가 외부의 혁신개발자와 상호작용하는 타입이다. 혁신개발자는 최종 소비자와 직접 만난다. ③ 다면형의 경우는 플랫폼의 일원으로 멤버십을 가진 외부 사업자가 스스로 자유롭게 고객들과 사업을 영위한다.

셋째, 플랫폼이 고객들에게 명쾌한 핵심 가치나 효용을 제공하는 유형으로 여섯 가지 타입이 있다. ① 금융거래 대행형은 투자자를 모집하거나 대출을 중개하며, 결제의 신뢰성과 편의성을 높여준다. ② 대여·관리형은 소비자의 경제적 부담과 관리의 번거로움을 줄여주거나 초기자본 투입 필요와 같은 시장 진입 장벽을 제거해준다. ③ 마켓플레이스형은 순수한 플랫폼 형태로 시장과 같이 거래할 수 있는 장터를 제공하고 수수료를 받는다. ④ 매체형은 하나의 제품을 매개로 새로운 부가서비스를 창출해낸다. ⑤ 공유경제형은 스스로 구입하기에는 비용이 많이 드는 제품·서비스를 빌리거나 나누어 사용하도록 만들어 고객의 제품 경험 비용을 낮추는 방식이다. ⑥ 정보형은 플랫폼 사업자가 가지고 있는 정보를 다시 분석하고 매칭하고 큐레이팅해주며 수정·변환하고 협상에 의해 선택해준다.

넷째, 여러 가지 대안들 가운데 최적의 정보를 선택하는 방법에 따른 플랫폼 비즈니스 모델에는 다섯 가지 종류가 있다. ① 역경매형은 제품이나 서비스를 사용하는 고객들 쪽에서 먼저 제안을 내놓는 방식이다. 공급자 간 경쟁을 유발해 가격하락을 유도한다. ② 필터형은 검증된 상위권 전문가들의 의견을 1차적으로 스크리닝해주고 고객이 최종 대안을 선택할 수 있게 도와주는 모델이다. 딜러들이 제시한 가격들을 먼저 고객이 확인하고 중고차를 가장 비싸게 팔 수 있도록 해준다. ③ 경쟁형은 고객의 문제를 외부 전문가에게 전달해주고 가능한 해결책을 제시받아 플랫폼 자체에서 경쟁을 통해 최적의 대안을 선택한다. ④ 고객참여형은 주요 활동을 고객과 공동으로 수행한다. 커뮤니티가 지속적으로 대안을 보완·제시하는 모델이다. ⑤ 리스트형은 복수의 리스트 중에서 소비자가 최종 대안을 고려한다.

마지막으로, 수익공식 모델은 플랫폼을 사업기반으로 하는 기업과 사용 주체, 플랫폼에 필요한 정보와 서비스를 제공하는 기업의 역할이 정해지면 생태계를 활용해 수익을 창출하는 선순환 구도를 만들어나가는 유형이다. 이와 관련해서는 다음과 같은 다섯 가지 방법이 있다. ① 회비형은 가입비나 기간 수수료를 내면 서비스를 받을 수 있는 방식이다. 플랫폼 사업자는 고객 증가에 따라 고정적인 매출 구조를 확보할 수 있다는 장점이 있다. ② 사업확장형은 기존 사업에 대한 보완재로 경쟁력을 보강해 기존 사업에서의 수익성 증대에 큰 효과를 볼 수 있다. ③ 수수료형은 플랫폼에서 발생하는 거래별로 건당 수수료를 발생시켜 수익을 확보하는 것이다. ④ 투자형은 스타트업에 대한 투자로 수익을 획득하는 사업 모델이다. ⑤ 보조형은 실제 비용을 부담하는 주체를 변환하는 방식을 채택한다. 즉, 다른 기업과의 제휴를 통해 부담을 전가하는 기업 간 거래제휴형, 소수의 지불 고객이 다수의 공짜 고객을 책임지는 프리미엄 freemium, 광고를 통한 스폰서 활용모델 등으로 나뉜다.

비즈니스 모델은 다양하고 창조적인 조합이 가능하다. 성공하는 비즈니스 모델은 기업 생태계에서 마치 살아 움직이는 생명체와 같다. 새로 생겨나는 기업의 비즈니스 모델은 시장에서 경쟁하면서 차별화된 경쟁력을 발휘해야 성장한다. 그렇지 못하면 경쟁 대열에서 탈락하고 사라지고 만다. 역량을 극대화하는 경우 지역 기업에서 글로벌 기업으로 클 수도 있다. 기존의 모델 하나로만

플랫폼형 비즈니스 모델

구분	유형		사 례
정보 방향	외향		라이선싱 아웃
	내향		개방형 디자이너 네트워크, 외부 엔지니어 활용, 자유기고가 활용 오픈소스, 모듈형 오픈소스
거래 유형	집합	중개	주문 예약 정보 통합, 멤버십 통합, 유기견 통합정보 제공, 크라우드 펀딩 지분투자, 오픈소스 저작물, 영상 콘텐츠 제공, 타임 커머스
		재판매	특허 재판매
	제품		고착(lock-in) 제품, 면도날형 제품
	다면		SNS형 이력관리, 현실기반 가상게임, 롱테일형 출판, 1인 전자출판, 개방형 설문, 멀티 캐시백, O2O 커머스, 재능거래, 맞춤형 여행 중개, 유료 콘텐츠, 위치기반, 통합 마일리지
제공 가치	금융거래대행		결제대행, P2P, 간편송금 중개
	대여관리		대여관리 통합, 대여기반 미술품 큐레이션, 시간 세분, 공간 세분
	마켓플레이스		온라인 소매종합, 도시 유기농식품, 온디맨드 인력, 기존사업 보완
	매체		모바일 광고
	공유경제		택시, 주거공간
	정보	분석	미디어 정보, 제품 정보
		매칭	반려견 돌보미 중개, 위치 기반, 취업, 인력 추천, 온오프 이벤트
		큐레이팅	전문가 추천, 공급자 선별 중심, 장난감 리스트 기반
		변환	개인정보 재가공 활용
		협상	소셜커머스
정보 선택	역경매		역경매, 크라우드 펀딩, 보험상품 중개
	필터		필터링, 필터형 경매
	경쟁		경쟁형
	고객참여		고객참여 커뮤니티, 영상 콘텐츠, 고객참여 편집, 관객참여 콘서트, 경험 기반
	리스트		번역제공, 정보제공
수익 공식	회비		개인 맞춤 큐레이션
	사업확장		스토리지 기반 공유서비스, 유전정보 활용, 비즈니스 강화 보완, 오픈소스 기반 부가서비스, 부가 판매
	수수료		소셜네트워크 기반 보험중개, 기존 플랫폼 활용 멀티 수수료
	투자		크라우드 펀딩 지분투자 중개, 지분투자 액셀러레이터, 비즈 모델 벤치마킹 액셀러레이터, 지분형 수임
	보조	제휴	원사이드, 제휴 활용
		Freemium	클라우드 컴퓨팅, 인앱 판매, 금융정보 중개, 집단정보 활용, 사업 확장, 광고 기반 음원
		광고	트래픽 기반, 광고형 미디어, 타깃팅 기반 여백광고

자료 = 남대일 외(2017)

계속 존재하는 것이 아니라 여러 가지 조합을 통해 사업이 번창하고 더 큰 경쟁력을 만들어 낸다. 다양한 비즈니스 모델을 창의적으로 조합하면 현재에는 없는 새로운 형태의 모델이 생겨날 수도 있는 것이다.

4차 산업혁명 시대에 국가의 플랫폼 전략은 3단계로 추진될 수 있다. 1단계는 기업에서 소비자 니즈를 제품 생산에 연결하는 S/W나 아이디어를 개발하고 시스템을 설계하는 것이다. 사물인터넷, 빅데이터, 클라우드 컴퓨팅, 인공지능, 블록체인 등 혁신 기술이 외부 참여자와의 협업으로 개발된다.

2단계는 기업별 플랫폼을 비교 분석해 가장 우수한 특징과 제도만을 추출하고 표준화한다. 표준화한 기반 위에 융합기술을 활용해 산업과 기업 특색에 맞는 플랫폼을 만들 수 있다.

마지막 3단계는 표준 플랫폼을 이용한 성공 모델을 만들고 개별 기업단위로 사업화할 수 있게 최적화된 맞춤형 플랫폼을 개발할 수 있도록 돕는 것이다.

세상을 지배하는 플랫폼 전략의 힘

플랫폼하라

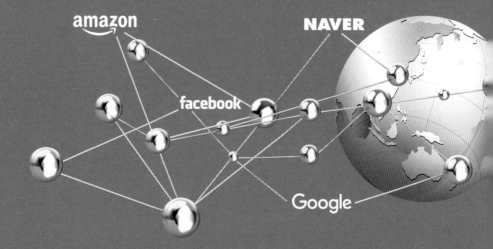

뉴미디어 플랫폼
비즈니스 모델

Do
Platform

디지털 타이탄의 뉴미디어 전략

페이스북 · 아마존 · 구글, 미디어 산업서 금맥찾기
기술 거대기업의 공세에 '오합지졸' 언론사는 속수무책

 신문, 방송, 인터넷 등 미디어 기업은 새로운 서비스와 비즈니스 모델을 지속적으로 만들어 낸다. 미디어 산업은 혁신적인 과학기술을 받아들여 변신을 시도한다. 그렇게 비즈니스의 중심이 디지털, 모바일에서 인공지능AI으로 이동한다.

누에고치에서 나비가 탄생한다. 미디어 기술이 진화와 확장의 형식을 빌려 변모하는 과정을 미디어변형mediamorphosis 이라고 한다(김영석 외, 2017). 미디어 플랫폼은 연결과 관계의 지평을 넓힌다. 글로벌 미디어 기업은 빅데이터, 클라우드 컴퓨팅, 가상현실, 증강현실 등 새로운 수익원을 찾아 비즈니스 영역을 확장하는 일에 모든 역량을 집중한다.

특히 결과만 알려주는 인공지능을 넘어 의사결정을 내린 이유까지 설명해주는 '설명가능 인공지능XAI: explainable AI'이 주목 받는다. XAI는 자동화된 의사결정에 대한 이유를 사람이 이해할 수 있는 방식으로 제시하는 기능을 갖는다. 인공지능이 의료·금융 분야의 모델을 만들거나 사물을 인식하고 판단할 때 내린 결정을 설명하기 위해 사람이 만든 것처럼 자연어로 된 문장을 자동으로 작성하고 말로 전달하는 기술이 개발된다.

미디어, IT, 정보통신 등 네트워크형 산업은 핵심 가치 생산자와 이용자를 연결하는 플랫폼 구조를 갖고 있다. CPND라는 기업들의 비즈니스 활동이 핵심 가치 네트워크를 형성한다. CPND란 콘텐츠content 생산자, 플랫폼platform 사업자, 통신 네트워크network 사업자, 터미널 단말기기devise 생산자를 각각 의미한다. 가치 네트워크는 전체 시스템의 일부로 서로 연결되어 있으며 개별 활동의 조정, 협력, 통합을 통해 시너지 효과를 창출한다.

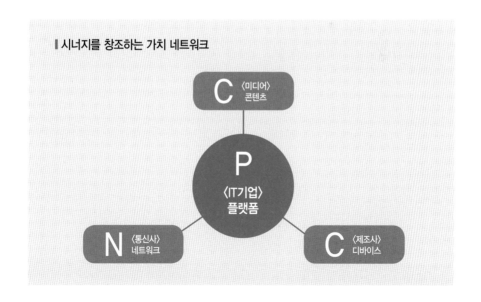

▌시너지를 창조하는 가치 네트워크

글로벌 정상 디지털 기업의 플랫폼 전략

FANG은 세계 정보기술IT 산업을 선도하는 페이스북, 아마존, 넷플릭스, 구글 등 4강 기업을 지칭한다. 이들 거대기업은 검색구글, 소셜미디어페이스북, 음성 인식 비서아마존, OTT넷플릭스, 동영상유튜브 등 각 분야에서 글로벌 1위를 차지하고 있다.

이 가운데 넷플릭스를 제외한 디지털 기술기업 3인방tech titans은 모바일 미디어와 소셜 네트워킹을 선도하는 혁신적 플랫폼 전략을 구사한다. 이들 혁신기업은 파죽지세로 성장한다. 돈이 되는 새로운 영역을 찾아 가장 앞선 기술과 경영방식으로 무정형적이고 무차별적인 확장을 추구한다.

이처럼 네트워크형 산업에서 영역이 파괴된다. 탈脫경계 현상이 심화되는 것이다. 콘텐츠를 생산하는 미디어 산업에 통신사업자와 IT기업의 진입은 대세로 굳어간다. 미국이 '망 중립성net neutrality' 원칙을 폐기하면서 인터넷 생태계가 지각변동을 일으킨다. 모바일을 중심으로 통신량이 폭증하고 대형 플랫폼 사업자가 득세하면서 주춤했던 통신사업자의 반격이 이제 시작됐다. 하지만 신규 사업자가 진출하기 힘든 환경이 조성돼 독과점 현상이 더 심해질 것이라는 지적도 나온다. 구글과 페이스북이 무료로 제공하던 서비스가 유료로 바뀔 가능성도 조심스레 점쳐진다.

그러나 디지털 거대기업은 망 중립성 폐지에 크게 구애받지 않는다. 신규 사업을 통해 이용자들이 꿈꾸었던 일들을 체험토록 하는 데 더욱 열을 올린다. 이 가운데 아마존은 언론사를 인수해 미디어 산업에 직접 진출했고 구글과 페이스북은 뉴스를 제공하는 플랫폼으로서 새로운 방식의 엔진을 탑재해 콘텐츠 서비스를 강화하고 있다. 구글과 페이스북은 국내에 망 사용료를 한 푼도 내지 않는다. 네이버, 카카오와 달리 서버를 국내에 두고 있지 않기 때문이다.

디지털 3대 기업은 고객에게 거의 무상으로 서비스를 제공하는 것처럼 보인다. 하지만 실상은 고객 정보를 축적한 빅데이터를 활용해 더 큰 돈을 버는 숨은 전략을 펼친다. 거대기업은 사용자당 평균수익 ARPU: average revenue per user 을 추적하고 이를 극대화하려 한다. ARPU는 개인 고객 한 명으로부터 조직이 얼마나 많은 돈을 버는가를 측정하는 지표다. 고객 정보 독식현상은 이들 기술 거대기업의 시장 지배력을 강화해 새로운 벤처기업의 등장과 혁신을 저해할 수 있다는 점에서 우려를 낳기도 한다.

디지털 기술기업 3인방의 첫째 주자, 아마존은 도전과 혁신의 아이콘이다. 1994년 설립 이후 스스로 정체성을 바꿔가며 대대적 변신에 성공했다. 온라인 서점 돌풍을 일으킨 아마존은 온라인 종합쇼핑몰로 성장해 미국 최대 오프라인 유통업체인 월마트의 주식 시가총액을 넘어섰다. 아마존은 전자책 전용 단말기인 '킨들'과 태블릿 단말기 '킨들파이어'를 출시해 e북 독자를 끌어들이는 데 성공을 거뒀다.

온라인 상거래의 패자인 아마존의 창업자 제프 베조스는 마이크로소프트 창업자 빌 게이츠를 제치고 세계 최고 부자 반열에 올랐다. 그는 세계 최초 1,000억만장자다. 베조스는 2013년 미국 굴지의 미디어인 〈WP〉를 인수했다. 〈WP〉는 아마존의 빅데이터, 마케팅 경영 기법을 전수받아 온라인·모바일 퍼스트 전략을 공격적으로 전개한다. 〈WP〉는 100만 명이 넘는 온라인 유료 구독자를 확보하면서 2016년 흑자로 돌아섰다.

아마존은 유기농 식품 유통, 무인 편의점, 물류창고, 미디어, 영상콘텐츠 제작, 드론·우주 산업에 이르기까지 영역을 확장해 나가면서 대대적인 지각변동을 일으켰다. 보험·헬스케어 산업에도 진출한 아마존은 컴퓨팅 파워, 빅데이터 저장, 개방형 애플리케이션 활용을 돕고 촉진하는 클라우드 컴퓨팅 서비스

뿐만 아니라 AI 스피커 세계 1위 기업으로 발돋움했다.

미국 시애틀에 본사를 둔 아마존은 전성시대를 구가하기 위해 제2 본사 설립 프로젝트를 추진 중이다. 미국은 물론 캐나다, 멕시코 등 북미 지역 238개 도시가 아마존 본사 유치 제안서를 제출했다. 아마존의 부단한 혁신에 따른 기업 성장이 도시 전체에 막대한 시너지 효과를 창조한다는 기대 때문이다.

디지털 기술기업 3인방의 둘째 주자, 구글은 세계 최강 인터넷 기업이다. 구글은 직접적인 뉴스 서비스라기보다 기자를 위한 지원에 가까운 '뉴스랩'에 이어 '액셀러레이티드 모바일 페이지AMP: accelerated mobile page'라는 뉴스 제공 서비스를 운영한다. AMP는 모바일 앱의 구동 속도를 높이기 위해 설계된 오픈소스 코드다. 모바일의 개별 페이지를 통일해 앱에서 뉴스를 편리하게 검색할 수 있는 플랫폼으로 통합하는 전략이다. 언론사는 이를 통해 기사, 이미지, 동영상 등을 사용해서 양방향 콘텐츠를 제작할 수 있는 성능과 도구로 활용한다. 콘텐츠는 여전히 언론사 웹사이트에 살아있다.

구글 I/O는 입출력을 뜻하는 인간과 컴퓨터의 대화다. 키보드를 입력하거나 터치하지 않고 이젠 카메라가 이 기능을 수행한다. 즉, '구글 렌즈'는 촬영하는 것만으로 이미지를 검색하고 정보를 찾아내며 명령을 수행하는 신개념 서비스다. 구글은 유튜브YouTube 인수를 통해 영상 콘텐츠 확보에 힘써왔다. 클라우드 기반 OTT 시장의 절대 강자가 된 유튜브는 넷플릭스에 대항해 유료 스트리밍 사업인 '유튜브 레드'를 서비스하기 시작했다. 구글은 또한 유튜브 오리지널 작품을 자체 제작하는 데도 힘쓰고 있다.

구글의 알파고가 이세돌과의 바둑 대결에서 승리하면서 사람들은 인공지능이 인간의 삶 속으로 들어오기 시작했음을 피부로 느꼈다. 2009년부터 시작된 구글의 자율주행차 실험은 2017년 11월 운전석에 사람이 앉지 않는 완전 자

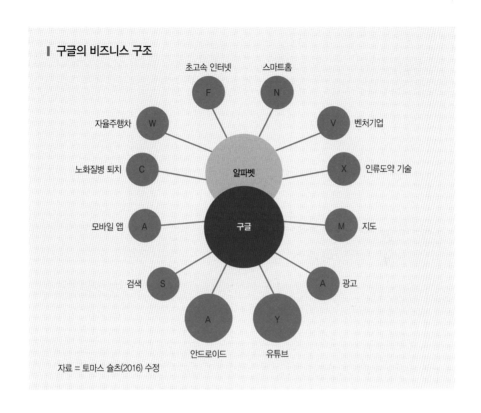

❙ 구글의 비즈니스 구조

초고속 인터넷 F

스마트홈 N

벤처기업 V

인류도약 기술 X

지도 M

광고 A

유튜브 Y

안드로이드 A

검색 S

모바일 앱 A

노화질병 퇴치 C

자율주행차 W

알파벳

구글

자료 = 토마스 슐츠(2016) 수정

율모드에서 공공도로를 달려 자율주행의 6단계 0~5등급 가운데 레벨4에 진입하는데 성공했다.

구글의 사업 지주회사, 알파벳은 신기술 개발을 담당하는 다양한 자회사를 거느린다. 자율주행차는 웨이모Waymo, 노화 질병퇴치와 바이오 사업은 칼리코Calico, 초고속인터넷서비스는 파이버Fiber, 스마트홈은 네스트Nest, 구글 글라스 등 인류도약기술은 구글 X가 각각 고유한 영역에서 기술을 개발하고 있다. 구글벤처스와 구글캐피탈은 고속성장 벤처기업에 투자해 전방위로 미래 신기술 확보에 나선다.

포털과 언론의 대결

디지털 기술기업 3인방의 마지막 주자, 페이스북은 20억 명의 충성도 높은 이용자를 확보하고 있는 세계적으로 가장 성공한 소셜미디어다. 인스타그램과 왓츠앱은 페이스북 소유다. 뉴스 이용자는 페이스북이 제공하는 '인스턴트 아티클instant article'을 애용한다. 이 서비스는 기사 다운로드가 간편하고 광고포맷이 융통성 있으며 이용자 사이트로 쉽게 되돌아가는 기능 등 완벽한 사용자 경험을 제공한다.

이용자가 콘텐츠를 이용할 때 아무런 거부감이나 시간지체 등 마찰이 발생하지 않도록 인스턴트 아티클은 혼잡비용을 최소화하는 방향으로 뉴스의 내용과 흐름을 통제하는 무마찰 개념을 적용했다. 페이스북이 인스턴트 아티클이라는 공간 안에 언론사 콘텐츠를 넘겨받아 가두리식walled garden 으로 통제하는 폐쇄형 구조다.

페이스북은 한발 더 나아가 디지털 역량이 낙후된 지역을 포함해 전 세계 모든 지역에서 소셜 네트워크 접근성을 높여 하나로 연결된 세상을 만들려는 야심찬 서비스를 추진하고 있다. 텍스트에서 동영상 콘텐츠까지 모든 것을 자체적 플랫폼 안에서 이용할 수 있도록 제공한다는 목표다. 태양열 드론 아퀼라의 시험 비행을 통해 아프리카, 서남아시아 등 통신 사정이 열악한 지역에 페이스북 통신망을 제공한다는 구상이다. 지구상에서 인터넷 접속이 어려운 지역에 인공위성, 드론, 적외선 레이저 빔 등을 이용해 우주에서 데이터를 전송하려는 계획이다.

또한 페이스북은 동영상 비즈니스에서도 다양한 콘텐츠 확보에 열을 올리고 있다. 13세 이상 누구나 즐기고 공유할 수 있는 광고기반의 영상 프로그램을 제작해 페이스북 커뮤니티를 형성하겠다는 것이다. 영상 프로그램 제작을 위해서는 제작 관련 기업과 제휴해 영상 콘텐츠를 제작, 유통함으로써 수익을 나누는 방식을 계획하고 있다. 아울러 페이스북은 인간의 뇌와 컴퓨터를 연결하는 두뇌 컴퓨팅 기술을 개발하고 있다.

정보의 플랫폼인 포털은 뉴스를 수단으로 삼을 뿐 목적으로 보지 않는다. 구글은 모바일 시장의 패권을 유지하고 확보하기 위한 수단으로 뉴스를 활용한다. 뉴스를 직접 제공하기보다는 뉴스를 생산하는 언론사가 구글이 정한 규칙과 도구를 활용해주기를 원한다. 페이스북은 뉴스의 일관성을 유지하고 흐름을 통제함으로써 플랫폼이 지저분해지는 것을 막고 정보 유통 환경을 관리해 수익을 높이려는 전략을 구사한다.

포털과 언론사는 수익의 배분을 놓고 평행선을 달린다. 뉴스를 생산하는 언론사는 가치 있는 뉴스를 헐값에 제공하고 포털에 이용당한다는 생각에 배신감과 분노를 느낀다. 그러면서도 대다수 언론사는 이렇다 할 대응책을 마련하거나 행동에 옮기지 못하는 사례가 적지 않다. 포털과 언론사의 관계는 서로 무엇을 얻을 것인가를 고민하고 하나라도 더 이득을 챙기기 위해 끊임없이 밀고 당기는 구조다. 언론 산업 내부의 경쟁심화는 막강한 파워를 갖는 포털에 대한 대항력을 약화시키고 결국 언론사마다 모래알 같은 각개전투로 포털에 종속되는 결과를 낳고 말았다. 이에 대한 자세한 내용은 4부 7장에서 다루도록 하겠다.

02
넷플릭스, OTT 돌풍의 핵

문자-사진-오디오-동영상-생중계… 커뮤니케이션 진화
넷플릭스, AI 활용 추천 시스템 · 오리지널 콘텐츠 강화

NETFLIX

에버렛 로저스는 '개혁의 확산이론'을 만든 언론 정보학자다. 그는 혁신 제품이 초기 수용자, 초기 다수 이용자, 후기 다수 이용자, 지각 수용자의 4단계를 거쳐 시장에 확산된다고 설명한다. 고차원 혁신인 빅뱅 파괴는 빠르게 나타나 새로운 시장을 창조하고 기존 시장을 완전히 대체하는 과정이다. 기존 규율에 얽매이지 않는 전략으로 거침없이 성장하는 빅뱅 파괴 기업은 초기 사용자와 나머지 사람들로 이어지는 2단계만으로 간단히 전체 시장을 점령한다.

미디어 산업의 혁신은 빅뱅 파괴에 버금간다. 고객의 커뮤니케이션 방식은 '문자text→사진image→오디오audio→동영상video→생중계 영상'live streaming' 으로 빠르게 진화한다. 실시간 비디오 콘텐츠는 전통적인 TV를 대체한다. 지상파 방송사, 케이블 TV사업자는 다음과 같은 두 가지 위기에 직면했다.

첫째, 고객은 자기가 원하는 것에만 지불하려 한다. 채널 묶음 판매에 대응하는 소비자 선택 주문방식 또는 개별 판매인 아라카르트(a la carte, 식단에 따라서) 옵션 요구가 거세다. 채널들이 개별 판매를 하되 콘텐츠 가격을 묶음 판매 수준에서 정해진 가격으로 제공하면 고객이 혜택을 보게 되지만 케이블 TV사업자는 수익 감소로 손해를 입게 된다.

둘째, 고가 요금제를 저가 요금제로 바꾸는 '코드 셰이빙 cord shaving'을 넘어 케이블 방송을 아예 끊어 버리는 '코드 커팅 cord cutting' 위험의 증대다. 원하는 콘텐츠를 온라인상에 업로드해 스트리밍 방식으로 보는 시청자가 점점 늘어난다. 케이블 시청자가 가입을 해지하고 다른 플랫폼으로 이동하는 코드 커팅 행태는 케이블 사업자에게는 최악의 악몽 시나리오다.

미디어 사업자의 지상 최대 과제는 미디어 소비점유율을 두고 벌어지는 '시간과의 싸움'이다. 고객의 주목을 끌고 고객 사용시간을 확대해나가는 경쟁을 벌인다. 전통적 미디어와 뉴미디어 간 경쟁적 대체관계는 하루 24시간으로 한정되는 이용자에게 다른 활동시간이 줄어들지 않는 한 전통적 미디어의 쇠락으로 연결될 수밖에 없다.

지난 30여 년 동안 성장을 거듭하던 케이블 방송사업은 가입률 하락에 고전을 면치 못한다. 모바일 기기 보급과 무선통신 기술의 발달로 인터넷을 통해 저렴한 가격에 다양한 프로그램을 제공하는 OTT(over-the-top, 인터넷 미디어 콘텐츠 사업자) 서비스 확산이 이 같은 변화를 낳고 있는 주된 요인이다.

넷플릭스 급성장의 비결

넷플릭스는 온라인 스트리밍, VOD video on demand를 중심으로 한 세계 최대 스마트미디어 서비스 사업자다. 지난 20년간 넷플릭스는 미디어 업계 골리

앗을 차례로 쓰러뜨렸다. 실리콘 밸리에서는 기존 비즈니스 모델이 붕괴될 때 '넷플릭스 당하다netflixed'라는 말을 쓴다. 미국 비디오 대여시장을 지배했던 블록버스터는 넷플릭스의 인터넷 스트리밍 서비스에 의해 역전당한 뒤 2011년 파산했다. 세계 최대 유통업체 월마트는 DVD 대여업을 포기하고 가입자를 넷플릭스에 넘겼다(문성길, 2017).

OTT업체인 넷플릭스는 세계 최대 인터넷TV 네트워크다. 인터넷을 의미하는 Net과 영화 주문을 의미하는 Flix의 합성어인 넷플릭스는 글로벌TV 콘텐츠 플랫폼을 지향한다. 넷플릭스는 경쟁자를 제거하고 파죽지세로 성장했다. 미국 최대 케이블TV 컴캐스트 가입자 수를 넘어섰고 인터넷 스트리밍 트래픽 순위에서 유튜브를 제치고 1위에 올랐다. 넷플릭스는 2017년 6월 전세계 가입자 1억 명 시대를 열었다. 전체 가입자의 절반가량은 해외 가입자다. 넷플릭스는 TV 프로그램과 영화를 인터넷 스트리밍으로 200여 개국에 전송한다.

넷플릭스 'N스크린'은 하나의 콘텐츠를 여러 기기에서 즐길 수 있도록 서비스하는 전략이다. 넷플릭스는 각종 디바이스를 구동시키기 위한 인터페이스 API를 외부에 공개했다. 넷플릭스 고객은 TV, PC, 모바일 등 인터넷이 연결되는 모든 디바이스를 통해 언제 어디서나 콘텐츠 시청이 가능하다. 넷플릭스는 광대역 인터넷, 스마트폰, 클라우드 컴퓨팅 등 모든 네트워크 환경에서 최상의 화질을 소비자에게 제공한다. N스크린은 콘텐츠 이동성을 높이고 이종 기기 사이의 통합 이용을 활성화한다. 이용 가능한 디바이스가 많을수록 소비자의 콘텐츠 이용 경험은 대폭 확장되고 고객 만족은 증대된다.

넷플릭스는 멤버십 비즈니스 모델의 전형이다(백스터, 2018). 회원가입 기반의 사업모델은 상품을 소유하는 것보다 훨씬 낮은 가격으로 폭넓은 선택권을 제공하며 회원들과 장기간에 걸쳐 상호이익을 추구한다. 언제 어디에서나 어떤 기기로도 네트워크에 접속이 가능한 유비쿼터스 환경과 클라우드 컴퓨팅으로 저렴해진 데이터 저장 및 처리 비용은 멤버십 비즈니스의 성공 배경이 된다. 넷플릭스는 이를 활용해 고객 참여와 충성도를 높이고 지속적인 수익 창출 기회를 획득한다.

고객은 왕이다. 미디어 산업에서는 콘텐츠 소비와 시청자의 반응, 정보 공유, 시청자의 피드백에 정확한 대응이 없으면 어느 기업도 지속적으로 성장할 수 없다. 넷플릭스는 고객의 생애가치 증대라는 목표를 최우선적으로 추구한다. 넷플릭스는 기존 경쟁사보다 더 뛰어난 개인 맞춤형 서비스로 이미 성숙한 시장을 초토화하는 와해적 혁신을 주도한다. 최상의 기술과 최적의 콘텐츠를 생산하고 서비스하는 혁신의 아이콘이다. 고객은 광고 없는 콘텐츠를 저렴한 가격에 즐긴다. 시청 편의성과 오리지널 콘텐츠의 경쟁력이 더해져 놀라운 속도로 가입자가 늘어난다.

구슬이 서 말이라도 꿰어야 보배다. 소비자는 다양한 디바이스에서 수많은 콘텐츠를 접한다. 양이 증가한 만큼 좋은 콘텐츠를 발견하기가 힘들어진다. 이른바 '풍요의 역설paradox of plenty'이다. 정보 수집에서 추천이 중요해진다. 고객은 원하는 콘텐츠를 빨리 찾아주는 미디어 사업자를 원한다. 특히 Z세대는 글과 사진으로 소통하지 않고 검색된 영상으로 궁금증을 푼다. 넷플릭스는 이 같은 고객 니즈 변화를 정확히 간파했다.

넷플릭스는 고객이 선호하는 콘텐츠를 맞춤형 서비스한다. 고객에게 서비스할 수 있는 인터넷 기반 시스템을 만들고 빅데이터 정밀 분석, 추천시스템, 큐레이션, 검색기술을 활용한다. 넷플릭스는 고객 취향을 분석하는 노력을 강화한다. 고객의 동영상 이용 정보를 정밀 분석해 고객이 원하는 서비스를 찾아내는 방식을 '넷플릭스 양자이론Netflix quantum theory'이라고 한다. 마치 수험생이 정답을 먼저 알고 시험을 보는 것이나 마찬가지다.

넷플릭스의 맞춤형 추천 시스템은 아마존과 함께 세계 최고수준으로 평가받는다. 인공지능을 활용한 넷플릭스의 추천 시스템 알고리즘은 사람과 사람 간 연결 관계에 기초한 협업 필터링을 기반으로 한다. 변화하는 시청 패턴을 통해 사용자의 감정변화까지 읽어내려는 시도다. 또한 입소문 효과도 무시할 수 없다. 넷플릭스 서비스에 만족하는 회원은 주변의 다른 사람들에게 소개하고 추천한다. 빅데이터 활용은 콘텐츠 재고관리와 고객의 소량 주문에도 대응할 수 있는 롱테일 마케팅이란 두 마리 토끼를 잡는다. 최신작에 몰리는 수요를 조절하면서 마진율이 높은 오래된 영화로 고객의 시청을 유도한다.

넷플릭스의 '폭풍' 성장전략

미디어 플랫폼 시장은 승자가 콘텐츠와 서비스를 독점한다. 넷플릭스는 다음과 같은 전략으로 성공했다(문성길, 2017). 첫째, 시청자들의 TV 드라마 몰아보기binge watching 시청습관을 간파하고 정확하게 대응했다. 넷플릭스는 시청자의 몰아보기가 새로운 콘텐츠 소비문화로 자리 잡자 고객을 계속 묶어두기 위해 드라마 제작에 과감하게 투자했다.

둘째, 독점적으로 오리지널 콘텐츠를 확보하고 다양한 프로보다는 프로그램의 러닝타임을 연장했다. 넷플릭스는 영화와 드라마 등 오리지널 콘텐츠 러닝타임을 늘리는 방법으로 고객의 시청시간 확장을 유도했다. 나아가 넷플릭스는 1인 방송 창작자들을 종합적으로 관리하는 인터넷 방송 서비스, MCN(multi-channel network, 다중 채널 네트워크) 콘텐츠 확보에도 열을 올린다.

셋째, 넷플릭스는 지역독점 콘텐츠에 오리지널 타이틀을 붙였다. 자체 제작뿐만 아니라 콘텐츠 제작사와 지역독점권을 확보하는 계약을 맺어 시청자가 선호하는 오리지널 콘텐츠를 늘려 나가는 전략이다. 넷째, 콘텐츠를 보고 싶은 시간과 장소를 스스로 결정할 수 있는 시청자는 본방사수에 연연하지 않는다. 넷플릭스는 정교한 추천엔진을 활용해 시청자가 원하는 콘텐츠를 전달함으로써 평범한 콘텐츠로도 방송의 황금시간대를 점령할 수 있었다.

봉준호 감독이 연출한 영화 '옥자'는 넷플릭스가 제작비 전액을 투자하고 배급을 맡은 영화다.

다섯째, 고전 중인 해외시장은 최고의 현지화로 돌파한다. 해외 지역마다 방송에 대한 규제가 다르다. 시장 확장을 위해 현지 콘텐츠의 비중을 늘리기 위해 합작 투자 등 협업을 강화한다. 여섯째, 적과의 동침이다. 과거 원수지간이었던 케이블TV, IPTV, 위성방송 등 유료방송사를 오리지널 콘텐츠의 서비스 파트너로 끌어들였다. 또한 콘텐츠 제공자도 개인의 수요가 다른 사람의 수요에 의해 영향을 받는 '가입자 네트워크 효과'를 고려해 넷플릭스에 콘텐츠를 제공할 수밖에 없는 상황이다.

사실 넷플릭스는 외형은 커졌지만 내실이 문제다. 수익성은 넷플릭스의 아킬레스건이다. 뉴미디어 산업의 슈퍼 공룡이지만 이익은 오락가락한다. 지나친 투자로 2012~2015년에 누적 마이너스 현금흐름을 보였다. 자체 콘텐츠 제작에 막대한 자금을 쏟아 붓다보니 부채비율이 125%를 넘었다. 앞으로 해외 가입자 확장을 통해 수익성이 개선되지 않는다면 추가 차입을 통한 부채비율은 계속 늘어날 전망이다. 공세적인 가입자 확보 전략은 재무적 안전성을 훼손하는 주된 원인이 된다. 아슬아슬한 가입자 기반 성장형 비즈니스 모델이 수익성으로 연결될지는 신흥시장을 중심으로 한 해외 사업의 성과에 달렸다.

　애니메이션과 오락영화의 강사, 월트 디즈니의 공세도 거세다. 디즈니가 21세기 폭스를 인수한 것은 넷플릭스를 견제하기 위한 전략이다. 21세기 폭스가 보유한 방대한 콘텐츠도 위력적이지만 디즈니가 동영상 스트리밍 서비스 업계 3위인 훌루를 동시에 손에 넣게 된 점이 더 큰 의미를 갖는다. 디즈니는 훌루에 대한 지배력을 바탕으로 넷플릭스의 아성에 도전할 수 있게 됐다. 동영상 스트리밍 시장은 앞으로 넷플릭스, 아마존비디오, 훌루 간에 더욱 치열한 경쟁으로 접어들 전망이다.

03
허프포스트, 블로그 저널리즘의 신데렐라

기사 정리 · 재생산 전략… 저비용 뉴스 성공 모델
SNS 활용, 악성 댓글은 차단… 독자 참여 활성화

"자기표현은 새로운 오락이다. 사람들은 정보를 소비할 뿐만 아니라, 자신도 정보활동에 참여하고 싶어 한다. 이러한 충동을 이해하는 것이 저널리즘의 미래와 연결된다."

미국의 칼럼니스트인 아리아나 허핑턴이 밝힌 바대로 〈허프포스트〉는 뉴스 소비자가 정보 생산자로 참여하는 '참여 저널리즘'의 대표적 사례다. 언론사가 정보를 일방적으로 독자에게 전달하는 것이 아니라 쌍방향 커뮤니케이션을 통해 독자를 정보의 프로슈머로 활용하는 플랫폼 전략을 구사한 것이다.

〈허프포스트〉는 2005년 5월 허핑턴이 설립한 미국의 대표적인 자유계열 블로그 뉴스다. 그리고 가장 성공한 온라인 저널리즘으로 평가받는다. 2011년 2월 미국 인터넷 서비스 회사인 AOL America Online 은 〈허프포스트〉를 3억

1,500만 달러에 인수했다. 2016년 온라인 방문자 수는 월 2억 명이 넘는다. 〈허프포스트〉는 온라인 저널리즘 시장에서 자타가 공인하는 세계 최강자다.

경쟁력은 콘텐츠에서 나온다. 〈허프포스트〉의 콘텐츠는 약 700명의 기자와 4만 명의 블로거 등 다양한 칼럼니스트가 집필한다. 콘텐츠는 특별한 형식이 정해져 있지 않으며, 매일 평균 4,000건의 기사가 게재되는데 다양한 소식과 정보, 그리고 의견이 종합되어 지면이 더욱 풍성해진다. 지식기반 플랫폼의 강력한 힘이라 할 수 있다. 많은 사람의 생각과 취향이 어우러져 생동감이 넘치는 구조를 만들었다. 정치적 자유주의를 표방하며 정치적 이슈가 중심이 되지만 미디어, 비즈니스, 엔터테인먼트, 생활, 환경 운동, 세계 뉴스 등 독자들이 쉽게 다가갈 수 있는 폭넓은 주제를 다루고 있다.

'인터넷에 올라있는 뉴스는 공짜'라는 인식은 모든 사람이 갖고 있다. 수많은 온라인 미디어가 치열하게 경쟁한다. 그래서 인터넷 미디어가 구매력을 가진 우량 독자를 확보해 수익을 내는 것은 쉽지 않은 일이다. 동시에 탐사보도 investigative reporting와 같은 수준 높은 기사를 생산하기 위해서는 오랜 투자와 시간, 우수한 기자가 많이 필요하다. 이 같은 어려운 여건에서 두드러진 성공 신화를 쓴 〈허프포스트〉의 비결은 무엇일까?

〈허프포스트〉 성공 신화를 쓰다

〈허프포스트〉가 신데렐라처럼 부상한 배경에는 몇 가지 성공 요인이 손꼽힌다. 하나는 사업 초기 경쟁력의 원천이 됐던 저비용 뉴스 생산 구조다. 사실상 〈허프포스트〉는 '기사 재생산' '기사 정리'의 성공 모델이라고 할 수 있다. '집합의 여왕'이라 불리는 아리아나 허핑턴의 닉네임처럼 여러 기사들을 긁어모아 새로운 형태로 재생산한 덕분에 〈뉴욕타임스〉 등 오리지널 기사를 게재한 사이트보다 방문자 수가 늘어났다. 언론계에 논란을 불러일으킬 정도였다. 소셜 사이트 버즈피드Buzzfeed도 이 같은 비즈니스 모델로 성공한 케이스다. 사용자가 올리는 뉴스 그리고 버즈피드와 제휴한 매체의 기사가 주요 콘텐츠로 정리돼 노출된다.

초창기 편집부 기자와 에디터들은 구글 인기 검색어를 항상 체크하면서 온갖 뉴스를 생산했다. 이슈마다 어울리는 기사를 퍼 날라 재가공했다. 독자들의 구미를 당길 만한 재료를 다른 사이트에서 긁어모아 맛있게 배치 · 재가공 · 포장하는 것도 에디터들의 몫이었다.

수많은 블로거가 무료로 제공하는 정보도 저비용 뉴스 구조를 뒷받침하는 든든한 버팀목이었다. 점차 자체 취재 인력이 늘어나면서 편집국 기자가 직접 작성한 기사, 독자적인 콘텐츠를 제공하는 것이 가능해졌다. 즉, 과거 기사 정리에 주력하던 비즈니스 모델에서 탈피해 수준 높은 취재기사를 제공하는 것이다.

또한 모바일 이용자에 최적화된 형태로 콘텐츠를 제공하는 고객 맞춤형 전략도 〈허프포스트〉의 성공 요인으로 꼽힌다. '검색엔진 최적화'와 '콘텐츠 관리 시스템CMS'의 기술적인 파워가 막강하다(아난드, 2017). 〈허프포스트〉는 구글 검색 상위에 오를 수 있도록 내용을 편집하거나 알고리즘에 맞게끔 재가공한다. 동영상, 사진, 그래픽 등 멀티미디어를 이용해 내용을 보강하고 새로운 의미를 부여해 인기 있는 콘텐츠를 만들어내는 내공을 축적했다. 또한 철저한 독자 분석을 통해 오자를 쳐도 원하는 기사를 찾아낼 수 있도록 검색시스템을 만들었다. SNS를 통해 기사를 재미있고 맛깔나게 전달하며 독자 반응을 실시간 확인하는 시스템은 다른 온라인 매체를 압도하는 강력한 무기가 될 수 있다.

콘텐츠는 제작부터 유통까지 이용자의 반응, 즉 클릭 수를 높이는 방식에 따라 운영된다. 인터넷 사이트 편집 또한 하루에 가장 화제가 되는 이슈를 중심으로 제작해 방문자들이 빠져나가지 않고 계속 머물도록 세밀하고 정교하게 관리한다. 기사는 기성 언론이 다루지 않는 개인들이 흥미를 가질만한 콘텐츠까지 세심하게 다룬다. 같은 뉴스라도 일반 언론사의 문체가 아니라 이미지, 움짤_짧_{은 동영상}을 활용해 모바일의 좁은 화면에서도 독자가 집중력을 갖고 볼 수 있도록 제작한다. 구글 검색에 잘 노출될 수 있도록 콘텐츠 제목에 동사 대신 명사를 주로 사용하고 독자 반응에 따라 제목을 수시로 수정한다. 홈페이지를 방문한 사람들의 이목을 집중할 수 있는 사진을 중심에 배치한다.

〈허프포스트〉의 성공에는 초기 베테랑 정치 블로거와 SNS의 공이 컸다. 처음에는 아리아나 허핑턴과 개인적으로 친분이 있는 워싱턴 정가의 유명인 500여 명으로 시작했는데 버락 오바마 전 미국 대통령을 비롯한 전 세계 유력 인사들을 애독자로 대거 끌어들였다.

현재의 필진 구성에는 각계 전문가 블로거들이 참여하고 그들이 쓴 글이 시스템적으로 채택된다. 이처럼 〈허프포스트〉가 단기간에 급속 성장한 것은 페이스북과 트위터 등 SNS의 사회적 역동성과 검색을 중심으로 발생하는 트래픽을 적극 이용한 공유전략의 역량 덕이 크다.

큐레이션 · 광고 · 국제화 전략

〈허프포스트〉의 또 다른 성공 요인은 유명 블로거의 참여를 유도하지만 그들이 참여할 자격이 있는지, 그들이 쓴 글이 게재될 만한 글인지 잘 여과하고 골라낸다는 데 있다. 이와 관련해 2010년부터 '배지 badge'시스템을 도입한 게 특색이다. 독자가 공감하는 좋은 기사를 많이 올린 블로거에게는 훈장같이 '네트워커'라는 배지를 준다.

댓글 또한 〈허프포스트〉가 제공하는 콘텐츠라는 인식에서 댓글 관리에 많은

공을 들인다. 〈허프포스트〉 사이트에는 'JuLiA'라고 부르는 인공지능 분석엔
진과 사람의 모니터링이 악성 댓글을 걸러낸다. 게시된 의견에 비방이 심하거
나 문제가 있을 경우 댓글을 달지 못하게 차단하는 시스템이다. 사이트의 격을
떨어뜨리는 댓글을 이용자가 신고하면 '모더레이터' 배지를 수여한다. 콘텐츠
와 한 달에 100만 개 이상 올라오는 댓글을 걸러내는 일종의 자정기능을 시스
템에 심어놓은 것이다.

　〈허프포스트〉는 광고도 모바일 이용자에 최적화된 방식으로 제작한다. 〈허
프포스트〉가 제작하는 '네이티브 애드native ad'는 광고주와 에디터가 함께 만드
는 콘텐츠다(아난드, 2017). 광고라는 것을 정확히 표기하는 대신 독자에게 도움을
주거나 흥미로운 정보를 담는다. 가령 광고주가 광고를 제의하면 광고주와 관
련 있는 콘텐츠를 제작하고 하단에 광고를 연결한다. 전통적인 방법은 제품에
맞게 광고를 다듬은 다음, 똑같은 광고를 수백 개의 다른 미디어 채널에 배치하
는 것이다. 하지만 네이티브 애드는 실질적으로 각 제품뿐만 아니라 각 미디어
채널에 알맞게 광고를 다듬는다. 광고 메시지를 '브랜드 맥락'과 일치시켜 광고
효과를 향상시키는 기법이다.

　〈허프포스트〉는 글로벌 시장으로 눈을 돌려 지역 다변화와 현지화 전략에
열을 올린다. 영어판 외에 프랑스어, 스페인어, 이탈리어, 일본어, 독일어, 포
르투갈어판을 발행하고 있으며 미국과 영국 그리고 마그레브, 캐나다판의 경우
직접 진출하여 운영하고 있으나 이외의 국가들에서는 현지 언론사들과 제휴를
통해 콘텐츠를 서비스하고 있다.

　국내에서는 2014년 2월부터 〈한겨레〉와 합작법인 〈허프포스트 코리아〉를
설립하여 한국어 서비스huffingtonpost.kr를 시작했다. 〈허프포스트〉는 SNS를
기반으로 하여 페이스북 페이지를 운영하면서 독자들이 뉴스 기사를 네트워크

상에서 친구 · 지인들과 공유할 수 있게 했다. 홈페이지상에서 개인화된 소셜 네트워킹이 가능한 뉴스 페이지를 제공함으로써 독자들의 적극적인 참여와 관여도를 높이게 했다는 점이 특징이다.

04
미디어 혁신과 디지털 뉴스 유료화

온라인 뉴스는 무료라는 인식을 깨야 혁신 가능
포털서 공짜 기사 없애고 네이티브 애드 활용을

지식과 정보는 힘이다. 유용한 기사는 가치 있는 정보를 많이 담고 있다. 독자가 기사를 읽는 이유는 다섯 가지로 요약된다. 사람들은 사회에서 벌어지는 수많은 이슈에 관해 이해하고, 몰랐던 정보를 찾아내며, 일상생활에 도움이 되는 지식을 습득하고, 마음의 휴식을 얻고 흥미 거리를 찾아내 즐거움을 느끼며, 자신의 사회적 품위와 위신을 세우고, 사회적 교류와 연결을 강화하기 위해 기사를 읽는다(세계신문협회, 2017).

디지털 시대라고 본질은 달라질 게 없다. 신문의 혁신은 독자, 콘텐츠, 비즈니스의 세 가지 측면에서 이루어진다. 독자가 최우선이다. 먼저 독자의 성향을 데이터화한다. 그다음 데이터를 분석해 독자가 원하는 콘텐츠를 만든다. 마지막으로 독자가 콘텐츠를 읽는 데 그치지 않고 피드백을 통해 제작에 참여하는 기회와 커뮤니케이션 접점을 늘려가는 노력을 강화한다. 특히 언론사마다 디지털 콘텐츠에 몰입도가 높은 밀레니얼 세대(1980년대 초부터 2000년대 초 사이에 출생한 세대)를 타깃 녹자로 공략하기 위한 미디어 전략에 주력한다.

독자들이 선택할 수 있는 미디어의 수가 점점 많아진다. 그래서 독자 특성에 따라 맞춤형 콘텐츠를 생산하고 제공하는 서비스가 갈수록 중요해진다. 콘텐츠 제작 측면에서는 종이신문에서 모바일과 비디오로 미디어 산업의 중심이 이동한다. 디지털 미디어에서는 글보다 그래픽이나 비디오로 콘텐츠를 제작하는 것이 충성 독자의 참여도를 높이는 데 효과적이다.

인쇄·온라인 미디어 산업의 비즈니스 모델은 구독료, 광고료, 부가서비스 등 세 가지로 구성된다. 이 가운데 구독 서비스는 미디어의 핵심 비즈니스 모델로 재탄생 중이다.

그렇다면 어떻게 독자들에게 유료 구독을 유도할까? 이 과정에서 나온 아이디어가 뉴스레터의 부활이다.

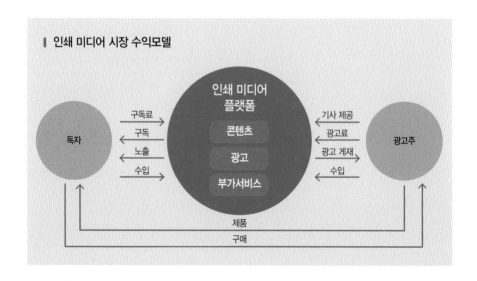

▎인쇄 미디어 시장 수익모델

〈뉴욕타임스〉, 〈워싱턴포스트〉 등 주요 언론사는 독자 데이터와 개인화 엔진을 기반으로 맞춤형 뉴스레터를 만들고 있다. 뉴스레터가 부활한 이유는 정보의 홍수 속에서 맞춤형 정보를 원하는 독자의 요구가 언론사 뉴스레터 서비스에서 교집합을 만났기 때문이다. 더욱이 향상된 머신러닝_{기계학습} 기술이 이메일 안에서 스팸과 정보를 구분할 수 있게 되면서 확실한 '큐레이션 툴'로 자리매김하게 된 점도 뉴스레터의 신뢰도 향상을 이루어냈다.

안간힘 쓰는 온라인 뉴스 유료화

공짜 점심은 없다. 온라인 뉴스는 무료라는 인식을 깨는 시도가 글로벌 미디어 현장 곳곳에서 벌어지고 있다. 혁신 선도 기업마다 묘수를 찾기 위해 안간힘을 쓴다. 페이스북은 2017년 10월 19일 인링크 뉴스 서비스인 '인스턴트 아티클'에서 유료 구독 시범 서비스를 시작했다. 페이스북을 이용하는 사용자는 특정 언론사의 기사를 읽을 경우 일정 건수 이상 기사를 읽거나 고급 콘텐츠를 보려할 때 해당 언론사에 구독료를 지불해야 한다.

페이스북 유료 구독 서비스에는 미국 〈워싱턴포스트〉, 〈보스턴 글로브〉, 〈이코노미스트〉, 〈휴스턴 크로니클〉, 〈LA 타임스〉, 〈시카고트리뷴〉 등과 독일 〈빌트〉, 〈스피겔〉, 그리고 이탈리아의 〈라 레퍼블리카〉, 프랑스 〈르 파리지엥〉, 영국 〈텔레그레프〉 등이 참여한다. 유료화 방식은 페이스북 이용자가 월 10개의 기사를 무료로 이용한 뒤 추가 기사를 읽으려면 비용을 지불하도록 하는 종량제 방식과 특정 뉴스와 일부 디지털 플랫폼 서비스에 대해 요금을 부과하는 프리미엄_{freemium} 모델 두 가지로 기사 제공 언론사가 선택한다. 페이스북의 모바일 유료 구독 서비스는 애플과의 수익 배분 협상이 결렬돼 아이폰보다 안드로이드폰에서 먼저 시작됐다.

유료 구독 서비스는 콘텐츠를 생산하는 언론사 수익 창출에 다소나마 도움이 될 것으로 기대된다. 이용자가 페이스북 인스턴트 아티클에서 유료 구독을 원할 경우 언론사 웹사이트로 이동해 결제가 이루어진다. 언론사는 구독 수익 100%와 독자 데이터를 확보할 수 있다. 문제는 모바일 이용자가 기꺼이 돈을 내고 기사를 읽으려 하겠느냐는 점이다. 페이스북은 지난 2014년 인스턴트 아티클을 선보이면서 기사 서비스에서 발생하는 광고 수익을 언론사에 돌려주는 조건을 내세웠다. 하지만 광고 수익이 기대에 못 미치자 참여 언론사들은 불만이 고조됐다.

구글도 공짜 뉴스 차단에 나섰다. 2017년 9월 구글은 언론사 유료 기사라도 구글 검색으로 접근하면 무료로 볼 수 있는 '퍼스트 클릭 프리(first click free, 첫 클릭 무료)' 제도를 폐지할 예정이라고 밝혔다. 구글은 이용자들이 특정 키워드로 뉴스 검색을 하면 첫 클릭 무료 제도에 따라 무료로 제공되는 언론사 기사를 상위에 랭크하고 있다. 구독료를 지불해야 볼 수 있는 언론사에 비해 공짜 뉴스를 제공하는 언론사 쪽으로 클릭 수가 많아지고, 링크 또한 많이 연결되기 때문이다. 이 제도가 폐지되면 〈월스트리트저널〉처럼 유료 서비스를 하고 있는 언론사 기사들도 검색 결과 상위에 노출된다.

첫 클릭 무료 제도는 미국 언론사의 포털 의존을 심화시키고 정당한 뉴스 대가를 지불하지 않은 채 공짜 뉴스를 양산한다는 비판을 받아왔다. 특히 구글은 언론사 기사를 이용해 이용자와 광고주를 끌어들여 짭짤한 광고 수익을 챙겨왔다. 이처럼 구글과 페이스북이 언론사에 우호적인 정책으로 선회하는 데는 뉴스가 자사 플랫폼 수익에 큰 영향을 미치는 '킬러 콘텐츠'이기 때문이다.

양질의 유료 뉴스를 제공하는 언론사들은 공짜 뉴스를 제공하는 언론사 기사가 구글 검색 상위에 랭크되면서 역차별을 받는다고 주장해왔다. 뉴스 소비

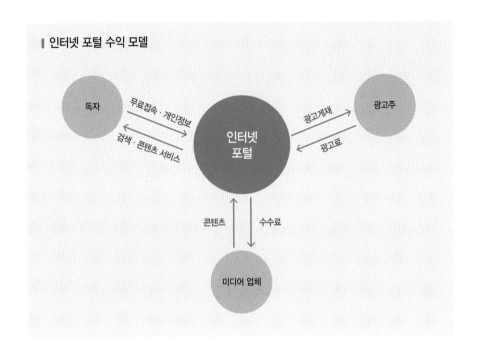

┃ 인터넷 포털 수익 모델

독자 — 무료접속 · 개인정보 → 인터넷 포털

인터넷 포털 — 검색 · 콘텐츠 서비스 → 독자

인터넷 포털 — 광고게재 → 광고주

광고주 — 광고료 → 인터넷 포털

미디어 업체 — 콘텐츠 → 인터넷 포털

인터넷 포털 — 수수료 → 미디어 업체

가 크게 늘었지만, 이 때문에 생긴 수익이 언론사에 제대로 돌아가지 않는다고 판단했기 때문이다. 기사를 생산하는 것은 언론 매체인데, 수익 대부분을 온라인 플랫폼 사업자가 가져간다는 것이다.

미국 인터넷광고협회에 따르면 구글 · 페이스북은 온라인 트래픽의 80% 가량을 점유한다. 이들 글로벌 IT 플랫폼은 미국 전체 연간 온라인 광고 수입 730억 달러(약 84조 376억 원)의 약 70%를 차지한다. 상위 20% 생산자가 시장의 80%를 차지한다는 파레토 법칙pareto principle 보다 복점duopoly에 의한 광고시장 독식 현상이 극심한 셈이다. 이들은 언론사가 공급한 뉴스와 정보를 이용해 막대한 광고 수입을 획득한다. 그러나 정작 언론사들은 인터넷 기업들이 할당하는 수익에 의존할 수밖에 없어 한 목소리를 내기 어려운 실정이다.

소셜미디어가 온라인 뉴스 공급에 큰 통제권을 가지게 되면서 언론사들은 거대 디지털 플랫폼에 자사가 만든 기사 확산 서비스를 의존해야만 했다.

이 과정에서 많은 언론사가 쥐꼬리만한 기사 전재료를 받고 콘텐츠 네트워크의 허브인 포털에 종속되는 결과가 초래됐다. 뉴스와 정보 산업에 부정적인 영향을 미치는 독점자들의 반경쟁적 행태에 언론사의 반격이 시작됐지만 온라인 플랫폼의 기사 유료화 조치는 여전히 기대에 미흡한 실정이다.

구글은 유럽과 미국에서 반독점법 위반 혐의로 당국의 조사와 강력한 제재 조치를 받고 있다. 2017년 초 유럽연합EU 집행위원회는 구글에 반독점법 위반으로 24억 2,000만 유로(약 3조 1,000억 원)의 과징금을 부과했다. 검색엔진인 구글이 독점적 지위를 남용해 자사 서비스인 구글 쇼핑에 불법적인 이득을 제공했다는 이유에서다.

독자의 지불 의향이 관건

한국에서도 네이버와 카카오 등 디지털 정보 매개자인 거대 포털이 뉴스 유통시장을 지배하면서 유료 뉴스 서비스가 정착하지 못하고 있다. 양대 포털이 복점 형태로 온라인·모바일 뉴스 시장을 장악해 언론사보다 강력한 의제설정 기능을 행사한다. 언론사들이 소액의 전재료를 받고 콘텐츠를 포털에 넘기면 포털이 인터넷과 모바일을 통해 이를 유통시킨다. 언론사들이 생산한 콘텐츠는 마치 포털의 뉴스 서비스처럼 포장돼 이용자에게 전달되는 상황이다. 이들 포털은 뉴스라는 강력한 무기로 독자를 끌어들이고 이를 기반으로 온라인 뉴스 시장과 검색 시장을 장악해 수익을 독차지하고 있다.

디지털 뉴스 유료화의 최대 관건은 잠재 독자의 지불 의향이다. 신문사 등 언론사들이 수익 창출을 위해 디지털 뉴스 유료화를 모색하고 있으나 그 전망은 밝지 않다. 영국 로이터 저널리즘 연구소의 〈디지털 뉴스 리포트 2017〉에 따르면 36개 조사대상국에서 지난 1년 동안 디지털 뉴스를 유료 구독한 경험자는 5%에 그쳤다. 한국의 경우 디지털 뉴스 유료 구독 경험자는 4%에 불과했다.

보고서에서 '향후 내가 좋아하는 언론사의 디지털 뉴스를 유료 구독할 의향이 있는지'에 대한 질문에 36개국 전체적으로 유료 구독 의향이 있다고 답한 응답자는 15%, 구독 의향이 '매우 많다'고 답한 비율은 3%에 그쳤다. 한국의 경우 유료 구독 의향이 있다는 응답자는 11%였으나, 구독 의향이 매우 많다고 답한 비율은 고작 1%에 불과했다. 독자가 디지털 뉴스를 유료 구독하지 않는 이유로는 '무료로 뉴스를 볼 수 있기 때문'이 가장 많았다. 독자들이 앞으로 디지털 뉴스를 유료 구독할 가능성도 높지 않은 것으로 전망된다.

종이신문 독자를 디지털 유료 독자로 전환하는 방법은 모든 신문사의 공통된 고민이다. 발행부수 20만 부로 브라질에서 5번째로 큰 신문사, 〈제로 호라〉는 다음과 같은 디지털 독자 유치 전략을 소개했다(세계신문협회, 2017).

① 웹사이트상에서 독자에게 직접 말을 거는 듯한 친근한 용어를 사용한다. 종이신문 독자들은 이전에 경험하지 못한 디지털, 기술적 용어를 사용하면 이용을 두려워한다.

② 디지털 구독안내 페이지를 신문에 게재한다. 인터넷 검색에 어려움을 느끼는 독자들이 디지털 구독을 편리하게 신청할 수 있게 단계별로 이용방법을 설명해준다.

③ 이용자의 온라인 계정 생성, 복구 절차를 간소화한다. 콜센터에 문의하는 것보다 편리하게 생년월일, 이메일, 전화번호를 이용해 계정을 만들거나 복구 가능한 옵션을 만든다.

④ 로그인 화면에 구독 버튼을 추가한다. 웹사이트에 배치된 구독관련 메시

지를 클릭해보는 독자들을 위해 클릭 가능한 구독 버튼을 만들어 유료 독자를 유치한다.

⑤ 신문 지면을 통해 디지털 이용의 편리함과 이점을 적극 홍보한다. 온라인 독자 유치에 앞서 결제시스템을 디지털 방식으로 먼저 전환하고 온라인 가입 시 인센티브를 제공한다.

디지털 광고 성공전략은

광고 수익은 구독료와 함께 언론사의 양대 수익원이다. 디지털 비즈니스는 미디어 혁신의 핵심이다. 문제는 구독료 유료화와 더불어 광고 수익을 올리는 일이 만만찮다는 점이다. 디지털 콘텐츠를 모바일 기기에 담아 독자에게 전달하는 과정에서 광고 수익을 제대로 확보하는 일이 난제다.

디지털 환경에서는 사용자 개인의 취향을 파악해 맞춤형 광고를 전달하는 프로그래마틱 광고programatic ad 또는 행태 맞춤형 광고behavioral advertising 가 보편화된다. 이는 인터넷 브라우저에서 사용자 정보를 수집하는 프로그램이 사용자가 필요로 할 것 같은 광고를 보여주는 기법으로 '애드 테크'라고도 불린다. 프로그래마틱 광고는 사용자가 어떤 사이트에서 어떤 콘텐츠를 검색했는지, SNS상에서 '좋아요'를 눌렀는지 등 데이터를 자동으로 분석해서 사용자가 관심을 갖는 광고나 추천 정보를 전달해 효과를 높인다.

하지만 자신의 프라이버시 노출·침해를 꺼리는 사용자는 이 같은 배너광고를 싫어한다. 지나친 광고에는 사용자가 싫증을 느낀다. 이에 따라 온라인 배너광고를 막는 애드 블로킹 기술이 발전하고 있다. 애드 블로킹은 언론사 수익 확장에 걸림돌이 된다.

온라인 시대, 브랜디드 콘텐츠나 네이티브 광고는 구독료와 전통적인 광고

수입을 대체할 수 있는 새로운 수익원이 될 수 있다. 빅데이터를 이용해 독자의 니즈를 먼저 파악하고 매출 증대를 희망하는 광고주에게 효과적인 서비스를 제공하려는 시도다.

네이티브 광고는 광고 메시지를 다른 콘텐츠 안에 끼워 넣는다는 뜻이다(아난드, 2017). 광고주가 원하는 정보를 텍스트, 사진, 인포그래픽과 오디오, 동영상 등 멀티미디어를 동원해 리스티클(listicle, 목록형 기사), 카드뉴스 등 다양한 형태로 보여주면서 기사처럼 보이도록 만들어진 새로운 형태의 광고 방식이다. 소셜미디어의 광고상품을 적극 활용하거나 신문, 잡지 지면에 자연스럽게 녹아든 형태도 가능하다. TV에서는 이를 간접광고라고 한다.

브랜디드 콘텐츠는 소비자에게 전달하고자 하는 광고주의 메시지를 슬쩍 뒤로 감추고 잘 만들어진 콘텐츠를 앞세운다. 콘텐츠의 여운을 통해 잠재 고객이 갖는 브랜드에 대한 인식과 신뢰를 쌓는 방식이다. 이런 맥락에서 브랜디드 콘텐츠는 네이티브 광고의 일종이라 할 수 있다.

배너광고 등 디지털 광고의 매출 기여도가 부진한 가운데 VR영상 등 혁신적인 기법을 가미한 네이티브 광고는 새로운 가치를 창출하는 효과적인 상업적 대안이 되고 있다. 네이티브 광고는 플랫폼에 자연스럽게 잘 어울리는 방식이다. 눈에 거슬리지 않는 형태뿐만 아니라 기능과 구성, 문체에서도 기자가 쓴 기사 같은 느낌을 줘야 한다. 이는 독자를 위해 더 매력적인 콘텐츠를 내보내고 독자의 브랜드 관계를 증진시키는 효과가 있다. 다른 광고에 비해 네이티브 광고는 상대적으로 독자의 주목을 더 끌고, 반응을 보이게 하면서 확산시키는 효과가 있다. 이는 독자 호응도 측면에서 기존의 어떤 프로모션이나 노출 광고보다 비교 우위가 있다. 정보성·오락성·주목도 등에서 형편없는 기사보다 깜짝 놀랄만한 네이티브 광고도 있다.

네이티브 광고의 몇 가지 해결 과제

네이티브 광고 시장이 성숙해지기 위해서는 풀어야 할 과제들이 많다. 네이티브 광고의 성공조건은 수준급 콘텐츠, 광고 효과, 광고주, 매체 브랜드 네 가지다. 네이티브 광고를 광고 수익 증대의 새로운 돌파구로 활용하다 보면 자칫 저널리즘의 가치를 훼손하는 저급 광고형 기사가 범람할 우려가 있다. 네이티브 광고는 기사형 광고와의 구분이 명확하지 않고 협찬기사의 범람으로 긍정적인 인식이 확립되기 힘들기 때문이다.

언론사 내부에서는 비싼 제작비를 투입해 네이티브 광고를 해야 할 필요가 있겠느냐는 비난이 나올 수도 있다. 광고비를 특별하게 지출하는 광고주가 원하는 수준의 광고 효과를 확보하는 것도 관건이다. 격조 있는 수준급 콘텐츠인 동시에 광고 효과도 높아야 하는 두 가지 목표 사이에 균형 잡기가 힘들다. 광고주의 입장에서도 연간 광고 예산을 초과해가며 이런 광고를 해야 하느냐는

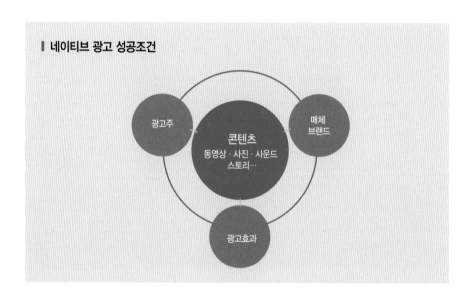

네이티브 광고 성공조건

광고주

콘텐츠
동영상 · 사진 · 사운드
스토리…

매체
브랜드

광고효과

부정적인 생각을 가질 수 있다. 네이티브 광고 내용을 어떤 언론사가 만드는가도 중요하다. 즉, 매체의 브랜드 가치가 중요하다.

무엇보다 네이티브 광고가 저널리즘 가치인 신뢰에 영향을 미치지 않기 위한 최소한의 안전판 마련이 필요하다. 즉, 네이티브 광고가 나가기 전에 검수 절차를 엄정하게 실행해야 한다. 또한 언론사는 네이티브 광고가 독자들이 광고라는 것을 알 수 있도록 명확한 표시를 해야 한다. 그리고 편집국과 광고국 간의 '차이나 월'이 엄격하게 작동해야 한다. 편집국 기자들이 네이티브 광고에 관여하지 않도록 해야 한다. 네이티브 광고가 남들이 하지 않던 착상과 시도를 통해 다양해짐에 따라 관련 콘텐츠에 대한 감시는 더욱 복잡해진다. 네이티브 광고 개념을 정립하고 자율적인 운영 및 규제 가이드라인이 필요하다.

한편 언론사는 유료 독자를 확보하고 광고를 유치하는 미디어 사업 이외에 지속가능한 수익모델을 확보하기 위해 동분서주한다. 이를 위해 미디어 관련 · 비관련 분야로의 사업 다각화 전략에 눈을 돌린다. 예를 들어, 미디어와 시너지를 낳는 교육사업, 비즈니스 포럼, 지능검사 프로그램 등 언론사는 돈이 되는 일이라면 무엇이든 전개해야 하는 시대가 됐다. 또한 독자를 특별회원으로 가입시켜 조찬 행사, 동호인 클럽, 자선행사 · 축제, 공동체 모임, 취미 활동을 개최하고 경험 공유, 다른 회원과의 교류, 소속감, 명예의 증표를 얻고 만족을 느끼도록 하는 방안도 동원된다.

05
뉴욕타임스, 디지털 유료화 성공신화

종이+온라인 결합제품 파격적 가격차별화 전략 주효
정보력 · 매체 파워 · 고품격 콘텐츠로 독자 신뢰 얻어

The
New York
Times

미국 유력 일간지 〈뉴욕타임스NYT〉는 기사 유료화에 관한 신문사의 성공적인 비즈니스 모델을 제시한다. 〈NYT〉는 자타가 공인하는 '디지털 진화의 챔피언'이다. 디지털 뉴스시장에서 가장 규모가 큰 유료 비즈니스 모델을 운영하고 있다. 〈NYT〉는 인터랙티브 그래픽, 팟캐스팅, 디지털 비디오 등 혁신적인 저널리즘을 선도한다. 하지만 다른 언론사와 마찬가지로 광고에 기반을 둔 비즈니스에 주력한 〈NYT〉는 2010년까지 종이신문 광고 · 구독료 감소 위기를 맞기도 했다.

〈NYT〉는 잉크와 종이에서 벗어나 과감한 디지털 전략으로 변신해 턴어라운드 기회를 잡았다(아난드, 2017). 2011년 3월 17일 〈NYT〉는 페이월paywall, 즉 디지털 유료화 전략을 행동에 옮기는 결단을 내렸다. 모든 독자가 디지털 콘텐츠를 읽기 위해 선뜻 지갑을 열 것이라는 보장은 없었다. 품격 있고 인기 있는 칼럼과 기사로 독자들 사이에 명망이 있으며 브랜드 가치가 높은 〈NYT〉이기 때문에 디지털 뉴스를 읽는 독자에게 돈을 지불하라고 설득하는 일이 통한 것이다.

〈NYT〉는 온라인 구독료를 1주일 7달러, 1년에 360달러로 각각 책정하고 종이신문 독자에게는 온라인 콘텐츠를 무료로 제공했다. 종이신문 일요판을 보는 독자에겐 디지털 1주일 구독료를 1달러 싸게 제공하는 끼워팔기식 가격파괴 전략을 구사했다. 다양한 제품을 팔면서 고객의 수요에 따라 다른 가격을 책정하는 완전 가격차별은 소위 환상의 가격 정책인 셈이다.

〈NYT〉는 고객에게 환상의 가격정책과 같은 수익을 거두는 방식으로 모든 고객이 기꺼이 지불할 의향이 있는 가격을 최대한 받아내는 결합제품을 만들어 냈다. 결합제품의 진정한 가치는 서로 다른 제품의 묶음이 아니라 서로 다른 선호도를 갖는 고객을 묶는 데 있다. 〈NYT〉가 새로운 방식의 디지털 유료화 전략에서 성공한 비결은 브랜드 파워와 콘텐츠 가치를 기반으로 독자와의 연결 관계에서 최적의 가격을 책정하는 방식을 사용했다는 점이다.

혁신 미디어의 대명사 〈NYT〉

2012년 〈NYT〉는 신문 구독과 디지털 구독 매출의 합계가 종이신문 광고와 디지털 광고를 합친 매출을 넘어서는 변곡점을 맞았다. 2014년 〈NYT〉는 네 가지 디지털 전략을 담은 〈혁신보고서〉를 발표해 미디어 업계에 충격파를 던졌다. 이는 다음과 같다.

첫째, 뉴스 도달 거리를 확장하기 위해 체계적으로 접근하라. 이를 위해 데이터 구조를 혁신하라. 소셜미디어 역량을 강화하라. 뉴스 소비의 개인화를 지원하라. 둘째, 편집국과 비즈니스팀 사이의 협력 강화가 필요하다. 셋째, 편집국에 전략팀을 만들어라. 넷째, 디지털 우선 전략을 세워라. 〈NYT〉는 이 같은 제안을 실천하고 내부 혁신을 통해 새로운 언론사로 거듭났다.

2015년 중반 〈NYT〉는 디지털 독자 100만 명을 돌파했다. 트럼프를 신랄하게 비판할수록 기사 클릭 수가 늘어나는 '트럼프 효과'에 힘입은 바 크다. 독자가 급증한 2016년에는 종이신문 독자 100만 명과 160만 명의 디지털 독자를 각각 확보하게 됐다. 2017년 3분기 전체 독자는 350만 명을 넘어섰다.

〈NYT〉는 수년 내 1,000만 명 이상의 유료 구독자를 확보한다는 목표를 세웠다. 〈NYT〉는 2020년까지 디지털 구독과 광고에서 8억 달러의 매출을 올린다는 계획이다. 2016년 말 마크 톰슨 〈NYT〉 대표 겸 CEO는 "매일 1억 5,000만 명이 〈NYT〉 웹사이트에 접속하고 있다"며 "좋은 신문을 만든다면 돈을 내는 사람은 있기 마련"이라고 말했다.

그는 과거 X세대(1965~1976년 출생)와 신세대인 밀레니얼 세대(1982~2000년 출생)의 소비패턴이 다르다고 강조한다. 공짜 인터넷을 즐겼던 X세대는 모든 것을 무료로 얻길 원한다. 반면 넷플릭스와 함께 자란 밀레니얼 세대는 디지털 콘텐츠 이용 대가로 돈을 내는 것에 익숙하다는 설명이다. 젊은 세대가 관심을 갖는 뉴스는 실제 소비하는 뉴스와 상당한 간극이 있다. 그들은 뉴스를 스스로 발견하기보다 뉴스가 그들을 찾아오기를 기대한다.

〈NYT〉 기자, 직원들이 가지고 있는 생각은 〈NYT〉가 세계 최고 수준의 뉴스 브랜드일 뿐만 아니라 세계 최고 수준의 소비자 브랜드가 될 잠재력을 갖고 있다는 것이다. '독자 퍼스트' 전략을 앞세운 〈NYT〉는 뉴스를 독자와의 관계 비즈니스로 강화하는 작업에 주력하고 있다. 관계 비즈니스에서 언론사가 이용자들에게 제공하는 가치는 언론과 이용자 간 상호작용이 커짐에 따라 증대된다.

새로운 고객을 확보하고 가치를 창출하는 선순환이 지속돼야 가능한 일이다.

디지털 혁신과 관련해 〈NYT〉는 다각적인 노력을 전개하고 있다. 광고를 위한 뉴스를 만들어내는 것이 아니라 뉴스와 수익을 연결하는 전혀 새로운 비즈니스 모델을 개발하기 위해 노력한다. 마이클 골든 〈NYT〉 회장은 2016년 3월 세계신문포럼WAN-IFRA 에서 미디어의 디지털혁신을 위한 8가지 원칙을 다음과 같이 밝혔다.

① 변화하고자 하는 확고한 의지와 노력은 변화의 긴 여정에 있어 가장 중요한 요소다. 반드시 경영진에서부터 시작하여 하향식으로 시행돼야 한다.

② 공격적인 디지털 전략을 구사하라. 우리의 목표는 웹사이트와 모바일앱도 있는 신문사가 아니라, 신문도 발행하는 디지털 기업이다. 기자들의 근본적인 인식 변화가 필요하다.

③ 독자가 원하는 것을 원하는 때에 제공하라. 언제든지 우리 콘텐츠에 접근할 수 있도록 모바일에 최적화된 콘텐츠 환경을 독자에게 제공하라.

④ 혁신을 멋지게 시도하자. 구글의 카드보드Cardboard 를 이용한 360도 가상현실 등 새로운 것을 끊임없이 시도하는 최첨단 기업이 돼야 한다.

⑤ 데이터와 정보를 비즈니스에 활용하라. 독자 데이터를 정밀하게 분석해 비즈니스를 리드하라. 그래야 독자에게 맞춤형 콘텐츠를 제공할 수 있다.

⑥ 사람들의 일상생활의 필요한 부분이 되자. 무엇을 먹을까? 무엇을 볼까? 무엇이 건강에 도움이 될까? 독자는 하루에 100여 건의 고민을 하지만, 우리는 그 고민에 제대도 도움을 주지 못한다.

⑦ 광고주에 대해서도 독자처럼 서비스하라. 네이티브 광고 방식의 브랜디드 콘텐츠를 혁신적인 스토리텔링 방식을 통해 독자와 광고주에게 서비스해야 한다.

⑧ 끈질기게 추진하라. 디지털 혁신은 정말 어려운 것이다. 뉴스룸과 비즈니

스 간에 관계를 지속시키기 위해 꾸준히 노력해야 한다. 그러나 비즈니스가 저널리즘 원칙을 훼손하지 않도록 주의가 필요하다.

온라인 독자 확대에 〈NYT〉 총력전

〈NYT〉는 2017년부터 음악 스트리밍 서비스와 공동 구독 프로그램, 기부와 연계해 대학생 130만 명에게 공짜 구독을 제공하는 구독 후원 프로그램을 각각 전개한다. 게다가 콘텐츠 측면에서 광고주보다 독자 쪽에 더 초점을 맞춰 서비스한다. 특히 독자들의 삶을 풍성하게 하는 카테고리를 저널리즘 밖에서 찾아 서비스에 추가하는 전략을 구사한다.

구체적으로 〈NYT〉는 레시피로 가득 찬 요리Cooking, 건강과 웰빙 라이프에 관한 웰Well, 영화와 TV 미니시리즈를 커버하는 방송Watching을 각각 내놓았다. 2017년 유료로 전환한 요리와 십자말풀이Crossword 특화 콘텐츠는 한 달에 각각 5달러와 6.95달러의 이용료를 부과한다.

독자 데이터 분석은 충성 독자 확대 전략의 기본이다. 〈NYT〉 내부 데이터 부서는 페이지뷰보다 더 정교한 데이터를 측정하는 데 공을 들인다. 페이지뷰가 많다고 해서 가장 성공적이고 가치 있는 기사라고 할 수 없기 때문이다. 일반 독자의 클릭 빈도, 콘텐츠를 읽는 관여의 깊이와 폭은 미래 구독 행동을 보여주는 중요한 기초자료가 된다.

〈NYT〉는 독자가 본 기사와 화면의 수치로 독자 관여의 깊이를 측정한다. 이는 긴급뉴스와 실시간 사건 보도에서 심층적이고 탐사적인 보도와 시각 저널리즘에 이르기까지 〈NYT〉 사이트나 앱을 방문하는 독자가 많은 것을 얻도록 섬세하게 돕는 자료가 된다. 독자 관여의 폭은 주제별 읽기의 수치로 측정된다. 이는 데스크톱과 모바일 기기를 거쳐 독자들에게 접근할 수 있는 뉴스, 오피니언, 특집, 라이프스타일 기사의 범위를 반영한다. 독자의 관여 깊이와 폭을 측정하는 일 모두 구독 가능성을 높이는 데 영향을 미친다.

또한 〈NYT〉는 디지털 매출을 2배로 키우기 위해 해외 독자 확보에 적극 나섰다. 세계 독자를 겨냥해 〈NYT글로벌〉을 설립했고 호주 시드니에 뉴스지국을 세웠다. 2016년 말 외국인 독자는 전체의 13%에 불과했다. 〈NYT〉는 뉴스 콘텐츠의 힘을 바탕으로 삼아 국제공용어인 영어를 무기로 적극 활용했다. 호주와 캐나다 등 영연방국가와 아시아 시장을 공략한다. 동시에 '스페인어 〈NYT〉'판을 발행해 라틴아메리카 미디어 시장을 개척하고 현지의 독자와 광고를 확보해 입지를 높이기 위한 노력을 강화하고 있다.

추적할 만한 뉴스 기사가 등장할 때 독자들은 믿을 수 있는 고품질 정보를 중시한다. 〈NYT〉는 이를 보여주는 중요한 본보기가 된다. 독자들에게 의존하는 언론사는 나쁜 정보를 만들 수 없다. 〈NYT〉가 성공하고 세계적인 영향력을 키워온 비결은 다른 언론보다 훨씬 앞서는 정보력과 매체 파워에 있다. 〈NYT〉 비즈니스 모델은 지난 수년에 걸쳐 변신을 거듭했다. 이는 다른 언론사에게는 벤치마킹할 수 있는 거울이 된다. 고급 신문인 〈NYT〉는 독자와의 깊은 관계가 비즈니스 성공의 열쇠라는 점을 보여준다. 독자의 신뢰를 바탕으로 독자에게 차별화된 경험과 가치를 주는 전략인 셈이다.

06
아마존 효과, 워싱턴포스트의 대변신

가격 인하 · 다양성 · 가용성 추구 '베조스 실험'
과감한 기술투자 · 혁신으로 디지털 독자 급증세

The
Washington
Post

아마존의 창업자 제프 베조스는 2013년 8월 5일 〈워싱턴포스트WP〉를 인수했다. 워터게이트 특종으로 유명한 퀄리티 저널리즘의 대명사, 〈WP〉는 몰락의 위기에서 '아마존 패밀리'가 됐다. 새로워진 〈WP〉는 눈부신 약진으로 턴어라운드에 성공했다.

온라인 서점에서 출발해 "세상 모든 것을 팔겠다"며 아마존웨이를 만든 베조스 특유의 과감한 자금 수혈과 기술 투자가 주효했다. 이 덕분에 21세기형 미디어 부럽지 않은 기술적 기반을 구축하고 디지털 트래픽에서는 〈뉴욕타임스〉를 앞질렀다. 전통적인 신문기업이 테크놀로지와 엔지니어 중심의 디지털 상품을 만드는 회사로 변모한 것이다.

억만장자가 투자한다고 쇠락하는 신문기업이 다 살아나는 것은 아니다. 페이스북 공동창업자 크리스 휴즈는 〈뉴 리퍼블릭〉을 인수했다. 미국 프로야구 보스턴 레드삭스 구단주인 존 헨리는 〈보스턴 글로브〉를 사들였다. '투자의 귀재'로 불리는 워런 버핏은 쓰러져 가는 미국의 지방신문과 잡지를 쓸어 담은 '미디어 비즈니스맨'으로 유명하다. 하지만 이들 억만장자는 이렇다 할 성공 스토리를 쓰지 못했다. 그렇다면 〈WP〉의 성공 비결은 무엇일까?

미국 노스이스턴 대학 댄 케네디 교수는 2016년 〈베조스 효과〉라는 케이스 스터디 형식의 논문을 발표했다. 먼저 베조스가 〈WP〉를 인수한 동기부터 들여다 볼 필요가 있다. 논문은 베조스의 발언을 기초로 인수 배경을 두 가지로 정리했다. 하나는 〈허프포스트〉처럼 짜깁기한 저널리즘의 득세에 대한 불편한 감정이 중요하게 작용했다는 것이다. 즉, 정통 언론 기자들이 몇 달에 걸쳐 취재하고 보도한 내용을 '불과 17분 만에' 뚝딱 만들어 보도하는 현실을 베조스가 개탄했다는 것이다. 두 번째, 베조스는 묶음 상품의 효과에 강한 신뢰를 갖고 있다는 점이다. 전자책을 서비스하는 아마존 킨들 태블릿을 통해 〈WP〉라는 묶음 상품을 판매하는 것은 유망한 사업이 될 것이라고 생각했다.

아마존 경영전략으로 무장한 〈WP〉

베조스는 아마존을 경영할 때 먼저 고객과 제품을 확대해 성장을 추구한 뒤 수익은 나중에 내는 방식을 선택했다. 베조스는 ① 고객을 우선으로 생각하는 서비스 ② 초심을 잃지 않는 마인드 ③ 원하는 결과물을 얻을 때까지 끊임없이 연구하는 괴짜근성 ④ 장기적인 시각으로 주목하는 습관으로 성공했다. 아마존식 성장전략은 〈WP〉에 그대로 적용됐다. 베조스는 〈WP〉를 방문해서 다음과 같이 말했다.

"그동안 〈WP〉는 상대적으로 소수 독자를 확보한 뒤 독자 한 명당 많은 돈을 버는 방식으로 경영을 해왔다. 하지만 앞으론 많은 독자를 기반으로 독자 1인당 적은 돈을 벌어들이는 방식을 택할 필요가 있다."

콘텐츠 판매 지역과 콘텐츠 양, 내용면에서 획기적인 변화가 있었다. 베조스가 〈WP〉를 인수한 뒤 채택한 전략 중 가장 중요한 것은 '워싱턴 지역신문'에서 '미국 전국신문'으로 변신을 선언한 대목이다. 또한 베조스는 〈WP〉를 아마존의 자회사가 아닌 자신의 개인회사로 유지했다. 단순한 지배구조하에서 그는 당장의 수익 대신 디지털 사업에 과감한 기술 투자를 통한 〈WP〉의 장기 성장 전략을 자유롭게 추진할 수 있게 됐다.

〈WP〉의 디지털 확장 전략은 크게 다음과 같은 두 가지로 요약된다. ① 〈WP〉는 〈뉴욕타임스〉하고만 경쟁하는 게 아니다. 모든 온라인 미디어와 독자의 관심을 끌기 위해 경쟁한다. ② 디지털 환경에 잘 조화시킨 콘텐츠를 생산한다. 종이신문뿐만 아니라 인터넷 웹을 분명한 뉴스 매체로 키운다는 의미다.

베조스 체제로 바뀐 〈WP〉는 젊고 패기 있는 기자를 동원해 다양한 뉴미디어 콘텐츠를 만들고 있다. 종이신문은 여전히 중량감 있고 근엄한 논조를 유지하지만 모바일에선 밀레니얼 세대 등 젊은 층을 겨냥한 편집과 기사의 절대량을 크게 늘리는 변화를 이끌어냈다. 특히 모바일 앱을 활용한 '입소문 전략'을 폭넓게 채택한다. 그렇다고 제목 낚시를 한다는 의미는 아니다. 진지한 주제를 다룬 기사를 공유하도록 유도하는 제목과 사진을 사용하는 것은 '기사 낚시질'과는 다르다.

〈WP〉는 디지털 확장 전략을 수행함에 있어 역삼각형 형태의 3단계 '고객 참여 깔때기customer-engagement funnel' 모델을 수립했다. ① 독자 구조의 맨 위에는 우연한 방문자다. 페이스북이나 트위터 혹은 친구들의 이메일 링크를 타고 방문한 사람들이다. 이들은 대개 기사를 본 뒤 빠져 나간다. ② 고객 구조

중간에는 정기 방문자가 있다. 우연한 방문자를 유료 구독이 가능한 충성 고객으로 탈바꿈시키는 게 목표다. 기사 밑 관련 기사 등을 통해 이들을 사이트에 계속 머무르게 하는 것이 중요하다. ③ 독자 집단 맨 밑에 위치한 사람들이 충성 독자다. 이들은 기꺼이 유료 구독할 의향이 있는 독자로 베조스가 '〈WP〉의 미래'라고 평가하는 사람들이다.

〈WP〉 디지털 확장 전략의 목표는 전체 디지털 트래픽을 늘림으로써 깔때기 맨 윗부분을 넓게 만드는 것이다. 잠재 독자들로 하여금 기사를 읽어볼 마음이 들도록 만든다. 뜨내기 고객들에게 정통 저널리즘 맛을 보여준다는 얘기다. 물론 진짜 최종 목표는 방문자를 유료 구독자로 탈바꿈시키겠다는 것이다.

정보 기술기업으로 변신하는 〈WP〉

기술기업으로 변신하는 〈WP〉의 진가는 세 가지 기능을 수행해 각각 별칭이 붙어있는 기술팀에서 나온다(아난드, 2017). 첫째, A/B 테스트 형태로 된 '밴디토 Bandito' 시스템이다. 한 가지 기사를 제목과 사진을 달리해 총 다섯 가지 버전으로 만든다. 다섯 개의 타입 가운데 어떤 기사가 독자들에게 가장 좋은 반응을 얻는지 끊임없이 테스트한다. 클릭, 체류 시간, 공유 건수가 가장 많은 기사가 대중을 위한 뉴스의 '마지막 판본'으로 채택된다. 디지털로 먼저 보도하고 다음 종이신문에 싣는 것이다.

두 번째는 세계 최고 수준의 아마존의 빅데이터 기술을 활용해 각종 정보를 수집하고 선행 지표를 분석하는 '록소도 Loxodo'다. 온라인 방문자 수나, 페이지 뷰, 비디오 이용자 수, 체류 시간 등은 이미 선택이 끝난 결과 지표에 불과하다. 선행지표는 대응 제작을 할 수 있게 만들어주는 앞선 기사 작성의 가이드다. 록소도는 또 문자 속보에 〈WP〉가 얼마나 빨리 대응하는지를 측정하는 수단으로도 활용된다.

세 번째 기술은 콘텐츠 관리시스템CMS인 '아크Arc'다. 아크는 탁월한 성능을 갖춰 높은 고객 만족도를 자랑한다. 아마존에서 검증된 고객 데이터 분석 CRM을 통해 〈WP〉는 디지털 콘텐츠 이용 콘텐츠 마당 독자마다 서로 다른 맞춤형 홈페이지를 제공한다.

〈WP〉의 소셜미디어 활용 전략은 바벨barbell이라는 명칭이 붙었다. 자체 웹과 앱이 바벨 한 쪽에 있다면 페이스북 같은 소셜미디어가 반대쪽에 자리 잡는 바벨 구조란 것이다. 그래서 페이스북이 선보인 인링크 방식의 인스턴트 아티클에 전면 참여를 결정했다. 인스턴트 아티클은 모바일 뉴스를 빠르고 깔끔하게 볼 수 있게 해주어서 독자에게 인기다. 반면 페이스북 플랫폼에 종속될 수 있다는 점은 위험요소다. 독자가 광고 차단 앱을 갈수록 많이 사용하는 점을 감안하면 불가피한 선택인 셈이다.

〈WP〉는 인스턴트 아티클에서 기사를 본 고객 이메일 주소를 제공받아 뉴스레터를 공급한다. 아울러 지역신문과도 파트너십을 강화. 지역신문 유료 독자 정보를 넘겨받는 대신 〈WP〉 온라인 콘텐츠를 무료로 제공한다. 바벨 다른 쪽에 올라온 고객을 자사 쪽으로 옮겨오도록 유도하는 플랫폼 전략이다.

〈WP〉는 독자에게 다가갈 수 있는 채널을 확장하는 데 열을 올린다. 인터넷 브라우저인 크롬과 파이어폭스 전용 '〈WP〉앱' 확장판을 론칭하고 자동차 전용 〈WP〉앱도 개발했다. 애플의 최신형 iOS 11에 〈WP〉 동영상을 공급하고 페이스북에 〈WP〉 뉴스에 이어 뉴스속보도 제공한다. 베조스 효과는 〈WP〉의 디지털 독자 증가로 현실화한다.

원래 〈WP〉는 탐사보도의 강자였다. '사실'과 '진실'에 충실했던 저널리즘 기본 정신이 경쟁력의 핵심이다. '긴 호흡, 강한 걸음'이 있기에 디지털 혁신이 더

빛을 발할 수 있었다. 〈WP〉는 7명으로 구성된 탐사보도팀을 운영하는 것 외에 디지털 탐사팀 Quick Turn Team 6명이 별도로 움직인다. 그래픽 · 가상현실 전문가가 합류해 신속하게 디지털 특화 콘텐츠를 생산한다. 종이신문을 제작하지만 15개의 라이브 방송을 할 정도로 멀티 채널을 갖춘 종합 미디어 회사로 변신하고 있다. 하루에 생산하는 200여 개의 기사 가운데 최소한 70개 정도의 비디오를 함께 만들어 업로드한다.

나아가 〈WP〉는 이제 음성인식 AI 스피커의 선두 주자, 아마존 알렉사에 뉴스 콘텐츠를 적용하는 실험도 신개념 서비스로 현실화한다. 알렉사도 처음부터 모든 AI 서비스를 제공했던 것은 아니었다. 서비스 가입자가 늘어나면 다른 회사로부터 제휴 제안도 늘고, 많은 회사와 연결되면서 콘텐츠가 보강되고 고객은 더 많이 불어나는 선순환형 네트워크 효과를 낳고 있다.

07
이코노미스트의 글로벌 성공전략

디지털 유료정책 고수… 뉴스 분석 · 의견 제시 강점
'콘텐츠 함정' 벗어나는 지위마케팅 · 제값받기 전략

The
Economist

종이 매체로 대변되는 아날로그 세상이 점점 사라진다. 디지털 우선주의는 의도적으로 종이신문을 멀리하거나 아예 포기하는 방법으로 디지털 전략에 올인하는 혁신적인 노력을 의미한다. 아날로그와 디지털 세상이 인간의 삶에 의미 있는 '공존의 해법'을 찾는 묘책은 없을까? 일단, 디지털 시대에서 살아남고 성공을 보장하는 비결은 다음과 같이 다양하다.

일찍 행동에 나서라. 종이 사업에서 디지털 비즈니스를 분리해 방어하라. 디지털 우선주의를 적극 받아들여라. 콘텐츠를 실시간 업데이트하라. 독자가 제작하는 콘텐츠가 나올 수 있도록 쌍방향 대화의 도구를 제공하고 참여시켜라. 끊임없이 실험하라. 콘텐츠를 무료로 출시하라…

하지만 이 같은 전략과 전혀 상반된 전략으로 성공한 전통 미디어가 있다(아난드, 2017). 영국의 유력 주간지 〈이코노미스트Economist〉다. 1843년 〈이코노미스트〉는 "진실을 우러르는 마음으로 때로는 과격한 의견을 피력한다"는 강령 아래 창간됐다. 〈이코노미스트〉는 정치인, 관료, 기업인, 은행가, 교수 등 전 세계 사회 지도층과 오피니언 리더에 큰 영향을 미치는 매거진이다.

영어 잡지 가운데 오랜 전통과 권위, 중후한 논조와 격조 높은 문장으로 명성이 높은 〈이코노미스트〉는 정치, 거시경제, 국제관계, 비즈니스, 기술 등 광범위한 주제를 다룬다. 정규직 고용기자는 90명 수준에 불과하지만 전문화 전략으로 고품격 기사를 생산한다. 매주 발행부수는 약 130만 부이고 절반가량은 해외 독자가 구매한다.

대부분의 미디어가 디지털 콘텐츠를 무료로 제공하고 있다. 하지만 〈이코노미스트〉는 디지털 콘텐츠 유료정책을 고수했다. 1년에 100달러 이상을 내는 독자에게만 이미 발행된 잡지의 보존 기사를 인터넷으로 볼 수 있는 자격을 줬다. 〈뉴스위크〉, 〈타임〉, 〈비즈니스위크〉를 비롯한 많은 잡지의 독자가 급격히 감소하는 상황에서 〈이코노미스트〉는 정반대로 독자가 늘어나고 있다. 디지털 혁명에 반응 속도가 둔감한 〈이코노미스트〉가 성공한 비결은 어디에 있을까?

고품질 콘텐츠 이상의 매거진

〈이코노미스트〉가 고품질 콘텐츠를 제공하기 때문이라는 막연한 설명만으로는 부족하다. 다른 잡지에 비해 더 명석하고, 더 깊이 있고, 더 예리한 시각을 제공하는 잡지라는 평가도 있다. 어떤 기사는 대학 교수들도 이해하기 힘든 전문적인 내용을 담고 있다.

필자가 미국에서 박사 학위를 준비할 때 논문 주제 선정을 고민하자 한 교수는 〈이코노미스트〉를 계속 열독해보라고 권고한 바 있었다. 경제·경영학과 교수들도 연구 주제에 대한 힌트를 〈이코노미스트〉 기사에서 찾는다는 얘기다.

사실 〈이코노미스트〉에 게재된 기사 가운데 전적으로 독창적인 특종 기사는 거의 없다. 〈이코노미스트〉는 속보 기사를 일체 쓰지 않는다. 기자들이 사건의 배후에 담긴 진실을 파헤치고 막후의 인물을 캐내는 탐사보도 또한 쉽사리 찾아볼 수 없다.

〈이코노미스트〉가 매주 독자에게 제공하는 것은 뉴스가 아니라 의견이다. (아난드, 2017). 특히 많은 정보를 압축적인 어휘를 사용해 깔끔하게 분석하는 차별화된 종합 콘텐츠가 장점이다. 〈이코노미스트〉는 세계에서 일어나는 사건과 이슈에 대한 해석을 규칙적인 논조로 제공한다. 독자들이 신경 쓸 시간이 없는 일들에 대한 관점을 균형 잡힌 시각으로 차분하게 제공한다. 〈이코노미스트〉에 실린 모든 기사는 일관된 목소리를 담고 있다.

논조의 일관성뿐만 아니라 〈이코노미스트〉는 편집의 일관성도 유지한다. 기사 형태와 디자인을 쉽사리 바꾸지 않는다. 세상에서 일어나는 일들을 잘 이해하길 원하는 독자는 조리 있게 설명하고 일관성 있는 시각을 제공해주는 콘텐츠를 〈이코노미스트〉에서 찾는다. 신속함, 간결함, 함축성을 추구하는 세상에서 이해력과 사고력을 동시에 요하는 깊이 있는 생각과 합리적인 의견을 제공하는 잡지는 흔치 않다.

〈이코노미스트〉의 콘텐츠 경쟁력은 독특한 전통에서 나온다. 기본적인 논조는 정치적 자유주의에 기반하고 경제는 보수주의적 관점이며 자유무역을 지지한다. 옥스퍼드 대학 출신 기자가 많은 〈이코노미스트〉는 옥스퍼드의 집단토론 문화를 이어가고 있다. 매주 월요일 아침 편집인과 기자들은 지난 한 주의 사건에 대해 열띤 집단토론을 벌인다. 다음 주 독자에게 전달되는 기사는 집단토론의 산물이다.

기사는 팀에 의해 생산된다. 다른 인쇄매체가 기사를 작성한 기자 이름을 밝히고 있지만 〈이코노미스트〉는 철저하게 기사의 익명성을 고수해왔다. 한 명의 베테랑 기자에게 기사 소유권을 인정하지 않는다. 그래서 독자들 사이에서는 "아무개가 쓴 칼럼 읽어봤어?"라는 질문 대신 "〈이코노미스트〉에 난 기사 읽어봤어?"라는 질문이 나올 수밖에 없다.

〈이코노미스트〉는 잡지를 읽는 사람뿐 아니라 잡지를 사서 들고 다니는 사람에게도 가치를 제공한다. 독자들에게 자기현시self-revelation 효과를 주는 것이다. 이것이 〈이코노미스트〉가 활용하는 지위마케팅status marketing의 파워다. 1980년대 〈타임〉이나 〈뉴스위크〉, 〈리더스다이제스트〉가 잘 나갈 때 우리나라 대학생마다 청바지 뒷주머니에 영어잡지를 하나 꽂고 다니던 시절이 있었다. 하지만 이들 잡지는 사라지거나 존재감을 잃었다.

〈이코노미스트〉의 가격 정책은 당당하다. 할인 대신 제값받기에 주력한다. 정가를 지불할 용의가 있는 독자만을 겨냥한다. 태블릿 앱을 통하면 〈이코노미스트〉 기사를 매주 3건 무료로 읽을 수 있다. 일종의 미끼 상품이다. 〈이코노미스트〉는 세계 최대 잡지시장인 미국에서 전국 TV광고뿐만 아니라 주요 대도시별 독자 공략에도 공을 들이는 마케팅 전략을 썼다.

〈이코노미스트〉는 잠재적 글로벌 독자가 누구인지를 면밀히 평가하고 접근한다. 아울러 잡지를 서로 다른 시장의 기호에 맞춰 바꾸지 않는다. 세계 전 지역에서 단 한 가지 형태의 판으로만 잡지를 발행한다. 집단의 소리, 큐레이션, 지위에 중점을 둔 〈이코노미스트〉의 일관된 제작방식을 다른 잡지는 제대로 흉내 낼 수 없다. 이처럼 서로 연관된 특성의 네트워크 덕분에 〈이코노미스트〉만의 경쟁력이 생긴 것이다.

미디어 산업 정리한 피어슨 그룹

영국의 교육·미디어 그룹 피어슨은 〈이코노미스트〉를 발간하는 '이코노미스트' 그룹 지분 50%를 기존 주주들에게 매각했다. 그리고 〈이코노미스트〉는 2015년 8월 이탈리아 자동차 회사 피아트-크라이슬러를 소유한 투자회사 엑소르 Exor에 4억 6,900만 파운드(약 8,650억 원)에 팔렸다. 아그넬리 가문의 엑소르는 지분율이 4.7%에서 32.5%로 높아져 〈이코노미스트〉의 단일 최대 주주가 됐다.

〈이코노미스트〉 그룹의 기업가치는 부채 1,700만 파운드를 포함해 9억 5,500만 파운드로 평가된다. 이는 2013년 8월 제프 베조스 아마존 CEO가 2억 5,000만 달러에 〈워싱턴포스트〉를 인수한 금액의 6배에 달한다. 피어슨은 같은 해 유력 경제 일간지 〈파이낸셜타임스〉를 일본 〈니혼게이자이〉에 8억 4,400만 파운드에 매각했다.

미디어 사업을 몽땅 정리한 피어슨 그룹은 2017년 7월 부진을 거듭하던 출판 기업, 펭귄랜덤하우스마저 매각했다. 펭귄랜덤하우스는 지난 2013년 피어슨그룹의 출판사업부 펭귄북스와 독일 베텔스만 출판사업부 랜덤하우스가 합병해 탄생했다. 그러나 펭귄랜덤하우스가 출판하는 교재 판매가 계속 줄어들자 피어슨은 결국 출판 사업을 베텔스만에 넘겼다.

특히 미국 내 고등교육 진학생 수 감소와 종이책에서 전자책으로의 교과서 수요 전환에 따라 북미지역에서의 실적 저조가 출판 사업 철수에 결정적 영향을 미쳤다. 하지만 베텔스만은 중국, 인도, 브라질 등 개발도상국 시장에서는 출판 사업 전망이 밝다는 입장이다. 피어슨은 앞으로 영어 교육 솔루션부터 최신 스마트 러닝 기술까지 광범위한 스펙트럼의 교육 서비스 개발과 제공에 전념한다는 계획이다.

〈이코노미스트〉의 성공과 대조적으로 〈뉴스위크〉의 종말은 '콘텐츠 함정 fal-
lacy of content'에 빠진 결과다(아난드, 2017). 전후 상황이나 조건에 의해 모든 콘텐
츠가 결정된다는 점을 간과한 채 제품들 사이에 연결 관계를 적극 활용하지 않
고 개별적으로 제품전략을 추구했기 때문이다. 또한 대중을 콘텐츠 생성을 위
한 수단으로만 생각한다면 콘텐츠 함정에 빠지게 된다. 콘텐츠 함정에서 벗어
나려면 기여자들의 연결 관계를 최적화한 뒤 적극적으로 참여할 수 있도록 유
도해야 한다.

08
모노클, 종이잡지의 지속가능한 경쟁력

독자와 소통하는 깊이 있는 특종기사 보도에 전력
기사형 광고 주효… 여행 가이드 · 라디오 등 다각화

독자들이 정보를 읽어 들이는 방식과 습관이 완전히 달라지고 있다. 젊은 세대는 언제나 어디에서나 휴대폰에 몰두할 뿐 종이 뉴스는 신문이건 잡지건 거들떠보지도 않는다. 디지털 혁명의 그늘 아래에서 종이 잡지들은 힘겹게 숨을 쉬고 있다. 디지털과 모바일 미디어는 인쇄 산업을 제압하고 붕괴시킨다. 오늘 날 잡지 산업은 황혼기에 접어들었다. 모두들 인쇄 매체의 대단원과 종말이 멀지 않았다고 입을 모은다.

영국 런던에 본사를 둔 〈모노클Monocle〉은 이 같은 전망을 불식시키는 미디어 산업의 이단아다. 〈모노클〉은 잡지, 책 등 인쇄 매체와 라디오를 포함해 다양한 콘텐츠를 생산하는 디자인 저널리스트 집단이다. 2010년 월간지를 창간한 〈모노클〉은 일천한 역사에도 불구하고 전통 미디어의 성공적인 런칭과 변신

사례로 주목을 받는다.

〈모노클〉은 전 세계 독자가 공감하고 영감을 받을 수 있는 글로벌 이슈를 깊이 있게 취재하고 차별화된 기사를 세련된 디자인으로 편집해 독자에게 전달한다. 잡지와 책의 중간 성격의 간행물인 일본의 〈무크Mook〉를 벤치마킹해 제작됐다. 그래서 콘텐츠의 밀도가 높은 편이다. 〈모노클〉이 다루는 핵심적인 테마는 '삶의 질'이다. "어떻게 살아야 할까?"라는 질문에 답하며 낙관적이고 기분을 고양시키며 영감을 주는 콘텐츠에 집중한다.

〈모노클〉은 제대로 된 정통 저널리즘을 표방하는 미디어 기업이다. 구글 검색을 통해서는 찾을 수 없는 특별한 기사를 잡지에 게재한다는 전략이다. 건축, 레스토랑, 호텔 등 차별화된 독점적인 콘텐츠를 취급한다. 인터넷 클릭 수나 SNS 팔로어 수 같은 온라인에서의 기사 인기도 측정은 아예 무시한다. 〈모노클〉이 추구하는 것은 독자와의 소통과 함께 심층적인 특종기사 취재, 딱 두 가지다(매거진〈B〉, 2017.10.).

경쟁력 원천은 특유의 취재력

베테랑 기자들은 독자가 궁금해 하는 내용을 자신만의 질문으로 콕콕 짚어가며 취재원을 만나고 인터뷰한다. 아무도 모르는 전 세계의 숨은 명소와 만나기 힘든 사람들에 대한 취재가 〈모노클〉만의 장기다. 사진도 디지털이 아니라 필름을 담은 아날로그 카메라로 찍는 것을 장려한다. 그래야만 독자에게 프리미엄 가치를 제공할 수 있다고 믿는다.

〈모노클〉은 현대의 도시에 강한 집착을 가지고 콘텐츠를 제작한다. 창간 첫해 '세계에서 가장 살기 좋은 도시 25곳'이라는 기사로 큰 반향을 얻었다. 주목할 만한 도시는 좋은 생각과 그에 기반해 형성된 브랜드 가치, 그리고 좋은 비즈니스가 상호작용해서 만들어진다.

〈모노클〉은 메타볼리즘metabolism을 추구한다. 메타볼리즘은 빌딩끼리 상호작용을 한다는 메가 구조화된 개념을 수용하며, 신진대사를 하는 생물학과 궤를 같이하는 건축 사상이다. 기존의 도시를 재생하는 것이 아닌 새롭게 계획하는 신도시에 적합한 이론이다. 산업화 이후 밀집된 인구가 정착하는 도시 생태계에서는 빌딩 간 돈과 정보, 사람의 흐름이 연결되며 에너지 교환 활동도 활발하다. 메타볼리즘 건축은 기술과 재료를 이용하여 문화적인 정체성을 표현하는 건물을 짓는다는 의미를 갖는다.

〈모노클〉은 잡지에 대한 일반 대중의 사랑이 쉽게 사라지지 않을 것이라는 점에 주목한다. 잡지는 열광적인 온라인 활동으로부터 커피를 마시며 한숨 돌릴 수 있는 여유와 사색의 공간을 제공하는 고품격 럭셔리 제품이다. 시간을 두고 천천히 긴 호흡을 가진 기사를 읽는 사람은 양질의 이상적인 독자다. 엘리트 독자층은 깊이 있는 내용을 다루는 공신력 있는 잡지를 선호한다. 잡지는 상징물로서 기능한다. 종이잡지를 읽을 사람은 명품 브랜드를 사용하는 사람처럼 자신의 정체성을 드러낸다. 〈모노클〉은 다양한 독자의 고상한 니즈를 충족시키는 전략에 집중한다.

〈모노클〉은 퀄리티 뉴스 매거진을 표방한다. 해외지사, 해외 곳곳의 통신원, 사진가를 동원해 지구촌 곳곳에서 일어나는 양질의 뉴스와 정보를 종합해 1년에 10차례 잡지를 발간한다. 월간지이지만 시의성 있는 기사 발굴은 기본이다. 기자들은 마감 순간까지 긴장감을 갖고 콘텐츠 제작에만 집중한다. 잡지가 발간되는 시점 이후에도 여전히 흥미롭고 신선함을 유지하는 것이 중요하다. 편집자는 마감 때 기자가 팩트를 제대로 확인하고 기사를 썼는지 모든 기사를 체크하는 큐레이션에 온 신경을 쓴다.

잡지는 제목만 읽고 스쳐가는 온라인 뉴스와 다르다. 곁에 두고 언제든지 다시 읽는 어느 정도의 수명이 긴 기사가 특징이다. 〈모노클〉 기사 형태는 기본 기사가 900단어 내외지만 핵심 내용을 압축해 두 세 문단으로 처리한 짧은 기사에서부터 6~7페이지에 이르는 장문의 기사까지 다양하다.

〈모노클〉 2018년 3월호

어느 정도 길이의 글이 가장 적당할까? 일일 브리핑 형식의 뉴스레터를 서비스하는 〈쿼츠Quartz〉는 뉴스 콘텐츠의 'V커브'를 발견했다. 이 곡선은 독자들에게 강한 영향력을 미칠 수 있는 글의 길이를 보여준다. SNS 환경에서는 500단어 미만의 단어를 사용하는 짧은 기사가 통한다. 독자 사이에 공유와 바이럴이 잘 이루어지는 적당한 길이다.

V커브의 중간 구간인 500~800단어의 기사는 '데스존death zone'에 위치한다. 이 구간에서는 기사의 길이 자체가 모호하기 때문에 독자의 주목을 받지 못하고 외면 받을 수 있다. 기자가 데스존을 피하려면 800단어 이상 긴 호흡으로 장편의 고품질 기사를 쓰는 게 자세한 지식을 원하는 독자에게 어필하는 효과적인 방법이 된다.

〈모노클〉은 기사 내용과 깊이에서도 정치나 경제와 같은 딱딱한 것에서부터 부드러운 것까지 변화를 준다. 〈모노클〉에는 A부터 F까지 6가지 섹션이 있다. 각각의 섹션은 최근의 이슈Affairs, 비즈니스Business, 문화Culture, 디자인Design, 편집기사Editorial, 그리고 패션Fashin으로 구성된다.

또한 〈모노클〉은 기사와 광고를 혼합한 '기사형 광고'로 유명하다. 이는 신문이나 잡지에서 수익을 내기 위해 활용하는 마케팅 전략이다. 살펴보자면, 광고와 편집기사·칼럼의 합성어로 언뜻 보기에 기사처럼 만들어진 논설·사설 형식의 광고를 뜻한다. 기사형 광고 게재와 관련해 〈모노클〉은 다음과 같은 원칙을 지킨다.

첫째, 기사와 기사형 광고를 엄격히 달리 편집함으로써 구분한다. 둘째, 자부심을 가질만한 브랜드를 가려서 광고주와 파트너십을 맺는다. 단순히 돈만대는 광고를 기사형태로 게재하지 않는 것이다. 셋째, 독자의 마음을 끌거나시각을 바꿀 수 있는 스토리를 담은 기사형 광고를 만들어 낸다. 쉽게 쓰고 버리는 제품을 지양하고 진실성을 담아 유용한 제품을 독자에게 소개한다. 넷째, 디자인, 패션 브랜드 위주의 파트너십에서 항공사, 국가 정부, 도시 등 파트너십을 다변화한다.

세계적 도시 탐구에 특화 전략

"훌륭한 브랜드라면 인쇄물, 스마트 기기, 데스크톱, SNS 등 모든 곳에 어디에서나 존재해야 합니다." '종이의 힘'을 믿는 〈모노클〉은 신문으로 비즈니스 영역을 확장하기에 이르렀다. 〈모노클〉을 지지하는 브랜드들이 후원하는 신문 제작의 플랜을 행동에 옮긴다. 이에 따라 2010년 여름신문 〈메디테라네오〉와 겨울신문 〈알파이노〉를 간행했다.

또한 휴가 중인 피서객을 대상으로 만드는 8월 한정판 주간신문 〈서머 위클리〉는 고급 브랜드 전면광고를 게재해 수익성을 높이면서도 사전 예약제로 발행해 판매수익도 함께 올린다. 딱 4주만 발간되는 〈서머 위클리〉는 장문 저널리즘을 표방하며 정치와 비즈니스부터 패션, 스포츠까지 다양한 내용을 다루는

〈모노클〉 제작방식을 그대로 따른다.

〈모노클〉은 단행본 사업에도 뛰어들었다. 2013년부터 삶의 질, 창업, 디자인, 행복 국가 등을 다룬 〈모노클 가이드〉 빅북 시리즈를 발간한 데 이어 2015년부터는 〈트래블 가이드 시리즈〉를 발간하고 있다. 트래블 가이드의 경우, 세계 각국의 통신원을 활용해 여러 도시에 관한 여행 정보, 팁과 이모저모를 모아 〈모노클〉만의 도시 가이드를 펴내는 것이다.

도시를 다루는 최우선 기준은 상업적 가치다. 비즈니스가 활성화돼 있고 관광객이 많이 찾는 세계적인 도시에 집중한다. 기본적인 형식을 유지하지만 도시가 갖는 강점에 따라 음식, 쇼핑, 명소, 스포츠 등 다양한 이슈를 융통성 있게 다룬다. 책에 수록되는 자료는 호텔, 레스토랑 등 사업체 오너를 직접 만나 사진 찍고 인터뷰해서 만들어낸 결과물이다.

2015년 〈모노클〉은 미래예측 매거진 〈포캐스트〉를 발간했다. 1년에 한번 신년을 앞두고 발간되는 이 잡지는 미래 이슈에 집중한 매거진이다. 〈모노클〉보다 크기는 작지만 글로벌 이슈에서부터 패션에 이르기까지 다방면의 주제를 다룬다.

특히 광고주와의 특별한 관계를 강조해 업종 한 곳당 하나의 브랜드에만 집중한다. 같은 해 여름, 〈모노클〉은 크기와 형식면에서 쌍둥이 형제나 다름없는 잡지 〈이스케이피스트〉를 내놓았다. 이 잡지는 여행이라는 테마에 초점을 맞춰 한 권에 단 10곳의 도시만을 선정해 도시의 구석구석을 탐방하는 심도 있는 내용을 다룬다.

인쇄매체 중심의 전략을 펼쳐온 〈모노클〉이지만 디지털 분야를 완전히 배제한 것은 아니다. 2014년 10월부터 〈모노클〉은 아날로그적 감성을 되살리는 라디오 방송 '모노클 24'를 통해 음성 콘텐츠의 가능성과 잠재력을 증명해보이고 있다. 〈모노클〉의 에디터와 기자는 라디오를 통해 자신들의 음성으로 자신들이 만든 콘텐츠를 청취자에게 직접 전달한다.

'세상에 눈과 귀를 열어둔다'는 모토를 표방한 '모노클 24'는 24시간 온라인 라디오 방송국이다. 뉴스의 신속한 보도에 충실하면서 〈모노클〉만의 심층 보도에 집중, 주간 40~50편의 프로그램을 내보낸다. 청취자에게 정보와 흥미를 주면서 브랜드 친화적인 프로그램을 편성한 라디오방송에는 많은 광고주가 따라붙었다. 〈모노클〉은 미디어 사업에도 탁월한 수완을 발휘하지만 광고 유치에도 귀재라는 소리를 들을 만하다.

09

디인포메이션, 광고 없는 온라인 미디어

독자 네트워크 기반 프리미엄 뉴스 · 비즈니스로 성공
정밀한 팩트 기반 심층 보도하는 '퀄리티 저널리즘'

 플랫폼 전성시대에 구독료 수입을 기반으로 일궈
낸 지속 가능한 사업은 새로운 성배聖杯나 마찬가지
다. 〈디인포메이션The Information〉은 미국 샌프란시
스코 소재 정보기술 전문 디지털 네이티브 언론사
다. 2013년 12월 4일 첫 선을 보인 이 미디어 회사는 광고를 전혀 싣지 않는
비즈니스 성공 모델로 유명하다(세계신문협회, 2017).

〈디인포메이션〉은 출범 3년 만에 실리콘밸리 스타 기업인, 투자자, 금융전
문가를 포함해 84개 국에서 1만 명이 넘는 유료 독자를 확보해 모두의 놀라움
을 샀다. 연간 구독료는 399달러(약 44만 원)로 약 〈WSJ〉 구독료에 맞먹는다. 게
다가 1만 달러(1,100만 원)짜리 프리미엄 구독 상품도 판매 중이다. 신생 미디어가
어떻게 배짱을 튀겨가며 광고도 없이 고가에 정보를 팔아 수익을 낼 수 있을까?

'수입의 100%를 구독료로 충당하고 기사의 질과 깊이로만 승부하는 언론사.' 모든 언론사가 희망하는 꿈과 같은 비즈니스 모델이다. 하지만 아직은 현실의 높은 벽에 막혀있는 모델이다. 〈디인포메이션〉은 〈허프포스트〉처럼 핵심 고객 네트워크를 기반으로 미디어 산업의 다크호스로 부상했지만 수익 모델에서는 차이가 있다.

〈디인포메이션〉의 창업자는 〈WSJ〉 기자 출신, 제시카 레신이다. 그는 하버드 대학 역사학과 졸업 후 〈WSJ〉에 입사해 8년간 IT 전문 기자로 이름을 날렸다. 레신은 트래픽과 광고 수익만 좇는 〈WSJ〉가 질이 아닌 양에만 집중하는 데 실망했다. '보다 나은 저널리즘 비즈니스 모델'에 대해 고민을 하던 그가 매료된 언론사는 정치 전문 매체 〈폴리티코〉였다. 구독료 지불 의사를 가진 충성 독자층을 지닌 〈폴리티코〉를 보며 '테크판 폴리티코'를 만들겠다는 꿈을 품었다. 레신은 최고의 직장을 박차고 나와 미디어 스타트업을 차렸다. 그는 '첨단 기술의 요람'인 실리콘밸리에 뉴미디어를 창업하면서 '광고 대신 100% 구독료'라는 정공법을 선택했다. 그가 〈WSJ〉 시절 다져놓은 튼튼한 실리콘밸리 지역 기업인 네트워크는 독자 커뮤니티 확보에 큰 힘이 됐다.

그는 IT · 바이오 등 기술 기업과 금융 분야 '핵심 독자'이자 고급 취재원을 치밀한 인맥관리로 확보했다. 이들이 준거집단이 돼 다른 유력 인사들을 독자로 끌어들일 수 있었다. 그 결과 미국 내 상위 IT기업 11곳 중 10곳의 창업자를 구독자로 확보했다. 〈포브스〉가 매년 세계 최고의 벤처 투자자를 선정해 발표하는 '미다스 리스트'의 절반이 〈디인포메이션〉 독자다. 여기에 글로벌 미디어 10곳 중 8곳의 CEO가 역시 독자로 활동하고 있다.

레신은 "독자가 자발적으로 돈을 지불하고픈 욕구를 느낄 정도로 좋은 기사만 쓰면서도 살아남을 수 있음을 보여주고 싶었다"고 〈동아일보〉와의 인터뷰에서 말했다. 그는 IT기업에 관한 특종, 깊이 있는 분석, 데이터 기반 기사 등을 주무기로 IT기업 고급 독자층을 정확하게 겨냥했다. 기자의 재능이 녹아든 '퀄리티 저널리즘' 그리고 그 결과를 소비하고 상호작용할 '명확한 독자'가 〈디인포메이션〉의 DNA였다.

베테랑 기자가 만드는 명품 뉴스

명품 기사는 뛰어난 기자에게서 나온다. 〈디인포메이션〉에 소속된 기자 상당수는 퓰리처상을 받았거나 〈WSJ〉, 〈블룸버그〉, 〈로이터〉, 〈포천〉 등 전통 언론의 쟁쟁한 스타기자 출신이다. 이들은 '보장된 미래' 대신 '작지만 혁신적인' 뉴미디어를 택했다. 발행인 겸 편집국장 마틴 피어스는 〈WSJ〉, 〈뉴욕포스트〉 등에서 레신의 과거 상사였다. 그는 2003년 퓰리처상 '분석 보도' 부문을 수상한 베테랑이다. 홍콩 소재 아시아 지국장 샤이 오스터도 2007년 퓰리처상 '국제 보도' 부문을 받은 기자다. 20년 넘게 여러 언론의 아시아 지사에서 일하며 중국의 신흥 재벌과 기업에 관한 수많은 특종을 쏟아낸 '중국기업통'이다.

〈디인포메이션〉은 기자가 25명가량이지만 웹사이트에 하루 평균 2~3건의 기사만 올린다. 실력 있는 언론인이 사실과 정확성을 바탕으로 공들여 쓴 기사이기 때문이다. 〈WSJ〉나 〈NYT〉 등에서 〈디인포메이션〉발 기사를 인용해 쓴다. 레신은 "우리는 어디에서도 볼 수 없는 각종 특종과 단독 기사를 많이 썼지만 소송과 잡음에 휘말린 적이 없다"고 자신 있게 말했다. 대부분 기자들이 한 달 혹은 몇 개월에 기사 한 건을 쓰지만 간섭하거나 뭐라고 지적하지 않는다. 기자들의 심층 취재를 적극 지원하는 셈이다.

"뉴스는 와인처럼 숙성시켜야 가치가 증가한다." 1890년부터 1911년까지 12년 동안 〈타임스Times〉의 편집장을 역임했던 모벌리 벨의 말이다. 속보보다 정밀한 사실 확인에 입각한 정확한 보도가 저널리즘의 중요한 덕목이라는 점을 시사한다. 보도의 정확성이야말로 퀄리티 저널리즘의 중심 가치라 할 수 있다.

〈디인포메이션〉은 콘텐츠가 왕이다. 전체적인 보도 스타일은 기사의 가치, 관련성, 고급스러움에 기초한다. 이메일로 발송하는 기사 한 건의 분량은 800~4,000단어 사이다. 콘텐츠에는 오직 문자만 있을 뿐 동영상도, 사진도, 대화형 그래픽도 없다. 기사 대부분은 다른 매체에서 볼 수 없는 심층 보도물이다.

또한 〈디인포메이션〉은 모든 사람을 대상으로 모든 것을 제공하려고 애쓰지 않는다. 그 대신 스냅챗(사진과 동영상 공유에 특화된 모바일 메신저) 증시 상장과 같은 주요한 기사를 다른 신문이나 온라인 미디어에 앞서 제일 먼저 터뜨렸다. 구글, 페이스북, 애플 등 세계적 IT 기업의 최상층부에서 벌어지는 권력 다툼, 회사의 방향과 전략을 둘러싼 논쟁 등을 몇 달간 다른 매체보다 정성을 들여 취재한 결과물들이다. 한 주에 한 번꼴로 대형 인터뷰가 실리는데, 주로 취재하기 힘든 유명기업 CEO가 등장한다.

대표적인 특종으론 2017년 3월 단독 보도한 트래비스 캘러닉 전 우버 창업자의 '한국 룸살롱 방문기'가 꼽힌다. 캘러닉의 전 여자친구 개비 홀즈워스는 〈디인포메이션〉과의 단독 인터뷰에서 "캘러닉과 우버 임원들이 2014년 서울 출장 당시 여성 접대부가 나오는 룸살롱에 갔다. 이는 '빙산의 일각'이며 우버 내에 각종 성차별 문화가 만연해 있다"고 폭로했다. 이후 여러 언론이 우버 내 성차별에 대한 추가 보도를 쏟아냈다. 결국 캘러닉은 3개월 후 사임했다. IT 업계 전반에 미치는 〈디인포메이션〉의 막강한 영향력을 단적으로 보여준 일이다. 독자들은 이런 특종 기사에 예민하게 반응한다.

유명인사 고급정보 공유로 인기

〈디인포메이션〉은 독자 활용법이 독특하다. 웹사이트 상단의 '커뮤니티' 코너를 누르면 '기여자Contributors'라는 이름과 함께 유료 구독자의 사진과 프로필이 뜬다. 〈디인포메이션〉의 독자가 누구인지 쉽게 알 수 있도록 했다.

독자 대부분은 마크 저커버그 페이스북 창업주, 에번 스피걸 스냅챗 창업주 같은 IT계 거물, 실리콘밸리에 거주하는 고학력 고소득 전문직 종사자들이다. 이들 유명인사의 실명과 프로필을 공개하는 것 자체가 기사 외의 고급 정보를 독자에게 추가로 제공하는 셈이다. 또한 기자와 독자, 독자와 독자가 서로 소통하고 인맥을 구축하도록 배려했다. 독자가 댓글을 달 때도 그의 실명과 사진이 함께 게재된다. "독자의 댓글은 최고급 콘텐츠"라는 레신의 철학이 기사 제공 방식에도 고스란히 녹아 있다.

독자들은 논평 섹션에서 개인 슬랙Slack 채널을 통해 실리콘 밸리 CEO들과 상호작용할 수 있으며, 한 달에 한번 오프라인 전화 회의에서 편집장과 대화하는 기회도 갖는다. 레신은 독자를 위한 오프라인 행사를 종종 개최한다. 저커버그와 함께하는 점심 파티, CBS 방송의 유명 앵커 게일 킹이 참석하는 칵테일파티가 대표적이다. 유료 독자들은 이런 행사에 초대받아 미국 재계의 스타급 인사와 교분을 맺는다. 자연스럽게 이 모임을 마련해 준 레신의 팬이 된다. 행사가 성공을 거둘수록 당연히 유료 독자도 더 늘어난다.

"세계 미디어 업계의 혼란과 무질서는 오히려 '퀄리티 저널리즘'의 기회다. 광고에 구애받지 않는 훌륭한 기사, 소셜미디어와 알고리즘에 좌우되지 않는 정론 보도야말로 사람들이 정확한 정보를 통해 옳은 결정을 내리도록 도와주는 유일한 도구다." 레신은 저널리즘의 존재 의의를 이렇게 설명한다.

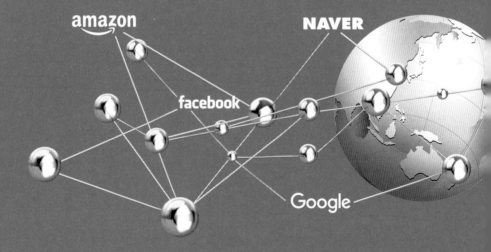

미디어 산업
대변혁과 미래

Do
Platform

01
4차 산업혁명과 미디어 산업 지각 변동

만물지능 시대 'AI 퍼스트' 전략 채택이 대세
언론의 변신과 換骨奪胎하는 '자기혁신' 필요

4차 산업혁명의 총아, 인공지능이 급속히 진화하고 있다. 인간의 인지 능력과 유사한 추론, 이해, 사고 능력을 갖춘 컴퓨터의 성능이 하루 다르게 업그레이드된다. 사람처럼 생각하는 기능을 지낸 기계의 역사는 반도체와 최고 성능을 자랑하는 슈퍼컴퓨터 발달의 역사이기도 하다.

사물인터넷을 넘어 만물지능intelligence of things 시대가 열린다. AI 기술을 기반으로 한 초연결사회가 전개된다. 이미지 센서, 음성인식과 대화를 지원하는 똑똑한 AI가 모든 전자 디바이스에 탑재된다. 가정·사무실·차량이 유기적으로 연동된다. 자율주행차에 탄 개인이 음성으로 집 안의 가전제품을 작동시킨다. 이젠 단순히 음성으로 오디오나 IPTV를 켜고 끄거나 볼륨을 조절하는 수준 넘어, 소비자가 원하는 음악, 영화나 드라마를 찾아 바로 듣고 보며 즐기는 시대가 됐다.

또한 AI 스피커는 상품 주문부터 결제까지 척척 이행한다. 스마트 냉장고는 가족 구성원의 기호를 파악해 맞춤형 식단을 추천해주고 조리법을 알려준다. 가스밸브·조명·커튼 조절에서부터 압력밥솥·오븐·TV·에어컨·난방보일러·청소로봇·세탁기·공기청정기 등 똑똑한 AI 가전은 소비자 말 한마디로 작동하고 기온과 날씨에 따라 스스로 기능을 선택하며 기기의 상태 정보를 음성이나 문자로 알려준다.

인공지능 퍼스트 시대의 전개

인공지능 '알파고'는 폭풍의 핵이다. 알파고는 상전벽해 같은 미래 세상의 변화를 일으키고 있다. 구글 딥마인드 연구진은 2017년 10월 19일 알파고의 최신 버전 〈알파고 제로〉 연구 논문을 과학 학술지 〈네이처〉에 발표했다. 알파고 제로는 이세돌 9단을 이긴 '알파고 리', 세계 바둑랭킹 1위 중국 커제 9단을 제압한 '알파고 마스터'와 대결해 100%, 89%의 승률을 각각 기록했다.

알파고 제로는 바둑의 기본 규칙만 아는 상태에서 스스로 가상 바둑을 두면서 게임의 이치를 터득했다고 한다. AI가 인간 도움 없이 스스로 시행착오를 겪으면서 요령을 간파하는 딥러닝(deep learning, 강화학습)으로 인간을 초월하는 능력을 과시했다. 진화된 기계가 인간 지식의 한계에 속박되지 않고 퀴즈, 체스, 바둑처럼 인간이 지능 게임으로 여기는 영역에서 인간 최고수를 꺾으며 승자가 된 것이다. 인간의 직관이 통하지 않는 분야에서 AI가 초인적인 성과를 낼 수 있음을 시사한다.

세상에서 활용되는 AI의 확산 속도는 상상을 초월할 정도로 빠르다. 융합하는 영역도 무궁무진하다. AI는 미술·음악·문학 창작에까지 변화의 태풍을 일으킨다. AI가 소설을 쓰고 영화와 연극대본을 작성한다. 또한 철학을 논의하며, 음악을 작곡하고 랩 가사를 쓰며, 그림을 그리고, 게임 공간을 창출하며 시나리오를 서술하고, 영화 예고편을 편집하기 쉽게 주요 장면을 추출한다. 창조적인 산업의 요람인 실리콘밸리에서 AI는 더 이상 유행어가 아니다. 모든 기업이 당연히 비즈니스 모델의 중심에 둬야 할 핵심 키워드가 됐다.

'디지털·모바일 퍼스트'에서 'AI 퍼스트'로 전략을 수정하는 기업이 늘어난다. AI는 빅데이터와 연결됨으로써 더욱 강력한 힘을 발휘한다. 구글 딥마인드와 IBM의 AI 서비스는 난치병 검진이나 암환자 진료와 항암제 처방 등 다양하게 활용된다. 의사의 오진과 실수를 줄이는 보조적인 역할에서 신뢰도를 높여가는 과정이다. 이와 함께 실시간 통번역 서비스, 음성인식 AI 스피커, 스마트홈과 스마트공장, 자율자동차와 인포테인먼트 시스템 등도 AI 기술을 적용해 급속하게 발전하고 있는 분야다. 구글은 AI 프로그램을 만드는 인공지능까지 개발했다고 한다.

AI 스피커는 가정과 직장, 자동차에서 생활을 편리하게 해주는 인기 절정 가전으로 부상했다. 성능과 디자인, 서비스 수준 모든 면에서 진화하는 속도가 눈부시다. 2016년 9월 SK텔레콤이 '누구'를 국내에 첫 출시했을 때만 해도 AI 스피커는 사용자 목소리를 인식해 음악을 들려주거나 날씨를 알려주는 '인터넷 포털 검색'의 대체재였다.

2017년부터 AI는 사용자의 음성 명령을 이행하고 정보를 알려주며 대화를 나누는 기기로 변신했다. AI 스피커 1차 전쟁은 음성 인식률과 음성 검색의 결과를 찾아주는 데이터의 양, 대화형 검색 엔진의 성능 향상에 집중됐다. 다음 단계인 2차 전쟁은 미디어, 사물인터넷, 전자상거래 등 연관 분야와의 연결·제휴가 핵심이 되었다.

글로벌 AI 음성비서 시장에서는 아마존과 구글 진영 간 대결이 치열하다.

합종연횡을 넘어 적과의 동침도 불사한다. AI 모바일 기기에는 헤드폰, 스마트 시계, 헬스기기, 스크린이 연동된다. 아마존은 AI 플랫폼인 알렉사를 탑재한 AI 스피커 '에코' 시리즈를 앞세워 글로벌 시장 선점에 나섰다. 아마존은 마이크로소프트의 AI 음성비서 '코타나'와 연동하는 플랫폼 동맹을 맺었다. 가전제품 유통업체인 베스트 바이도 아마존 진영에 합류했다.

이에 맞서 구글은 AI 플랫폼 '구글 어시스턴트'로 아마존에 도전장을 내고 미국 최대 유통업체인 월마트와 온라인 시장에서 힘을 합치기로 했다. 알렉사와 어시스턴트는 AI 스피커 시장의 90%를 점유한다. 한국에서는 삼성전자가 카카오와, LG전자는 네이버와 각각 AI 동맹을 맺었다.

미디어 산업에선 AI를 이용해 선거 결과나 증권 시황, 환율 동향, 날씨, 스포츠 경기 결과 관련 속보 기사를 작성한다. IT 업계에서도 AI를 활용한 뉴스 서비스 경쟁이 치열해진다. 뉴스 소비자의 평소 관심사나 취향에 부합하는 뉴스를 추천해주는 수준을 넘어 앞으로 관심을 가질 만한 뉴스까지 AI가 스스로 추려내 전해주는 시대가 됐다.

시간적, 공간적 제약 없이 언제 어디서나 원하는 콘텐츠를 원하는 기기에서 시청할 수 있는 '스마트미디어' 세상이 전개되고 있다(김영석 외, 2017). 스마트미디어란 이용자가 운영체제를 기반으로 유·무선 인터넷에 접속해 다양한 정보를 검색할 수 있고 애플리케이션을 통해 다양한 콘텐츠와 서비스를 언제 어디서나 편리하게 이용할 수 있는 미디어를 말한다. 스마트미디어에 의한 동영상 비디오 시청은 실시간 스트리밍서비스를 제공하는 OTT 방식이 대표적인 사례다.

삼성전자는 음성인식 비서 서비스인 '빅스비Bixby'와 연동된 AI 뉴스 서비스 개발에 박차를 가한다. 갤럭시 단말기에 탑재, 소프트웨어 역량을 한층 강화한다는 전략이다. 삼성전자는 싸이월드의 뉴스 큐레이션 서비스를 빅스비에 탑재한다. 다양한 뉴스를 활용해 빅스비에 사용자를 끌어 모으고 그들의 취향과 관심사를 알아내며 빅스비의 대화·명령처리 능력을 끌어올려 최적의 추천서비스를 제공하는 데 활용한다.

뉴스가 핵심 서비스인 포털 업계는 AI 뉴스 서비스에 사활을 걸고 있다. 다음이 2015년 6월부터 서비스한 '루빅스'는 콘텐츠에 대한 사용자 반응을 AI가 머신러닝을 통해 취합한 뒤 개인별 맞춤형 콘텐츠를 자동으로 추천해주는 시스템이다. 네이버는 AI 뉴스 '에어스'를 개발해 2017년 2월부터 서비스에 나섰다. 에어스는 소비자가 특정한 뉴스를 읽을 경우 해당 뉴스를 읽은 다수의 다른 소비자들이 읽은 다른 뉴스를 해당 소비자에게 추천하는 방식이다.

새 것에 밀려난 기계와 제품은 시장에서 사라진다. 진보하지 못하면 퇴출된다. 비즈니스 생태계에서 모든 존재는 '개발-도입-성장-성숙-소멸'이라는 라이프 사이클의 숙명을 거스를 수 없다. 기차가 발명되고 철도가 깔리면서 운하가 퇴조했다. 자동차의 등장은 마차를 밀어냈다. 비행기가 하늘을 날자 철도와 여객선이 뒷걸음질 쳤다. 컴퓨터가 확산하자 타자기는 뒷전으로 사라졌다. 인터넷 뉴스가 보편화되면서 신문과 잡지는 발행부수가 줄어든다.

4차 산업혁명과 언론의 혁신

4차 산업혁명 시대에 언론 산업은 변곡점에 섰다. 생존과 성장을 지속할 것인가 아니면 몰락의 길로 접어들 것인가. 위기이자 기회의 갈림길에서 미디어 종사자는 선택의 결정을 내려야 한다. AI를 활용한 언론사와 IT기업의 영역파괴 경쟁도 갈수록 심해질 전망이다. 그래도 미디어 산업에서 전통의 핵심 가치는 여전히 소중하다. 뉴스 미디어 혁신의 관점에서 미디어 시장에서 일어나는 특징적 변화는 다음과 같은 여덟 가지를 꼽을 수 있다(박대민 외, 2017).

첫째, 전 세계적인 한계효용 제로zero marginal cost 플랫폼의 확장이다. 이용자는 콘텐츠를 빠르게 접근할 수 있게 되고 플랫폼이 규모를 키울 때 추가비용이 급격히 줄어드는 특성을 갖는다. 둘째, 사용자 관여 engagement 확대다. 사실성과 공정성과 같은 저널리즘의 핵심 가치로 고려해야 하는 사용자 관여가 콘텐츠 생산과 유통 전반에 필수 요인이 된다. 셋째, SNS의 확산에 따른 탈중개화disintermediation 현상이다. 미디어의 게이트 키핑이 줄어들고, 그에 대한 수익 확보도 줄어든다.

넷째, 플랫폼 양식 분화와 경쟁 심화다. 모든 양식을 다루는 플랫폼 대신 분화된 플랫폼이 양식별로 독점적인 지위를 차지한다. 다섯째, 양식별 플랫폼의 수직계열화다. 여섯째, CPND content-platform-network-device 비즈니스 모델 영역의 와해다. 기술 진보와 규제정책의 변화로 온·오프라인, 상품과 서비스, 현실과 가상 등을 둘러싼 담장이 무너진다. 일곱째, 콘텐츠의 다변화다. 콘텐츠 생산자는 양식의 다변화에 맞춰 목표 플랫폼에 최적의 콘텐츠를 공급하려 한다. 마지막으로, 데이터 과학의 활용이다. 콘텐츠 사용자가 늘어나고 사용자 관여가 다양하고 방대하게 이루어지면서 사용자 빅데이터를 정밀하게 분석해야 할 필요성이 커졌다.

미디어 기업은 혁신적인 벤처 기업에서 배울 게 많다. 신생 기업의 문화를 받아들여 새로운 전략을 구사해야 한다. 세계신문협회가 발간한 〈2017 신문의 혁신〉은 언론사가 벤처 기업의 행동에 관여할 수 있는 네 가지 길을 제시한다.

① 신생 기업과 제휴: 기존의 시장 지위와 브랜드 가치를 활용해 위험을 최소화하면서 장기적 협력을 도모한다. ② 신생 기업 액셀러레이터: 벤처캐피탈과 같이 초기 단계 벤처기업을 선발해 소액을 투자해 육성한다. ③ 신생 기업 투자·M&A: 우수인재를 갖추고 성장성 있는 기업에 자금을 투자하고 기술·

제품 개발을 지켜보며 수익성을 기대한다. ④ 신생 기업 육성: 자금·인력·브랜드 등 기존의 사업 사원을 모두 동원해 전략적인 제품 개발에 나서고 직접적이고 전면적인 통제권을 확보한다.

결국 미디어의 운명은 독자와 뉴스 이용자의 선택에 달렸다. 독자와의 쌍방향 소통이 중요하다. 독자가 있는 곳에 비즈니스 기회가 있다. 남과 차별화된 콘텐츠, 정확하고 깊이 있고 신뢰성 있는 뉴스로 승부해야 한다. 독자의 의사 결정에 유용한 정보를 제공해야 할 것이다. 동시에 가상현실과 증강현실 콘텐츠, 위치기반 서비스 등 종이 매체나 온라인 플랫폼에서 실현할 수 없는 모바일 전용 서비스로 사업 기회를 확대해 나가야 한다.

미국과 중국은 2016년 '국가 인공지능 연구개발 전략계획'과 2017년 '차세대 인공지능 발전계획'을 각각 수립하고 AI 시장 선점을 위한 전쟁에 돌입했다. IT 삼두마차인 바이두·알리바바·텐센트BAT를 앞세운 중국은 기술·자본·시장·정책·속도라는 5대 강점을 살려 AI 선두 미국을 맹추격하고 있다. 세계 인공지능 시장은 매년 55%씩 성장, 2020년에는 470억 달러(약 53조 원)로 커질 전망이다. AI가 주도하는 4차 산업혁명 시대 언론의 미래는 언론의 변신과 환골탈태하는 혁신이 수반될 때 밝은 모습으로 다가올 것이다. 언론인 스스로의 자기 혁신 노력뿐만 아니라 정부, 언론사, 언론유관기관의 인재 양성, 기술 투자와 제도적 지원이 뒤따라야 할 때다.

02

로봇저널리즘, 신세계를 꿈꾸다

스포츠 · 금융 속보 기사 작성 로봇 국내 속속 등장
창의적 뉴스 취재 · 윤리 보도는 여전히 기자의 몫

로봇이 기사를 쓴다. 로봇저널리즘robo-journalism 이 눈앞에 전개된다. 컴퓨터에 데이터를 제공하고, 데이터에 담긴 정보를 인간이 평소에 쓰는 용어, 즉 자연언어로 표현하는 기술이다. 자동화된 글쓰기, 기계 글쓰기라고도 표현된다. 가장 기본적인 패턴은 미리 만들어져 있는 기사 틀, 즉 템플릿에 데이터를 받아 비어있는 괄호에 숫자와 정보를 채워 넣는 방식이다.

발달한 인공지능 기술은 일기 예보, 사업보고서 작성, 광고효과 보고서, 고객에 맞춤형 편지를 기계가 알아서 써주는 작업이 가능하게 만들었다. 인공지능의 발달에 따라 주가, 환율, 경기 성적 등 정형화된 데이터뿐만 아니라 기업공시 등 비정형 데이터도 의미 있는 데이터로의 전환과 분석이 가능해진다.

특히 인공지능은 핀테크에서 꽃을 피운다. 로보어드바이저robo-advisor 는 '퀀트(quant, 금융공학자)'를 넘어 금융투자자문의 지평을 확장한다. 고객의 위험 성향을 분석해 투자 대상과 매매 전략을 제안한다. 인공지능은 중위험·중수익을 겨냥한 금융상품 투자자문에서 실력을 발휘할 것으로 기대된다.

국내에서는 영국 프로축구 프리미어리그 기사를 로봇 알고리즘으로 자동 작성하는 '사커봇'을 〈연합뉴스〉가 운영 중이다. 〈연합뉴스〉는 2018 평창 동계올림픽에서 이를 개선한 '올림픽봇'을 선보였다. 올림픽봇은 국제올림픽위원회 IOC에서 받은 데이터로 올림픽 기간 중 15개 종목 경기 기사를 홈페이지에 실시간 송고했다.

〈파이낸셜 뉴스〉는 서울대학교 이준환 교수 연구팀과 협업해 'IamFNBOT'을 개발해 증권시황 뉴스를 작성하고 있다. 또 SBS는 이 교수팀이 만든 '나리 NARe'를 2017년 5월 19대 대통령선거 중계방송에 활용한 바 있다. 세계적으로 가장 널리 활용되는 것은 '워드스미스'로 미국 노스캐롤라이나 소재 오토메이티드 인사이츠가 개발한 로봇 기사 작성 솔루션이다.

〈워싱턴포스트〉는 2016년 브라질 리우 올림픽 당시 인공지능 기술인 헬리오그래프Heliograf라는 소프트웨어로 간단한 경기 결과와 스코어 등을 실시간으로 독자들에게 전송했다. 〈WP〉는 올림픽 이후 선거, 고교 축구 대회 등 이슈에 대한 기사를 작성하는 데 헬리오그래프를 활용하고 있다. 〈WP〉는 로봇이 기자 직업을 빼앗아 가는 것이 아니라 기자의 업무를 지원하고 기자 능력을 증강시켜 더 높은 가치의 업무를 할 수 있게 한다는 분석을 내놓았다.

또한 로봇을 활용하면 기사량이 증가하는 효과를 거두면서도 오보율은 낮아져 기사의 정확성이 높아진다는 것이 〈WP〉의 분석이다. 〈WP〉는 로봇을 통해 기업고객이 요청하는 기능을 수행하는 B2B 시장도 공략할 수 있을 것으로 내다봤다. 아울러 〈WP〉는 범죄 통계와 같은 빅데이터 자료들을 이용해 지역 뉴스 보도에 로봇을 활용할 수도 있을 것이라고 전망했다.

로봇저널리즘의 기사 작성 절차

로봇저널리즘은 기사 작성이 단번에 이루어지지만 단계적인 절차를 거친다. 즉 데이터 수집, 데이터 분석과 선별, 논조와 관점 설정, 주요 내용 도출과 데이터 결합, 자연어 처리를 통한 기사작성의 단계로 뉴스를 만들어낸다.

① 데이터 수집은 주로 표준화된 데이터가 풍부한 영역에서 이루어진다. 기업, 금융시장, 스포츠 단체, 정부 등으로부터 원시 데이터를 실시간 온라인으로 받아 시스템에 입력하는 일이다. 웹사이트에서 정보를 가져오는 웹크롤링web crawling이 활용되는 경우도 있다.

② 데이터에서 가치 있는 뉴스 거리를 찾아내는 일이다. 데이터 분석과 선별 과정에서는 중요도를 감안해 기사에서 부각돼야 할 내용이 어떤 것인지 골라내는 작업이 수행된다. 강조해야 할 핵심적인 내용을 선별해내는 일은 기사의 가치를 높이는 중요한 과정의 하나다.

③ 기사의 논조와 관점을 정하고 주제를 확정해 메인타이틀과 부제 등 제목

을 뽑는 과정이다. 관점과 주제를 정하는 방식 또한 수집된 데이터 분석을 통해 이루어진다. 시각에 따른 주요 내용을 도출해 중요도를 가려내며 최대 10단계까지 우선순위를 매긴다.

④ 기사의 틀인 템플릿을 바탕으로 데이터를 풍성하게 결합하고 상황과 맥락에 따라 최적화하는 방식으로 문장을 만든다. 외부 데이터를 더 끌어오고 인용구도 만들어 낸다. 동어반복을 피해 같은 의미의 유의어를 적절히 섞어가며 기사를 문맥에 따라 배열한다.

⑤ 자연어 형태로 기사 작성이 이루어진다. 인공지능의 자연어 구사능력이 향상된다면 로봇이 스스로 맥락에 적합한 문장을 만들어내서 기사를 쓰는 일이 가능해질 것이다. 속보의 경우 편집자가 다시 손을 볼 시간이 없이 자동 출고되므로 퀄리티 높은 기사 작성 프로그램이 요구된다.

로봇저널리즘은 기사 작성 자동화 프로그램이라 할 수 있다. 자연어 기반의 대량 맞춤형 콘텐츠 서비스라고 보는 것이 타당하다. 로봇저널리즘 기술의 핵심은 뉴스 가치를 판단하는 알고리즘에 달려있다. 로봇은 그래픽 뉴스 자동화, 고객 제작 콘텐츠 검증, 알림 수신, 콘텐츠 위치 파악 등 여러 가지 작업을 자동화하는 데 도움이 될 수 있다. 한마디로 편집국의 효율성과 기사 품질을 높일 수 있게 로봇을 활용할 수 있다는 얘기다.

문제는 로봇이 오류를 범할 수 있다는 점이다. 미국 경제전문 통신사 다우존스는 2017년 10월 10일 오전 9시 34분 '구글이 애플을 90억 달러(약 10조 2,000억 원)에 인수한다'는 속보 뉴스를 띄워 전 세계 주식투자자를 혼란에 빠뜨렸다. 구글이 인수 사실을 인정했으며 구글 1주당 애플 주식 9주를 받기로 했다는 속보가 이어졌다. 또 '스티브 잡스가 유언을 통해 인수인계를 제안했다. 구글이 애플 본사를 인계받는다. 내일까지 거래가 마무리될 것이라고 구글이 전했다'

는 기사도 줄줄이 전해졌다. 마지막으로 '구글이 환호하고 있다'는 내용도 덧붙였다. 다우존스의 뉴스가 전해진 2분 동안 애플 주가는 잠시 치솟았다. 하지만 이는 모두 가짜뉴스였다. 다우존스의 로봇저널리즘 프로그램 '뉴스와이어'의 기술적 오류 때문에 벌어진 일이었다.

로봇은 인간을 넘지 못한다

뉴스와이어를 통해 전해지는 기업 및 주식 관련 속보는 인공지능 기사 생산 시스템 '봇Bot'이 작성한다. 다우존스는 '기술 테스트 중 발생한 실수'라고 해명했다. 다우존스는 "기술적 오류에 대해 사과한다"고 발표했지만 왜 이처럼 구체적인 내용까지 포함된 가짜뉴스를 테스트했는지는 밝히지 않았다. 이 같은 소동이 벌어지자 로봇저널리즘의 오류를 제대로 걸러내는 시스템에 한계가 드러난 것이 아니냐는 지적이 나왔다. 컴퓨터가 처리하는 데이터양이 많아질수록 로봇이 가짜뉴스에 취약해질 수도 있다.

기사 작성에 있어서 로봇의 한계는 인간 기자에 비해 분명해진다. 예를 들어, 연예인 SNS 계정에 올라온 새로운 내용은 자동으로 추출해 기사 형식으로 작성할 수 있다. 그러나 당사자 간 확인 절차가 필요한 유명 연예인의 열애설은 로봇이 취재해서 기사를 작성할 수는 없는 일이다. 로봇은 예측 가능한 어떤 사안이 발생할 경우 빠르게 기사를 작성하고 일정한 형식으로 반복되어 발생하는 사건을 대량으로 신속하게 작성할 뿐이다. 반복적으로 생성되는 데이터를 인간이 읽기 쉬운 기사의 형식으로 만들어 전달하는 수준인 셈이다.

따라서 로봇은 인간 기자의 조력자일 뿐 대체물이 될 수 없다. 뉴스를 취재하고 창의적인 기사를 작성하며 칼럼을 통해 독자에 차별화된 정보와 의견을 전달하는 일은 경험 많은 언론인의 몫이다. 더욱이 저널리즘이 지켜야 할 윤리와 추구해야 할 가치는 로봇이 쉽사리 학습할 수 있는 부분이 아니다. 인간 기자는 단순 자료를 로봇에 넘기고 심층 분석이나 인터뷰, 탐사보도 등 창조적인 분야에 더 주력함으로써 독자들에게 보다 수준 높고 유용한 정보를 제공하는 데 주력해야 할 것이다.

03
미래로 가는 타임머신, VR 저널리즘

5G 서비스로 증강 · 가상현실 콘텐츠 무한확장 가능
저널리즘 기본에 충실한 고퀄리티 뉴스가 성공의 열쇠

정보통신기술ICT 서비스 발전이 눈부시다. 5세대 이동통신5G은 2019년 상반기에 상용화되는 통신 서비스다. 최대 전송속도는 20기가비피에스Gbps다. 2시간짜리 2.3GB 용량의 영화 한 편을 1초 만에 받을 수 있는 속도다. 5G로 모든 데이터가 더 빠르고 정교하게 흐르게 되면 에너지 효율이 100배 증가한다. 개인의 생활이 편리해지고 산업 전반에 생산성을 높이는 촉매제가 될 것이다.

인공지능, 빅데이터, 사물인터넷 등과 맞물려 융복합 기술을 통한 혁신이 증폭된다. 5G 기술은 4차 산업혁명을 더욱 강력하게 만드는 통신 인프라다. 5G로 가장 활성화될 분야는 가상현실VR과 증강현실AR 기술이다. VR과 AR은 미디어, 엔터테인먼트, 전자상거래, 교육, 의료 등에 접목되면 정보격차를 줄일 뿐 아니라 고객 경험을 확장하는 역할을 하게 된다.

VR은 100% 컴퓨터로 만든 가상공간이다. 사람이 경험하지 못한 새로운 세계를 인공적으로 만들어낸 것이다. 사용자는 머리에 쓰는 HMD Head Mounted Display 를 이용해 360도 동영상으로 구현되는 3차원 가상공간에서 완전히 몰입하고 상호작용함으로써 예전에는 가보지 못한 공간에서 흥미진진한 체험을 만끽할 수 있다.

현실과 가상의 다양한 결합

혼합현실 MR: mixed reality 은 실제 환경과 가상의 환경이 혼합된 실체와 가상의 중간계다. MR은 다시 증강가상 AV: augmented virtuality 과 증강현실 AR 로 나뉜다. AV는 가상환경에 사람이나 사물 등 실체가 들어가는 것이다. 구체적으로 AV는 3차원 가상공간에 실사 인물이 등장해 손·발로 가상공간의 대상물을 선택하거나 제스처를 인식하는 시각, 청각 등 인간의 오감과 상호작용을 체험할 수 있는 프로그램이다. 일반적으로 가상과 실체가 혼합된 MR에서 가상의 비율이 높은 경우를 AV라고 부른다.

AR은 이와 반대로 실제 현실에 가상의 이미지나 물체가 들어가 인간과 상호작용한다는 점에서 차이가 있다. AR은 '포켓몬고' 게임과 같이 가상의 캐릭터가 실제 현실에 정확히 배치되는 프로그램이다. 스마트폰으로 보여지는 신체, 거리, 건물, 자동차 등 현실에 등장하는 가상의 존재가 실시간 결합돼 상호작용하게 된다.

AR은 스마트폰, 디스플레이, 자동차 앞유리, 거울, 안경 등을 활용해 이미지와 프로그램을 구현할 수 있다. AR은 거부감 없는 소비자 경험이 특징이다. 예를 들어, 스포츠 경기장에서 좌석, 음식점, 카페 정보, 선수 프로필을 확인할 수 있다. 또한 의류, 액세서리 등을 구입하려는 개인이 실제 착용하지 않고도 자신의 몸에 맞는 제품을 선택하는 것을 도와주는 데 효과적이다.

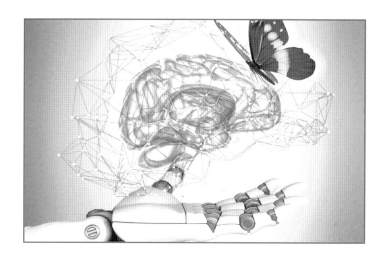

이 같은 가상기술 가운데 가장 상업적으로 주목을 받고 발전 잠재력을 가진 것이 VR이다. VR 프로그램이 상업적으로 성공하기 위해서는 다음과 같은 다섯 가지 조건을 갖춰야 한다.

① 사용자 경험UX: user experience 이 불편하거나 불쾌감을 주는 대신 편안하고 즐거움을 줘야 한다.

② 사용자의 오감을 자극하는 등 다양한 채널로 많은 정보를 얻을 수 있는 미디어 풍요성richness을 만끽할 수 있어야 한다.

③ 사용자가 객체를 원하는 방식으로 통제하고 객체의 반응을 자연스럽게 느낄 수 있는 상호작용성interaction 이 확보돼야 한다.

④ 사용자에게 흥미를 유발하게 해 콘텐츠에 깊이 빠져드는 몰입감immer-sion 을 제공해야 한다.

⑤ 가상의 캐릭터에 사용자가 감정을 이입해 자신의 몸으로 인식할 정도로 신체소유감body-ownership 을 느낄 수 있어야 한다.

구글은 벨기에 왕립미술관을 VR 영상으로 제공한다. 학생들은 VR 영상을 통해 미술관 현장에 있는 느낌을 가지면서 미술을 감상할 수 있다. 온라인 쇼핑의 최강자 아마존은 VR을 활용해 고객의 쇼핑을 돕는다. 아마존 고객은 인공지능 스피커 '에코'에서 소파, 옷장, 침대까지 자신의 집에 가구가 어울릴지 여부를 시각화해서 판단할 수 있다. 스마트폰 카메라를 통해 침대를 놓고 싶은 곳을 비추면 화면에 침대가 배치된 모습이 나타난다. 인공지능 비서를 통한 구매 가능 상품군이 늘어나고 VR 활용이 대중화되면 고객 체험과 만족도는 더욱 커질 것이다.

동영상 콘텐츠의 미래는 모바일 VR에 있다. VR 동영상 전문 매체는 콘텐츠를 직접 만들기보다 남이 만든 콘텐츠를 신기술로 가공하거나 널리 전파하는 비즈니스 모델을 선보인다.

VR을 이용하면 사람들이 뉴스를 '소비'하지 않고 '체험'하게 된다. 해당 콘텐츠를 더 오래, 더 깊이 마음 속에 각인할 수 있다. VR은 '몰입 저널리즘immersive journalism'을 위해 최적화한 도구다.

VR 기기들의 성능과 기술이 향상되면서 다양한 VR 콘텐츠가 만들어진다. 동영상뿐만 아니라 라이브 방송도 가능하다. 라이브 방송은 오프라인의 다양한 활동을 생중계하며 시청자들이 실시간으로 보면서 체험하고 즐길 수 있도록 하는 생중계 쇼다. 동영상 플랫폼에서 보편화하고 있는 VR 라이브는 한 단계 진화된 형태의 메신저를 선보인다. 이 같은 메신저는 VR을 통해 가상공간을 구현하고 그 속에서 이용자들이 실제로 만나 대화를 하는 것처럼 실감나는 서비스를 이용할 수 있다.

VR 제작에 뛰어드는 언론사

현재 〈뉴욕타임스NYT〉, 〈워싱턴포스트WP〉, 〈월스트리트저널 WSJ〉 등 기성 언론뿐 아니라 〈허프포스트〉, 〈바이스VICE〉 등 뉴미디어들도 VR 콘텐츠 제작을 확대하고 있다. 〈NYT〉는 매일 1개의 VR 동영상을 제작하는 '더 데일리 360' 서비스를 전개한다. 삼성전자는 360도 카메라와 휴대전화를 무상제공하고 있다. 〈워싱턴포스트〉도 매달 3~5개의 VR과 AR 동영상 콘텐츠를 만든다. 〈WSJ〉도 옴니버트 등 여러 업체와 손잡고 360도 동영상을 제작 중이다.

주요 미디어는 왜 VR 시장에 뛰어든 걸까. 젊은 독자를 사로잡기 위해서다. 밋밋한 텍스트나 사진만으로는 동영상 콘텐츠에 집중하는 밀레니얼 세대나 Z세대를 공략할 수 없다. 젊은 세대는 뉴스를 소비하는 것을 넘어 체험하려는 욕구가 강하다. VR 뉴스를 보는 이용자는 가상의 현장으로 이동해 몰입하는 과정에서 감동을 경험하고 뉴스의 내용을 습득하는 학습효과가 있다.

특히 주요 미디어는 산불, 태풍, 지진 등 자연재해 관련 동영상, 체험이 중요한 콘텐츠를 VR로 만들어서 밀레니얼 세대를 공략한다. 사람들에게 자신이 직접 갈 수 없는 곳을 체험한 듯 느끼게 해주는 게 VR 동영상의 최대 매력이다. 이런 '몰입형 콘텐츠'는 기성 언론의 뉴스룸 구조나 콘텐츠 생산 방식과 확실한 차별화가 가능하다.

VR 저널리즘은 기존 미디어 뉴스를 완전히 대체하는 것이 아닌 보완재로서 그 역할을 하게 된다. 저널리즘 기본에 충실하게 퀄리티 높은 뉴스로 보여주는 것이 VR 저널리즘 성공의 열쇠다. VR 콘텐츠를 이용한 스토리텔링은 시작 단계다. 언론사는 VR 시장을 선점하려 하지만 고비용 제작구조에 광고 유치에 한계가 있어 과감하기보단 눈치작전이 치열하다.

현재의 VR 뉴스는 퀄리티가 낮기 때문에 VR 저널리즘은 홀로그램이나 보다 좋은 형태로 경험하는 공간이 제공돼야 한다. VR 장비 개발 등 기술적 환경도 업그레이드돼야 한다. 연구와 시간, 비용의 지속적인 투자가 필요하다. 이용자가 늘어나면 VR과 연계한 광고가 개발되고 수익 모델도 진화할 것이다. 소셜미디어 플랫폼 대신 언론사 자체 콘텐츠로 더 많은 독자를 유치하고 광고 수익까지 올리는 일이 언제쯤 가능할지 두고봐야 할 일이다.

04
빅데이터·스토리텔링으로 승부하라

빅데이터 분석 통한 스토리텔링, 정보격차 해소 가능
콘텐츠 생산·큐레이팅·편집… CMS로 효율성 높여

정보는 힘이다. 인공지능, 빅데이터, VR 등 디지털 기술의 발달로 정보 혁신이 눈부시게 전개되고 있다. 전통적 플랫폼에서는 이질적인 종류의 기사들이 난무했다. 이들 기사는 동시성을 매개로 패키지를 구성했다. 디지털시대에 언론사는 문자, 이미지, 오디오, 영상을 조합해 새로운 형식의 뉴스를 만들어낸다.

〈뉴욕타임스〉가 2013년 퓰리처상을 받았던 온라인 기사 '스노우폴Snowfall'은 멀티미디어 저널리즘 시대를 개막한 혁신적인 탐사보도였다. 인터랙티브 뉴스는 콘텐츠와 독자 사이의 상호작용성을 촉진해 독자의 관여도를 높이는 시도다. 독자는 수동적인 뉴스 소비자에 그치는 것이 아니라 스스로 정보를 선택하고 반응하는 행동적인 존재가 된다. 여론조사형 콘텐츠, 멀티트랙 동영상, 가상현실 콘텐츠 등은 인터랙티브 뉴스의 대표적인 사례다.

컴퓨테이셔널 저널리즘computational journalism은 컴퓨테이션 기술을 저널리즘에 접목시키려는 도구적 방법론이다. 고도화된 연산 능력을 갖춘 컴퓨터를 활용해 저널리즘의 품질을 증대시키는 행위 전반을 일컫는다. 정보과학, 인공지능, 기계학습, 데이터마이닝, 팩트 체킹, 모바일 컴퓨팅, 자연어 처리, 이미지 처리, 멀티미디어 분석 및 합성, 정보 시각화, 컴퓨터 인터페이스 등 컴퓨테이션 영역은 무한대로 확장된다. 사실 로봇저널리즘, 데이터저널리즘 등도 광의의 컴퓨테이셔널 저널리즘에 포함된다.

특히 팩트 체킹은 언론사의 신뢰를 상징하는 전문적 영역이다. 고도로 숙련된 기자가 독점하던 영역으로 인식돼 왔지만 이제는 집단지성의 영역으로 지평이 확장되면서 팩트 체킹에도 컴퓨테이션의 개입이 본격화된다. 컴퓨테이셔널 저널리즘은 다른 각도에서는 알고리즘과 데이터, 지식의 조합을 통해 인터랙티브 인포그래픽, 비디오, 지도, 파노라마, 슬라이드쇼 등 스토리를 보도하는 방식으로 설명된다.

데이터를 활용한 기사 작성 기법은

데이터 저널리즘data journalism 은 빅데이터나 스몰데이터를 분석하여 새로운 정보를 추출하고 이 정보를 바탕으로 새로운 기사를 만들어내는 작업이다. 즉, 데이터를 자연언어나 그래픽으로 변환시키는 과정이다. 개별적인 사건이나 경제, 사회적인 현상에 관한 정량적인 데이터를 분석하고 그 속에 감춰진 스토리를 발굴해 독자와 소통을 시도한다. 체계적으로 수집되고 축적되며 분류된 방대한 양의 데이터로부터 유용한 정보를 추출하는 데이터 마이닝data mining 기법이 활용된다.

데이터 저널리즘의 본질은 데이터 분석을 통한 스토리텔링storytelling 이라고 할 수 있다. 세상에서 일어나는 일들을 명확히 보여 주고 향후 사람들이 원하는

것을 얻는 데 도움을 주기 위해 데이터를 분석하고 이를 살아있는 스토리로 엮어내는 저널리스트의 능력이 강조되는 시대다. 정보가 넘쳐나는 현실에서 사람들은 사건을 겪은 사람들의 경험을 통해 한번 걸러진 스토리를 원한다. 스토리는 설득의 핵심적인 두 가지 요소인 정서적인 접근과 신뢰를 쌓는 데 도움을 준다. 스토리텔링은 다른 사람들과 관계를 맺고 교류하고 감동을 줄 수 있는 가장 확실하고 효과적인 방법이다.

스토리텔링은 사건에 대한 순수한 지식이 아니라 주인공 같은 인물의 형상을 통해 사건을 겪은 사람의 경험을 전달한다. 스토리텔링은 전달하고자 하는 목표를 가지고 확실한 사실이나 데이터, 수치 등을 기반으로 삼아 진정성이 있어야 효과를 낸다. 특히 복잡한 자료를 사람들이 쉽게 이해할 수 있도록 정보를 컴퓨터 시각디자인으로 인상적이고 짜임새 있게 표현하는 인포그래픽 info-graphic 도 함께 중요성이 높아진다.

데이터 저널리즘은 사회와 언론 산업에서 다양하고 의미 있는 역할을 담당한다. 첫째, 저널리즘 보도의 객관성objectivity을 강화하는 데 이바지한다. 한 주제를 둘러싼 다양한 출처에서 나온 데이터 분석은 한 사건을 다양한 관점에서 객관적으로 분석할 수 있는 유용한 도구가 된다. 또한 신뢰할 수 있는 정보와 견해를 독자에게 전달해 줌으로써 정보의 신뢰성을 높일 수 있다.

둘째, 데이터 저널리즘은 정보를 독점하는 사람들과 정보를 이용하지 못하는 사람들과의 정보 격차information divide를 축소한다. 이를 통해 정보 불평등 혹은 정보 비대칭성을 해소해 경제 시스템이 효율적으로 작동하도록 돕는 윤활제의 역할을 할 수 있다.

셋째, 오픈 데이터를 통해 정부와 기업, 사회의 투명성transparency을 향상하는 효과가 있다. 특히 정부는 오픈 데이터가 정부의 투명성을 제고하는 촉매제임을 인지해야 한다. 데이터를 적극 공개함으로써 사회적 비용을 줄이고 국민의 알권리가 신장될 수 있기 때문이다.

넷째, 빅데이터는 언론사가 시간과 경제적인 비용 부담을 덜고 심층적인 보도in depth report를 하는 데 새로운 도구가 된다. 언론사는 데이터 저널리즘을 활용해 새로운 비즈니스 모델과 수익을 창출하는 기회로 삼을 수 있다.

마지막으로, 미디어와 대중과의 협력cooperation 관계를 강화한다. 미디어는 사람들이 많은 양의 데이터를 쉽게 이해하는 데 도움을 주고 데이터 수집과 분석, 뉴스 콘텐츠 제작에 독자를 참여시켜 건강한 디지털 생태계를 형성하고 발전시키는 데 기여할 수 있다.

구조화된 저널리즘이 뜬다

데이터 저널리즘과 함께 최근 새로운 조류로 떠오르는 혁신적인 저널리즘이 있다. 구조화된 저널리즘structured journalism은 디지털 환경에서 기존 기사들을 다시 묶어 새로 창조하려는 시도다. 기사와 기사 속에 내재된 정보가 통시적이며 공시적인 관계를 구축하고 디지털 플랫폼에서 상호 연결망을 구현하도록 만드는 작업이다.

이는 저널리즘의 위기를 낳은 뉴스의 수평적 통합의 붕괴 혹은 뉴스 기사의 고립화, 원자화를 극복하는 방편이다. 전통적 플랫폼에서 뉴스는 하루살이 베스트셀러로서 한번 소비되고 나면 그 가치가 사장되고 말았다. 구조화된 저널리즘은 기사 및 기사 속에 내재된 정보를 시간을 거치면서 누적시켜 재맥락화 recontextualize 한다.

뉴스에서는 속보성과 시의성이 정보적 가치를 갖는다. 그러나 모든 텍스트는 다른 뉴스와 연결되어 '상호텍스트성 intertextuality'의 그물망 속에 있다. 모든 텍스트는 다른 텍스트의 수용인 동시에 다른 텍스트에 대한 응수다. 어떤 텍스트이든 그것은 인용의 모자이크로 구성되며, 다른 텍스트를 흡수하거나 변형시킨 것이다. 진공 속에 존재하는 고립된 존재가 아니라 다른 담론과 문화의 질료로 빚어낸 것이다. 이는 단순한 짜깁기나 표절의 산물이 아니다. 재맥락화를 통해 의미들이 새로운 시간과 공간적 맥락에서 새로운 의미가 생성된다.

구조화된 저널리즘은 뉴스의 새로운 조직화 원칙이다. 뉴스 기사를 구성요소들로 나눠서 조각으로 쪼갠 후 다양한 방식으로 다시 섞고 짜 맞추는 기사화 작업이다. 이 과정에서 내러티브나 인물이 많은 다양한 방식으로 묘사될 수 있는 것이다. 구조화된 저널리즘은 자연언어로 구성된 기사나 그래픽 속에 있는 정보를 데이터로 다시 바꾸고 재가공한다는 점에서 데이터저널리즘과 차이가 있다.

오히려 구조화된 저널리즘은 데이터저널리즘, 뉴스 아카이브, 로봇저널리즘, 에버그린 콘텐츠 등 다양한 기사 작성 기법과 연결된 관계를 갖고 서로 넘나들며 느슨한 경계를 유지한다. 에버그린 콘텐츠는 시의성으로부터 상대적으로 자유로운 스테디셀러의 성격을 갖는 콘텐츠를 지칭한다.

예를 들어, 매번 새해를 맞아 〈NYT〉가 추진하는 '에디터 프로젝트'는 대표적인 구조화된 저널리즘의 사례다. 기사마다 태그하고 주석을 달면 더 많은 정보를 제공할 수 있다. 기사 맥락에서 추출된 구조적 요소들에 의해 새로운 기사가 만들어지고 이들을 재결합해 새로운 종류의 경험 또는 집합을 만들 수 있다.

실제 기자가 자신의 기사에 일일이 태그를 다는 것은 업무를 가중시킬 뿐더러 부정확한 결과를 낳을 수 있다. 그래서 편집 소프트웨어를 사용해 기계 학습시스템과 저널리스트 사이의 협력을 모색하는 시도다. 기자의 작업부담을 컴퓨터가 처리토록 해 기자들이 손쉽게 기사를 작성할 수 있도록 도와주는 시스템이다.

구조화된 저널리즘을 실현하려면 이에 적합한 콘텐츠 관리시스템CMS: content management system 이 필요하다. CMS는 콘텐츠 생산, 큐레이팅, 사진과 동영상 첨부, 배치, 유통에 이르는 모든 기사 제작과정을 쉽고 편리하게 해준다. 부가작업에 시간을 낭비할 필요 없이 기자들이 기사 작성에만 몰입할 수 있도록 효율성을 높이는 유용한 도구가 된다.

〈NYT〉가 실제 서비스하는 '쿠킹'은 구조화된 저널리즘 관점에서 많은 호응을 얻고 있다. 수만 가지 요리법, 요리절차, 태그, 이름, 질량 등 구성요소로 이루어진 쿠킹은 요리법 검색기에서 출발했다. 20여 년간 시행착오 끝에 다양한 요리법을 표준화하고 계량화함으로써 이용자들이 손쉽게 자신이 좋아하는 요리를 식자재를 조달해 조리할 수 있도록 도울 수 있게 됐다.

구조화된 저널리즘은 멀티미디어 저널리즘과 인터랙티브 뉴스를 뛰어넘는 디지털 콘텐츠 혁신을 위한 대담한 기획이다. 뉴스 기사 속에 내재화된 정보를 구조화된 데이터로 변환시킨 뒤 재맥락하는 작업은 고도의 자연어 처리와 기계 학습 기술, 데이터 분석 솔루션을 요구한다. 많은 노력과 비용이 들지만 상당히 유용한 작업이다.

　디지털 플랫폼에서 기자는 자신이 작성하는 뉴스의 품질을 높일 수 있게 되며 언론사는 차별화된 콘텐츠로 수익 모델을 개발할 수 있는 기회를 잡을 수 있다. 또한 뉴스 이용자의 입장에서도 관여도와 역량을 강화한다. 특히 구조화된 뉴스 데이터는 콘텐츠에 대한 뉴스 이용자의 통제력을 강화하며 이용자가 필요한 정보를 효율적이고 체계적으로 확보할 수 있도록 도움을 줄 수 있다. 구조화된 저널리즘은 뉴스 콘텐츠를 더 스마트하고 효율적이고 매력적인 상품으로 만들어 준다.

05

SNS, 미디어 영역의 파괴자

페이스북 · 인스타그램 · 트위터… SNS 뉴스 전달 보편화
신뢰도 저하 · 출처망각 · 편견 확대 재생산… 부작용 많아

스마트폰은 사람과 사람 간의 상호작용을 바꿔 놓은 커뮤니케이션 수단이다. 커뮤니케이션은 S · M · C · R · E라는 다섯 가지 요소를 포함한다(김영석 외, 2017). 송신자sender 가 메시지message 를 경로channel 를 통해 수신자receiver 에게 전달해 특정한 효과effect 를 거두는 과정이다.

전달 경로는 기술 진보에 따라 변모한다. 유선 통화는 사용 시간이 갈수록 줄어든다. 빠르고 쉽고 여럿이 공유하는 문자 메시지는 이용이 크게 늘어나고 있다. 문자에서 동영상으로 데이터 소비의 중심이 이동하고 있다. 모바일은 끊임없이 서로를 연결해주는 소통 수단이다. 모바일 세상에서 모든 상호작용은 데이터를 생성하고 비즈니스에 활용된다.

진실의 순간moments of truth 은 투우사가 투우의 심장에 최후의 검을 찔러넣는 삶과 죽음의 충돌 시간이다. 제품을 구매하는 소비자에게는 제품에 대한 이

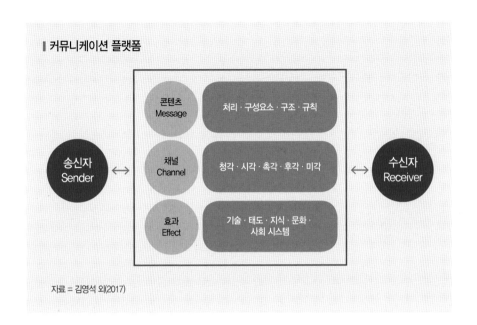

│ 커뮤니케이션 플랫폼

콘텐츠 Message	처리 · 구성요소 · 구조 · 규칙
채널 Channel	청각 · 시각 · 촉각 · 후각 · 미각
효과 Effect	기술 · 태도 · 지식 · 문화 · 사회 시스템

송신자 Sender ↔ 수신자 Receiver

자료 = 김영석 외(2017)

미지를 결정하는 아주 짧은 순간이다. 구매의 주체인 소비자는 수많은 진실의 순간을 경험한다. 알고 싶고, 보고 싶고, 사고 싶은 무엇이든지 스마트폰으로 검색해 즉시 욕구를 해소하려는 현상이다. 구글은 디지털 소비자의 순간적인 검색 본능을 마이크로 모멘트micro-moments라고 칭했다.

모바일은 소비자가 도움을 필요로 하는 바로 그 순간 문제를 즉시 간단히 해결해주는 유용한 도구가 된다. 스냅챗과 인스타그램의 라이브 스트리밍은 일정 시간이 지나면 라이브 콘텐츠가 자동 삭제되는 휘발성 정책을 취한다. '순간의 공유와 소멸'은 소비자에게 순간적인 몰입감을 높이면서 심리적인 해방감도 제공한다.

소셜미디어로 연결된 세상

소셜미디어는 2010년 말 중동에서 시작된 '아랍의 봄' 당시 민주화 운동의 기폭제 역할을 했다. 튀니지의 한 시골 마을에서 시작된 소규모 시위는 소셜미디어를 타고 '재스민 혁명'을 일으켰다. 쌍방형 소통으로 여론의 수평적이고 신속한 확산을 가능케 하는 소셜미디어는 독재 정권을 무너뜨리는 결정적인 힘으로 작용했다. 민주주의의 구세주라는 칭송이 소셜미디어에 쏟아졌다.

인터넷은 인간이 상호작용을 경험하는 공간과 시간의 변화로 이어지는 사회적 네트워크 미디어다. 인터넷 웹을 넘어 모바일 앱의 시대가 왔다. 인간은 페이스북을 비롯한 소셜미디어로 연결된 세상에서 살고 있다. 소셜미디어의 핵심은 상호작용을 통해 콘텐츠가 생산되고 공유된다는 것이다. 모바일과 소셜 네트워크 서비스 기반 위에서 개방, 참여, 공유의 가치가 창출되는 세상이다.

소셜미디어는 개인의 생각이나 의견, 경험, 정보 등을 서로 공유하고 타인과의 관계를 생성, 전파, 확장하는 개방화된 온라인 플랫폼을 의미한다. 상호연결을 기반으로 어떤 콘텐츠에 대해서든 즉각적으로 반응하고 댓글에 참여해 '감정의 전염' 속도가 빠르다. 또한 끼리끼리 커뮤니케이션을 가능케 해 '그들만의 리그'와 같이 동질적인 집단의 응집력을 강화한다.

소셜미디어는 사회공동체 구성원 사이의 협조나 협동을 가능케 하는 사회적 자본을 형성하는 데 도움을 준다. 사회적 자본은 개인이 속한 집단 내의 타인을 기준으로 한 결속자본과 개인이 속한 집단 밖의 타인을 기준으로 한 연계자본으로 구분된다.

개방 · 공유 · 참여 · 집단지성으로 연결되는 사회에서 뉴스 수용자가 콘텐츠 생산자로 변신하는 '시민 저널리즘'이 부상한다. 소셜미디어는 대화형 소통, 참여적 생산, 선택과 여과, 창조와 협력이란 네 가지 특성을 갖는다 (김영석 외, 2017).

첫째, 소셜미디어는 일방향에서 쌍방향으로 소통하는 수단이다. 나아가 '일대다—對多'에서 '다대다多對多' 소통을 가능케 한다. 전통 미디어는 여과를 통해 내보내는filter, then publish 방식이지만 소셜미디어는 내보낸 다음에 거르는 publish, then filter 모델이다.

둘째, 연결된 사람들이 참여해 가치를 함께 생산해낸다. 이익추구형 비즈니스 모델과는 달리 참여자들의 선택과 기여에 의한 개방형 자원 모델이 작동한다. 셋째, 수많은 옵션이 존재하는 미디어 스타일과 장르에서 선택과 여과, 그리고 추천의 과정을 참여자들이 스스로 수행한다. 이들은 태깅을 이용해 검색 가능한 키워드 사용의 효율을 높이기도 한다. 넷째, 디지털 미디어 도구는 플랫폼에서 사용자가 생산·창조하는 콘텐츠 증가를 촉진시킨다. 다양한 참여자들은 동시에 순수한 선의로 기꺼이 협력한다.

지구촌에서 20억 명이 한 달에 한 번 이상 페이스북에 접속한다. 8억 명이 인스타그램에 사진을 올린다. 3억 명 이상이 트위터를 이용한다. 포털이 이용자를 불러 모으는 주력상품이 뉴스인 것처럼 페이스북의 연결고리는 다름 아닌 뉴스다. 소셜미디어는 미디어 산업의 영역과 융합되는 형태로 진화하고 있다. 미국 성인들은 TV에 이어 소셜미디어를 뉴스소비 매체로 가장 많이 이용한다.

검색 엔진 최적화 시대가 가고 소셜미디어 시대가 왔다. 젊은 세대는 하루 종일 모바일을 끼고 산다. 난독難讀 세대는 읽고 쓰는 데 약하다. 이들은 텍스트를 그냥 훑고 넘어가는 스마트폰 세대다. 사라지는 10초짜리 동영상을 보면서 정보를 얻는 데 익숙하다. 검색 엔진으로 구글 대신 유튜브를 이용한다. 젊은 층은 빠르고 작게 전달하며, 상호작용하면서 이동하는 SNS의 특성을 좋아한다.

한국에서는 소셜미디어 이용자의 40%가량이 뉴스 정보를 획득하는 데 이를 활용하는 것으로 조사됐다. 정부가 미디어를 통해 발표하거나 추진하는 정책에 대한 국민 의견이 댓글로 표현되고 빠른 속도로 퍼 나르는 정보 확산의 시대다. 특히 특정 집단에 피해를 주는 불공정한 정책에 대해 국민들은 조선시대 신문고와 같이, 자신의 입장을 적극 개진하고 하나의 목소리를 낸다. 성희롱·성추행에 대한 국민적 여론이 소셜미디어를 통해 응집되고 강화되면서 미투 현상도 확산될 수 있었다.

페이스북은 속보성 뉴스 매체로서 최고의 플랫폼이다. 페이스북 내에서의 공유는 '팔로워×공유수×친구 숫자'라는 공식에 따라 가공할 수준으로 노출 범위를 확대한다. 페이스북은 전통 기술기업이나 미디어가 아닌 새로운 종류의 플랫폼으로 정체성을 수정해 나간다. 페이스북은 새로운 뉴스 생태계 조성을 위한 저널리즘 프로젝트를 진행하고 있다.

언론사들은 포털, 검색 엔진뿐만 아니라 페이스북과 인스타그램, 트위터, 스냅챗 같은 소셜미디어와의 관계도 고민해야 하는 복잡한 상황을 맞고 있다. 소셜미디어를 매개로 한 뉴스 이용은 우연한 소비를 뛰어넘어 보다 의도적이고 적극적인 소비 행태로 변모한다. 스마트폰 이용 확산으로 소셜미디어가 언론사와 정보 이용자 간 중요한 연결관 역할을 한다.

소셜미디어 매개 뉴스 전파의 문제점

디지털 네이티브 세대의 부상으로 소셜미디어가 매개하는 뉴스 이용이 증가하면서 여러 가지 문제가 등장하고 있다. 첫째는 신뢰도credibility의 문제다. 소셜미디어를 통한 뉴스 이용이 빠른 속도로 늘어났지만 정보 신뢰도는 상대적으로 낮은 것으로 분석된다. 페이스북이나 스냅챗으로 접한 뉴스를 믿는다는 이용자보다 믿지 않는다는 이용자가 훨씬 많은 실정이다.

'한국언론진흥재단의 2017 언론수용자의식조사' 결과 미디어별 뉴스 신뢰도는 지상파 방송-종합편성 '방송-경제신문-라디오-포털-일간신문-인터넷신문-소셜 네트워크' 순으로 나타났다. 이 가운데 소셜미디어에서 접하는 뉴스에 대한 신뢰도가 낮은 것은 뉴스 연성화, 스낵화 현상과도 맥락을 같이 한다. 이용자의 주목을 끌기 위한 선정적이고 자극적인 뉴스와 게시물이 소셜미디어에 넘쳐난다. 공익성이나 객관성 등 기존 뉴스의 가치와 거리가 멀다 보니 신뢰성도 함께 낮은 평가를 받는 셈이다.

또 다른 문제점은 뉴스 출처가 어느 곳인지 이용자가 제대로 모르는 '출처 망각source amnesia' 현상이 심각해진다는 점이다. 소셜미디어에서 뉴스를 이용할 때 언론사 브랜드를 인지하는 이용자는 그다지 많지 않다. 이용자들이 소셜미디어에서 뉴스를 이용하는 시간이 증가하더라도 어떤 신문사나 방송사에서 제작한 기사와 보도를 접했는지 출처는 제대로 기억하지 못한다. 페이스북을 비롯한 소셜미디어와 포털 플랫폼이 매개하는 뉴스 서비스를 이용하는 과정에서 이용자 인식 속에 언론사는 사라진다.

뉴스 이용자에 미치는 콘텐츠 유통 및 중개자인 플랫폼의 영향력이 증대되는 과정에서 뉴스 생산자인 언론사가 탈매개disintermediation되고 실종되는 역설적인 현상이 두드러지는 것이다. 이 같은 출처망각 현상은 언론사의 디지털 독자 기반 비즈니스 모델을 훼손하는 결과를 낳는다. 브랜드 정체성이 무너지면서 언론사 브랜드를 달지 않고 출처가 불분명한 뉴스가 소셜미디어와 포털에 범람하는 부작용이 심각해질 수 있는 것이다. 뉴스 산업을 장악하고 있는 소셜미디어의 지배적인 영향력에 대해서는 우려가 높다.

셋째, 소셜미디어를 통한 편견의 확대재생산도 심각하다. 정치권은 소셜미디어를 통한 여론 조작에 몰두한다. 세상을 보는 시각인 고정된 프레임에 함몰되고 당리당략에 몰두하며 외부와는 집단적 사고의 담을 쌓는다. 상호 비방, 분노와 갈등의 소용돌이에 빠져 무엇이 옳고 그른지 판단조차 하기 힘든 지경에 빠져든다. 남의 말은 듣지 않고 서로가 서로를 경멸하고 적대시하는 현상이 뚜렷해진다. 생각이 서로 다른 사람들이 공존하고 타협과 협상이 원활해야 할 민주주의적 토대가 훼손되는 폐해가 생긴다.

넷째, 소셜미디어 데이터 스캔들 파문이다. 페이스북이 8,700만 명의 이용자 정보를 유출한 사실은 충격을 낳았다. 이용자의 개인성향 정보가 2016년 미국 대선 때 정치 컨설팅 업체에 유출돼 심리전 자료로 활용됐다. 이용자 정보로 구축된 빅데이터가 정치공작과 여론조작에 악용될 수 있는 '소셜미디어 디스토피아'의 전형적인 사례로 각국 정부는 개인정보 보호 강화에 나섰다.

소셜미디어나 포털을 통한 뉴스 소비가 급증하면서 언론사 사이트나 웹을 통해 뉴스를 소비하는 현상은 갈수록 퇴조한다. 세계적으로 언론사 사이트나 웹을 직접 방문해 뉴스를 이용하는 비율은 정보 이용자 가운데 3분의 1에도 못 미친다. 소셜미디어나 포털, 검색 엔진, 이메일, 모바일 알람 등 우회적인 경로로 뉴스 화면이나 방송 클립을 보는 비율이 직접 방문의 두 배가 넘는 셈이다.

그럼에도 언론사는 소셜미디어를 경쟁상대로 생각하지 않는다. 오히려 언론사는 자사의 사이트나 앱만 아니라 다양한 소셜미디어와 포털을 뉴스 유통 플랫폼으로 적극 활용하는 경향을 보인다. 소셜미디어를 외면하다가는 고립되고 소외되고 추락하는 최악의 상황을 자초할 수 있다. 뉴스 콘텐츠 판매에 있어 다다익선만이 살 길이라는 인식에 모든 언론사가 공감한다.

정보의 홍수시대에 자사 뉴스를 가급적 많은 고객에게 퍼 나름으로써 모바일 트래픽을 높이고 고객에 대한 노출을 극대화하기 위해 치열한 경쟁을 벌인다. 언론사마다 생산한 콘텐츠를 외부로 확산하기 위해 외부 플랫폼을 최대한 활용하려는 전략에 골머리를 쓴다. 소셜미디어를 활용해서 보다 많은 독자와 시청자에 도달하려고 총력전을 펼치고 있는 것이다.

특히 전통 미디어 플랫폼에서 뉴스를 소비하지 않는 젊은 층을 독자로 끌어들이는 데 주력한다. 동시에 모바일 환경에서 뉴스 이용자의 참여를 이끌어내 쌍방향으로 소통하려는 노력을 강화한다. 이처럼 언론사의 적극적인 소셜미디어 활용은 이미지와 브랜드 가치를 높여 궁극적으로 수익을 창출하기 위해서다.

이용자들은 소셜미디어를 통해 서로 연결되고 긍정적인 상호작용을 증진할 수 있다. 소셜미디어는 이용자가 원하고 좋아하는 뉴스를 스크리닝하고 큐레이션하는 역할을 담당한다. 장기적으로 소셜미디어에 적합한 스토리텔링 방식의 콘텐츠가 다양하게 생산돼 저널리즘을 발전시킬 수 있다는 기대감도 생긴다. 소셜미디어는 기사 작성에 있어서도 각종 분석 틀로 활용할 수 있고 다양한 소재와 취재원 발굴에도 도움을 받을 수 있다.

언론과 소셜미디어 간의 상생과 협력이 가능할 지에 대해서는 기대와 우려가 교차한다. 디지털 뉴스의 생태계를 형성하는 언론과 소셜미디어는 서로가

한 배를 탄 동업자이자 경쟁상대라는 양면성을 갖는다. 소셜미디어는 위기의 저널리즘을 구하는 구세주가 되지 못한다. 저널리즘의 가치를 회복시키는 일은 언론사 스스로의 책임이다.

06

범람하는 가짜뉴스 퇴치 전쟁

사실과 구분 힘든 가짜뉴스에 '필터 버블' '탈진실' 심화
정보 플랫폼서 팩트 체크, 독자 매체이해력 교육 강화를

"진품이냐 가짜냐?" 미술계에서 위작 논란은 어제 오늘의 일이 아니다. 당대 최고의 여류 화가 故천경자 화백의 〈미인도〉는 여전히 위작 논란에 빠져 있다. 1991년 천 화백은 미인도가 자신이 그린 적 없는 위작이라고 주장했다. 또 추상화가 이우환 화백 위작 사건에서 최대 미스터리는 천경자 화백과는 180도 다른, 작가의 주장이다. 이 화백은 경찰에 의해 위작이라고 판정된 13점의 작품 모두를 '자신이 그린 진품'이라고 항변했다.

가짜는 뉴스 보도에서도 범람한다. 지구촌 미디어상에서 오보, 비방, 가짜뉴스fake news가 기승을 부린다. 뇌물 수수와 같은 비리, 남녀 관계 등 사생활에 관한 근거 없는 가짜뉴스가 유포된다. 실제 뉴스와 겉으론 비슷하지만 거짓 정보를 담은 기사가 넘쳐난다. 프란치스코 교황은 2018년 1월 24일 '월드 커뮤니케이션 데이' 기념 메시지에서 성경 창세기에서 이브를 유혹한 뱀에 비유해

사탄의 속임수인 가짜뉴스의 해악을 비판했다.

프란치스코 교황은 "인류의 새벽에 사상 최초의 가짜뉴스로 인간을 비극적 죄악의 역사로 몰아넣었던 교활한 뱀을 기억해야 한다"고 지적했다. 그는 "하나의 거짓말에서 다른 거짓말로 움직여 인간 내면의 자유를 박탈하는 악의 기만적 파워는 권력에 대한 갈증, 소유하고 즐기려는 인간의 탐욕에 뿌리를 두고 있다"고 비판했다. 프란치스코 교황은 2016년 미국 대선 때 가짜뉴스로 피해를 입은 바 있다. 당시에 '프란치스코 교황이 트럼프를 지지한다'는 가짜뉴스가 페이스북에 유포됐다.

구분이 어려운 가짜뉴스 VS. 진짜뉴스

가짜뉴스는 페이스북과 같은 SNS를 타고 빠르게 전파된다. 대다수 정보 이용자는 자신과 비슷한 생각을 담은 정보를 선호하는 확증편향confirmation bias 성향을 갖고 있다. 자신의 입맛에 맞는 정보를 편식하는 '필터 버블'이 나타날 수 있다. 그래서 짜깁기 동영상이나 기사체로 쓰인 가짜뉴스는 진짜뉴스보다 대중의 관심을 더 끌고 파괴력이 크다. 가짜뉴스가 진실보다 더 영향력을 갖는 '탈진실' 현상마저 나타난다.

2016년 미국 스탠퍼드 대학 연구진이 미국 12개 주의 중 · 고교생과 대학생 7,800명을 대상으로 정보 출처 판별 능력을 조사한 결과 이들 중 80%가 뉴스와 광고를 잘 구분하지 못했다. 인공지능은 사실과 이미지를 조작해낼 수 있다. 일부 세력이 이를 악용해 가짜뉴스 만들기를 오락처럼 즐기는 사례가 늘어난다.

페이스북, 구글, 트위터 등 세계적인 온라인 플랫폼이 '신뢰 프로젝트'를 가동하고 가짜뉴스 퇴치에 동참한다. "오용과 증오로부터 우리 사회를 보호하고

국가의 간섭을 막아내며 사람들이 페이스북에서 시간을 잘 보내고 있는지 확인하기 위해 많은 일을 해야 한다." 마크 저커버그 페이스북 CEO는 2018년 1월 4일 자신의 페이스북에서 새해 목표를 이 같이 밝혔다. 페이스북이 사용자 개인정보를 보호하고 가짜뉴스나 혐오 발언을 막는 데 힘을 쏟겠다는 것이다.

"장시간의 소셜미디어 사용은 당신에게 좋지 않을 수도 있다." 페이스북이 2017년 12월 자사의 공식 블로그에 올린 경고문이다. 스스로 소셜미디어의 폐해 가능성을 공개적으로 인정한 것이다. 아울러 가짜뉴스를 신고하고, 진위 논란이 있는 뉴스를 표시하며, 가짜뉴스에 대한 금전적 인센티브를 차단하는 내용의 자정노력 강화대책을 발표했다. 이에 앞서 더욱이 페이스북은 2016년 미국 대선을 계기로 사회를 분열시키는 주범이란 비판에 시달렸다. 더욱이 페이스북은 2005년 1월부터 2017년 8월까지 러시아에서 만들어진 8만여 건의 가짜뉴스와 정치 광고에 1억 2,600만 명의 미국 내 페이스북 이용자가 노출됐다고 실토했다.

〈WP〉는 2007년 일반 독자를 대상으로 흥미를 유발하면서 주목을 끄는 요소를 도입했다. 인터뷰나 기사 발언의 거짓말 정도에 대해 독자가 점수를 매기는 레이팅 시스템이다. 〈WP〉는 거짓말의 대명사인 동화 주인공 피노키오를 사이트에 등장시켰다. 정도가 약한 거짓말일 경우 피노키오 1개, 새빨간 거짓말일 경우 4개를 부여했다. 검증 결과 사실로 드러나면 피노키오의 아버지 '제페토'라는 등급을 매겼다. 제페토는 피노키오를 만든 사람으로서 피노키오가 진실한 인간 소년이 되길 바랐던 캐릭터다.

가짜뉴스로 가장 문제가 되는 영역은 총성 없는 정보전쟁이 벌어지는 정치 선거판이다. 상대방을 깎아내리기 위해 온갖 수단과 방법이 동원된다. 흑색선전, 비방, 음해, 루머가 난무한다. 그 결과 법을 지키고 정정당당하게 양심적으로 유세에 나선 후보가 치명타를 입는 역선택adverse selection 이 큰 문제다.

유권자를 혼란시켜 사회적 갈등을 증폭시키는 가짜뉴스는 세계 어느 나라에서나 골칫거리다. 그 폐해는 언론 오보를 뛰어넘는다. 각국 정부, 정당, 언론뿐 아니라 SNS도 가짜뉴스 단속에 비상이 걸렸다. 현대경제연구원은 전 세계에서 성행하는 가짜뉴스로 인한 경제적 비용이 연간 30조 900억 원에 달할 것으로 추정했다.

가짜뉴스는 특정 세력 사이트에서 교묘하게 만들어지는 허위 정보다. 믿거나 말거나 식으로 만우절에 장난삼아 하는 거짓말과는 차원이 다르다. 가짜뉴스는 댓글이나 증권가 정보지인 '지라시'보다 한 단계 발전된 형태다. 지라시는 정치·경제·산업·사회·연예 등 여러 분야의 소문이나 검증되지 않은 정보를 보고서 형태로 작성한 불법 유인물이다. 기사처럼 작성된 가짜뉴스는 유력한 상대 후보자를 비방하는 네거티브 전략에 활용되거나 내용이 사실처럼 조작돼 지지세력 결집에 쓰인다.

2016년 미국 대선 당시 도널드 트럼프 미국 대통령은 가짜뉴스 덕을 톡톡히 봤다. 가짜뉴스는 유권자의 호기심을 자극한다. '믿고 싶어 하는' 표심을 뒤흔든다. 가짜뉴스는 실제 뉴스보다 더욱 파급력이 크다. 대선 판도를 뒤집기도 한다. "클린턴이 이슬람국가IS에 무기를 팔았다." "아동 성매매 조직을 운영했다." 힐러리 클린턴 후보는 결국 이 같은 가짜뉴스의 희생양이 됐다.

2017년 1월 취임한 트럼프대통령은 러시아 커넥션이 아킬레스건이다. 민주당 컴퓨터를 해킹해 그의 당선을 도운 러시아 정보 요원들이 미국에서 추방됐다. 트럼프는 또한 러시아 호텔에서 섹스파티를 벌였다는 추문에 휘말렸다. 그는 기자회견장에서 보도된 내용은 가짜뉴스라고 반박하며 CNN 기자와 설전을 벌였다.

2017년 9월 독일 총선에서는 앙겔라 메르켈 총리가 야심찬 4선 도전에 성공했다. 하지만 선거 과정에선 가짜뉴스 때문에 곤욕을 치렀다. '메르켈은 인공수정을 통해 태어난 아돌프 히틀러의 딸'이라는 내용의 가짜뉴스는 독일 전체를 발칵 뒤집어 났다. 독일 정부는 가짜뉴스와의 전면전을 선포했다. 그 배후로 러시아를 꼽는다. 사회주의 국가의 선전·선동 기술과 심리 전술은 세계 최고라고 할 수 있다.

거짓 정보와의 전쟁 '골머리'

독일 정부는 2017년 10월 가짜뉴스가 게재된 소셜미디어 기업을 규제하는 「소셜네트워크 운용 개선법」 시행에 들어갔다. 가짜뉴스 발견 시 24시간 안에 삭제하지 않으면 최대 5,000만 유로(약 640억 원)의 벌금을 부과한다. 가짜뉴스 유포자는 물론 플랫폼 기업까지 규제하는 법은 세계에서 처음이다.

한국에서도 가짜뉴스 범람에 경계령이 내려졌다. 2016년 최순실 국정농단 사태로 대선 후보 주자들이 우후죽순 등장했다. 반기문 전 유엔 사무총장의 대선 출마가 유엔법 위반이라는 가짜뉴스를 안희정 전 충남지사가 방송에서 사실처럼 언급해 혼선을 빚었다. '김정은 동지의 명에 따라 적화통일의 횃불을 들었습네다'라고 촛불시위대가 밝힌 것으로 인용된 노동신문 보도는 가짜로 판명됐다. 가짜뉴스, 사이비 언론을 뿌리 뽑아 언론의 신뢰를 회복하는 일은 매우 중요하다.

사회에 거짓 정보가 넘쳐난다. 속이는 자와 속지 않으려는 자의 숨바꼭질이 벌어진다. 거짓 정보, 가짜뉴스를 통제하고 관련자를 처벌해야 한다는 요구가 거세다. 기업 광고주들은 가짜뉴스와 같이 논란이 되는 콘텐츠에 자신들의 광고가 노출되지 않기를 바란다. 언론은 권력을 감시하고 사회적 부정부패를 고발하는 기능을 수행해야 한다. 동시에 거짓 정보와 가짜뉴스를 가려내고 근절함으로써 바르고 정확한 정보만이 유통되는 세상을 만드는 데 언론 스스로가 앞장서야 할 것이다.

페이스북과 구글, 카톡, 네이버 등 정보 전달 플랫폼에서 가짜뉴스를 걸러내는 모니터링, 팩트체크 시스템을 한층 강화해야 한다. 포털을 통해 사실과 다른 정보가 횡행하는 현상을 발본색원하는 노력을 정부도 강화해야 할 것이다. 플랫폼 사업자가 모바일 메신저를 통해 유통되는 링크에 부가정보를 제공해야할 필요도 있다. 그래야만 메신저 이용자가 가짜뉴스에 대한 인식과 사회적 심각성을 크게 느끼게 돼 다른 사람에게 전파하고자 하는 의도가 감소하기 때문이다.

또한 시민들이 가짜 정보를 식별해 낼 수 있도록 '매체 이해력media literacy' 교육을 강화해야 한다. 아울러 정부는 후보자 비방과 허위사실 유포를 감시하는 활동을 활성화해야 할 것이다. 가짜뉴스 신고체계를 강화하고 정보 조작 행위자를 엄중 처벌, 가짜뉴스가 우리 사회에 발붙일 수 없는 토양을 만들어야 한다.

07
포털에 종속된 한국 미디어 산업

포털 뉴스 이용 세계 1위, 언론사 입지 갈수록 위축

정보 조작 · 왜곡 비난 고조… 뉴스 유통 책임 강화를

한국인은 이제 신문보다 TV와 온라인을 통해 뉴스를 많이 소비한다. 그리고 국내 온라인 뉴스 소비의 대부분이 네이버와 구글, 다음 등 포털을 통해 이루어진다. 영국 옥스퍼드 대학 부설 로이터저널리즘연구소가 작성한 〈디지털 뉴스 리포트 2017〉을 보면 한국은 검색이나 추천을 통해 포털 사이트에서 뉴스를 보는 사람 비율77%이 세계 1위였다. 언론사 사이트나 전용 앱으로 뉴스를 본다는 답변4%은 조사대상 36개국 가운데 최하위였다.

포털은 디지털 뉴스 플랫폼 시장에서 독점적 지위를 차지한다. PC보다 모바일에서 주요 포털에서의 뉴스 이용 비중이 높다. 포털 이용자 10명 중 7명 꼴로 뉴스를 보기 위해 접속한다. 모바일 이용자는 뉴스 생산자인 언론사 자체 앱보다는 뉴스 유통사업자인 포털과 SNS 앱을 통해 디지털 뉴스를 이용한다. 더구나 국내 뉴스 소비자는 대다수 포털을 언론으로 인식하고 있다.

포털의 전성시대다. 언론사는 포털에 발목 잡혀 정보 제공 하청업체로 전락했다. 포털과 언론사의 관계는 갑과 을이 돼버렸다. 뉴스 유통 및 소비시장에서 플랫폼을 제공하는 포털은 언론사에 대해 경쟁적 우위를 갖는다. 언론사는 포털에 뉴스 판매를 의존하는 종속적인 관계가 고착화한다. 플랫폼 사업자인 포털의 목표는 이용자 극대화다. 포털은 언론을 재설계하는 과정을 통해 가격, 서비스, 콘텐츠 차별화 전략을 추진한다. 언론은 자사의 콘텐츠를 수십 개의 주요 포털과 플랫폼에 맞춰 변형해야하는 운명에 처했다.

네이버는 국내 포털 검색 시장의 70%를 차지하는 막강 파워를 자랑한다. 네이버가 제공하는 뉴스는 신문, 잡지, 방송, 인터넷 언론사 등 모든 분야를 망라한다. 게다가 〈연합뉴스〉를 비롯해 국내 3개 뉴스 통신사의 기사를 실시간 서비스한다. 포털은 마치 대규모 호위 선단을 이끄는 항공모함과 같이 정보의 바다를 항해한다.

미디어 산업만 보면, 포털 1위 업체인 네이버에 대한 언론사 온라인 사업 의존도는 절대적이다. 플랫폼에 콘텐츠를 공급하는 언론사는 전략이 간단하다. 가급적 모든 이용자에게 콘텐츠를 노출시켜 최대 수익을 확보하는 것이다. 언론사와 기자들은 포털에 게재된 기사의 조회 건수를 뉴스 제작의 핵심 가치로 삼는 성향을 보인다. 포털을 통해 기사 조회 건수를 높이고 이를 통해 수익을 올리면 된다는 인식이 고착화한다. 그러나 언론사들은 자신들이 제공하는 콘텐츠의 가치에 상응하는 수익에 대한 정당한 분배를 포털측에 요구하지 못하는 딱한 현실이다. 포털은 언론사의 기사나 방송 콘텐츠를 염가로 제공받아 유통하는 역할을 맡고 있음에도 불구하고 언론사와 같은 광고시장에서 경쟁을 함으로써 겸업금지 의무를 위반할 소지가 있다. 포털은 이 같은 광고 수입을 다른 사업 확장에 재원으로 사용하는 등 계약법상 문제가 되고 있다.

포털 전횡과 커지는 비난

포털은 시장 독점뿐 아니라 기사 배열 조작, 공정성 논란에 휘말린다. 네이버가 외부 청탁을 받고 뉴스 배치를 조작한 사실이 드러나 충격을 던졌다. 특히 정보를 조작하고 왜곡하는 네이버의 전횡은 지켜야 할 선을 넘어섰다는 비판을 받았다. 그동안 국민적 불신이 팽배한 가운데 뉴스 조작 의혹이라는 빙산의 일각이 밝혀진 것이다.

네이버의 뉴스 조작 배치는 한국프로축구연맹의 청탁을 받아 이루어진 사례가 대표적이다. 2016년 10월 프로축구연맹 홍보팀장은 네이버 스포츠 담당 간부에게 "연맹 비판 기사를 잘 보이지 않게 재배치해 달라"고 요청했고 네이버측은 이를 받아들였다. 비슷한 시기에는 쟁점이 되는 연관검색어와 자동완성 검색어를 '명예훼손' '루머' 등의 사유로 삭제했다. 또한 같은 해 기업과 대학의 요청이 있을 때 기사에서 특정 단어를 빼준 사실이 드러나기도 했다.

네이버는 스스로 언론사가 아니라고 항변하면서도 언론사 편집권을 침해하는 일을 저질렀다는 비난을 샀다. 아울러 돈을 받고 높은 순위로 돋보이게 검색 결과를 올려주는 방식의 검색 순위 조작도 성행한다. 기사 배열의 공정성이 훼손되다 보니 수많은 정보 이용자의 실망은 커지고 포털에 대한 신뢰는 추락할 수밖에 없다.

필터 버블은 생각의 감옥이다. 인터넷 필터는 독자가 무슨 일을 했는지, 같은 부류의 사람은 무엇을 좋아하는지 살펴보고 추론한다. 포털 플랫폼이 사용하는 개인 입맛에 맞는 맞춤형 추천 기사는 이용자에게 편리함을 주지만 이용자를 알고리즘이 만들어 놓은 거품 속에 갇히게 만들 수 있다. 알고리즘 거품에 갇혔을 때 개인은 다양한 관점으로 사고할 기회를 잃고 특정한 취향과 이념이나 정치적 성향에 함몰되는 군집현상이 발생할 가능성이 있다.

포털의 기사요약 서비스는 뜨거운 감자다. 네이버는 콘텐츠 제휴 언론사 기사를 최대 3문장으로 자동 요약하는 '요약봇' 베타 서비스를 2017년 11월 시작했다. 개별 기사 상단에 위치한 요약봇 버튼을 누르면 알고리즘이 주요 문장을 추출, 기사 원문 위에 띄우는 식이다. 카카오도 '자동 요약'이라는 이름의 서비스를 2016년 11월부터 제공해왔다. 포털은 다양해진 뉴스 이용자 니즈에 맞춰 인공지능을 이용해 기사를 쉽게 빠르게 읽을 수 있도록 돕기 위한 서비스라고 설명한다.

그러나 요약 결과물의 완성도가 떨어져 내용이 왜곡되거나 핵심에서 벗어난 부분적인 내용만을 전달하는 등 여러 가지 문제점을 노출하고 있다. 언론사는 '포털이 아무런 사전 상의 없이 왜 내 기사에 손대나'며 반발한다. 이 같은 기사 요약이 사실상의 언론 편집 기능을 수행하는 것이라는 지적도 나온다. 포털이 그동안 뉴스를 유통만 한다는 것을 명분으로 각종 언론 규제를 회피해 온 것과 배치된다는 것이다.

언론의 입장에서는 포털에 종속된 미디어 환경에서 뉴스 요약본이 기사의 대체재가 될 수 있다는 위기감도 작용한다. 독자가 정말 관심을 갖고 유용한 기사를 찾아주는 서비스인지가 중요한 것이다. 포털이 잘못된 요약을 제공하면 독자들로부터 외면받을 것이고 실패한 서비스로 평가받을 것이다.

뉴스 유통시장, 이렇게 개선하라

신문협회는 2017년 '인터넷 포털 뉴스 서비스에 대한 정책 제안'을 문체부에 전달했다. 정책 제안의 주요 내용은 ① 포털의 뉴스이용 데이터 공개 의무화 ② 언론-포털 간 뉴스거래에 관한 표준계약서 제정 ③ 포털 뉴스 서비스 방식을 인링크에서 아웃링크로 전환 ④ 포털 뉴스 서비스 기준 설정 유도 ⑤ 포털 매출액 일부를 언론진흥기금으로 분담 등을 골자로 한다.

한국광고주협회가 2017년 12월 국내 주요 기업 홍보담당자 200명을 대상으로 설문조사한 결과 '포털법을 제정해 뉴스 유통의 책임을 강화해야 한다'는 응답이 95.5%에 달했다. 실시간 검색 서비스 개선, 뉴스 어뷰징^{부정 사용} 근절, 뉴스 유통의 책임과 권한 등을 규정한 일명 '포털법'을 제정해야 한다는 것이다. 조사 결과 포털의 기사 편집에 대한 알고리즘을 공개해야 한다는 주장은 86.4%에 달했다. 포털이 뉴스 유통을 중단하고 구글처럼 검색 서비스만 제공해야 한다는 의견도 70.5%로 나타났다.

포털이 지배하는 뉴스 시장 지형은 공정한 경쟁을 할 수 없는 기울어진 운동장과 같다. 플랫폼 사업자와 콘텐츠 생산자 간 불공정 경쟁을 하고 있는 상황을 하루빨리 시정해야 한다. 무엇보다 정보 생산자인 언론사가 콘텐츠 생산 능력을 강화해 독자적인 뉴스 흡인력을 갖춰야 한다. 심도 있는 취재와 해석을 바탕으로 콘텐츠 경쟁력을 키워야 한다. 이를 기반으로 삼아 독자적인 정보 플랫폼을 구축해야 할 것이다.

양질의 콘텐츠를 생산하는 능력을 키우려면 언론사 경영진의 전략적 접근이 필요하다. 권력과의 유착, 언론사의 과도한 이익 추구, 자극적이고 선정적인 보도, 사건과 사실의 왜곡 전달, 기업 광고주를 위한 편파적인 보도 등 온갖 부작용과 역효과를 내는 행태를 지양해야 독자의 신뢰를 얻을 수 있다.

또한 언론사 간 경쟁구도를 협업 체제로의 전환은 포털에 대한 대항능력을 키울 수 있는 대안이 될 수 있다. 성향이 다른 언론사들이 포털에 대한 기사 공급을 중단하고 기사 제작과 유통을 제휴하는 방식도 시도할만하다. 동시에 포털에 주는 콘텐츠와 자체 콘텐츠를 차별화하는 전략도 유효할 수 있을 것이다. 그래야만 포털이 적정한 콘텐츠 대가를 지불하도록 압력을 가하기 용이해질 것이며 모바일 시장에서 언론사가 독자적인 비즈니스 모델을 구축할 수 있기 때문이다.

아울러 포털과의 보완적 공생관계를 새로 정립하려는 언론사의 노력도 요망된다. 포털의 앱을 통해 이용자가 언론사 뉴스를 유로로 구독할 수 있는 방식을 검토해야 할 것이다. 급변하는 언론 생태계에서 지속가능한 성장을 이루려면 언론사 혼자의 힘만으로는 생존하기 힘들다. 공생과 공진화의 가치를 공유하고 실현하기 위해 노력해야만 진정한 승자가 될 수 있는 것이다. 아울러 포털도 언론사에 준하는 합당한 규제를 받아야 한다. 포털이 사회적 영향력에 준하는 책임을 다할 수 있도록 제도적 장치가 마련돼야 할 것이다.

08
언론사와 포털의 전재료 논쟁

언론사 기사 전재료 콘텐츠 가치 비해 대단히 낮아
뉴스로 번 수익 공평하게 나누는 정책적 노력 필요

인공지능을 탑재한 스마트 스피커가 집 안 거실과 자동차마다 보급되고 있다. 텍스트 콘텐츠를 오디오로 들으려는 수요가 함께 폭증한다. 오디오는 아마존, 구글 등 디지털 강자가 이미 차세대 이용자 인터페이스 서비스에 막대한 돈을 투자하는 분야다. 네이버는 인터넷과 모바일에 이어 스마트 스피커 '클로바'에서 뉴스 서비스를 제공하기 위해 언론사를 유혹한다. 포털의 공세에 맞서 신문과 방송, 출판업계는 이제 오디오 서비스에 관한 저작권을 지켜내야 하는 과제를 안게 됐다.

종이신문 독자 이탈과 광고 수입 감소로 신문 산업의 경영환경은 갈수록 악화된다. 국내 디지털 뉴스 유통시장을 장악한 포털은 수익성이 날로 개선된다. 네이버의 2017년 매출액은 4조 6,000억 원대에 달한다. 매출의 절반가량을 뉴스 콘텐츠가 기여하고 있다. 하지만 네이버가 언론사에 제공하는 전재료는 콘텐츠 가치에 비해 현저히 낮은 수준이다. 재주는 곰이 넘고 돈은 왕서방이 챙기는 격이다.

뉴스 가치 합리적 산정 최우선

포털을 통해 뉴스가 무료로 제공되는 과정에서 언론사가 제공하는 뉴스의 합리적인 전재료를 산정하는 문제는 좀처럼 풀리지 않는 난제 중의 난제다. 현행 저작권료가 과도하게 낮기 때문에 디지털 뉴스의 경제적 가치를 제대로 산정해야 한다는 언론사의 주장이 설득력을 얻는다. 뉴스 전재료 지급모델이 콘텐츠 가치에 상응하는 방식으로 타당성을 얻으려면 뉴스 생산자에게 지급되는 절대 재원의 규모가 커져야 하고 광고 수익 배분 모델이 올바로 설정돼야만 하는데 현실은 그렇지 못하다.

일반적으로 독점사업자는 규제가 제대로 작동하지 않는 시장에서 판매 가격 끌어올리기와 납품 단가 후려치기로 독점이익을 극대화하는 전략을 구사한다. 이 같은 시장에서 정보 서비스를 이용하거나 공급하는 소비자와 언론사 모두 포털과의 거래에 의해 이득을 보기 보단 피해를 입는 구조다.

기사 전재료 산정은 이익이 상충하는 당사자 간의 협상과정에서 결정되지만 시장지배적 지위를 남용하는 포털이 강한 협상력을 가지고 각개 격파식으로 나서는 한 언론사가 백전백패할 수밖에 없는 불합리한 구조임에 틀림없다. 언론계 스스로도 고양이 목에 방울 달기식으로 남이 먼저 문제해결을 위해 나서주기를 바랄 뿐 나는 가장 마지막에 움직인다는 전략이다. 그래서 포털 측에 대응해 왜곡된 가격구조를 해소하는 공동전선을 구축하지 못한다. 경쟁 언론사에 득이 되는 일을 하지 않겠다는 옹졸한 자세가 소탐대실을 자초하는 이유다.

광고플랫폼 전문기업인 DMC미디어가 작성한 〈2017 인터넷서비스 이용

행태 및 광고효과〉 분석 보고서에 따르면 국내 이용자들이 포털사이트에서 가장 많이 이용하는 서비스는 검색55.2%으로 나타났다. 검색 서비스를 통해 뉴스를 이용하는 비중은 31.2%를 차지했다. 검색 다음으로 즐겨 사용하는 서비스는 뉴스50.2%, 이메일35.4%, 쇼핑27.5% 순이다. '검색을 통한 뉴스 이용'과 '뉴스 서비스 이용'을 합하면 포털에서 뉴스 이용이 차지하는 비중은 67.4%로 높아진다.

학계의 연구에서도 포털 서비스에서 뉴스가 차지하는 비중은 절대적인 것으로 밝혀졌다. 2017년 신문협회가 의뢰해 안민호 숙명여대 교수가 수행한 연구 결과에서 이용자들은 PC, 모바일 등 디지털 플랫폼을 통해 뉴스를 보는 데 하루 평균 약 38.93분을 쓰는 것으로 나타났다. 포털 전체 체류시간의 약 40% 정도는 뉴스 이용과 관련된 것으로 조사됐다.

또 이용자들은 '전체 포털 검색 서비스 이용 시간의 38%가 뉴스나 기사검색과 관련이 있고, 카페와 블로그 등 포털 커뮤니티 서비스 이용 시간의 28.5%가 뉴스와 관련된 것'이라고 답변했다. 또 포털 이용의 주된 목적 가운데 '뉴스를 보기 위해'(10점 척도 기준 8.01점)가 가장 높았다.

안민호 교수는 이용자의 포털 체류시간을 기준으로 '디지털 뉴스 소비 지수'를 개발했다. 그는 이를 활용해 2016년 포털의 PC와 모바일 광고 매출액을 기준으로 적정 전재료를 추산하면 네이버와 카카오를 합해 3,528억 원으로 계산된다고 밝혔다. 하지만 현재 신문사가 포털로부터 받고 있는 전재료는 적정 수준의 10분에 1에 불과한 것으로 추정된다.

네이버와 카카오의 디지털 광고 매출 기준 적정 PC 전재료는 각각 1,170억 원, 198억 원이다. 모바일 적정 전재료는 1,890억 원과 270억 원으로 각각 추산됐다. 안민호 교수는 포털의 모바일 광고 수익·매출 정보에 대한 공개 요구, 검색·커뮤니티·SNS에서 유통되는 뉴스 이용 실태 측정의 고도화, 포털별 뉴스 이용 비중에 따른 수익 배분 기준 산정 등을 제언했다.

포털의 전재료 현실화 노력이 시급하다. 하지만 포털과 신문사 간 공정하고 자유로운 경쟁 또는 협력이 불가능한 상황이다. 이를 개선하려면 신문업계 공동의 전략적 대응, 그리고 정부 당국의 시정조치가 필요하다는 지적이다. 구글은 미국 등 해외에서 신문사에 '저작권료'를 직접 지불하는 방식을 채택하고 있지 않다. 대신 구글은 뉴스 사이트에 게재되는 광고 수익을 신문사와 공유70%한다. 유럽과 일본 법원에서는 신문사 기사를 무단 사용하는 구글에게 합당한 저작권료를 지불해야 한다는 판결이 줄을 잇고 있다.

시민 민주주의와 신문 진흥정책

박성희 이화여대 커뮤니케이션미디어학부 교수는 "유럽의 신문 지원정책은 신문의 뉴미디어 진출과 디지털화, 경영합리화, 저널리즘 능력 강화 등에 초점을 두고 있다"고 말했다. 그는 "신문 진흥정책은 시민 민주주의를 위한 인프라를 되살리는 정책으로 접근해야 사회적 합의를 이끌어 낼 수 있다"며 "기술 변화가 급변하는 미디어 환경에서 저널리즘 고유의 기능을 수행하고 재원과 수익을 공평하게 나누도록 정책적 노력이 필요하다"고 강조했다.

박 교수는 새 환경에 맞는 저널리즘 플랫폼 개발 지원 포털과 소셜미디어, 스마트폰 앱 등 새로운 채널과의 건강한 관계 모색, 공평한 수익구조 및 뉴스 저작권 보호, 미디어 컨버전스 시대에 맞는 정책 및 기금운용(신문과 방송 광고재원 교차지원 등)에 대한 지원을 제안했다.

뉴스의 정확성 못지않게 공정성도 중요하다. 현재 뉴스 시장은 포털이라는 거대 플랫폼에 갇혀 클릭수를 높여 수익을 연명하는 상업화에 치중돼 있다. 포털이 강력하고 집중화된 뉴스 플랫폼을 장악해 일방적으로 가격을 결정하는 전형적인 갑과 을의 종속적 관계가 고착되고 있다는 지적이다. 100% 컴퓨터 알고리즘에 의해 편집되는 구글과 달리 네이버는 사람의 주관이 개입돼 뉴스를 배열하고 있다. 매일 2만여 건에 달하는 뉴스 콘텐츠 편집이 어떻게 이루어지는지 구체적인 내막을 알기 힘들다.

그래서 네이버는 2만여 건의 기사 가운데 자사의 이해관계에 따라 뉴스를 취사선택해 우선순위를 정해 노출시킨다는 비판을 받는다. 포털은 뉴스 콘텐츠를 단순히 전달하는 기능을 넘어서 직접 뉴스를 선별, 편집, 노출하는 등의 언론 행위를 하고 있는 셈이다. 하지만 실시간 뉴스 검색어를 통한 기사 어뷰징, 포털을 매개로 한 사이비 언론행위 창궐 등의 부작용에 대해서는 어떠한 법적·사회적 책임을 지지 않는다.

신문협회는 포털의 기사 배열 시 우선적으로 고려해야 할 기준을 종합적이면서 구체적으로 제시했다. 신문협회가 제시한 기준은 첫째, 저널리즘 기본에 충실한 뉴스(원천 생산기사, 자체 취재기사, 기획기사, 역사적 전통, 현장 취재, 다양한 이해관계자 등장, 실명 보도, 최신성, 차별성) 원칙을 지킬 것이다.

둘째, 구글의 뉴스편집 원칙인 취재, 보도분야 언론사의 기사 생산량, 기사의 평균 길이(기사의 베끼기나 짜깁기 방지), 편집국 규모 및 기자의 수, 취재 지국 수, 취재원 활용 정도, 기사 문체의 적절성 등을 참고할 필요가 있다. 셋째, 공신력 있는 협회의 회원가입 등이다. 포털은 신문협회의 이 같은 기준을 감안해 포털에 게재되는 기사의 퀄리티를 제고하는 노력을 한층 강화해야 할 것이다.

09
언론사와 포털, 협력의 공간

합작법인 설립 · 새로운 모바일 서비스 론칭 가시화
'버티컬 포털' 사업 성공하려면 독자 만족이 최우선

'모바일을 잡아야 생존한다.' 이 같은 절박함이 언론사와 포털 간 '적과의 동침'이라는 전략을 만들어냈다. 〈조선일보〉, 〈매일경제〉, 〈한겨레〉, 〈중앙일보〉, 〈한국경제〉 등 국내 주요 언론사는 네이버와 합작법인을 설립하거나 공동 사업하는 형태로 새로운 모바일 서비스를 론칭하거나 계획하고 있다.

다수의 포털은 언론사에 친화적인 정책을 펼치며 트래픽 시장에서 주도권을 잡기위한 경쟁을 벌인다. 구글은 언론과의 협력에 두 가지를 전제로 삼는다. 첫째는 원래 저널리즘이 해왔던 바를 더 잘할 수 있도록 돕는다는 관점이다. 둘째는 우리 사회에 필요한 고품질 저널리즘이 새로운 기술과 만나 새로운 기회를 이끌어내는 협력의 중요성이다.

포털이 언론사와 협력을 하는 방안의 하나는 플랫폼을 통해 제공되는 뉴스 편집에 언론사의 편집 가치가 반영될 수 있도록 하는 데 초점을 맞추는 일이다.

뉴스 배열을 결정하는 데 있어서 포털 내부 편집자의 개입을 되도록 줄이고 외부 전문 편집자의 판단을 존중하는 방향으로 개선하는 것이다.

수익 공유 문제도 기존에는 정보제공료 형식으로 뉴스 사업자에게 경제적으로 보상하는 수준이었지만 앞으로는 독자의 선택과 선호에 따라 구독료와 광고 수익을 적정하게 배분하는 방식이 요망된다. 나아가 독자에게 콘텐츠에 대한 지불 동기를 부여하는 방식으로 '스토리펀딩'을 도입, 콘텐츠를 구매하기보다 콘텐츠로 인해 발생하는 사회적 변화에 투자한다는 인식을 불어넣는 기법도 필요하다.

게이트 쉐어링과 포털 · 미디어 협업

유봉석은 《게이트 쉐어링》에서 포털과 언론사의 바람직한 협업 모델을 제시한다. 웹 1.0시대에는 정보가 언론사에서 독자에게 흐른다. 이용자는 정보의 수동적인 수용자에 머문다. 게이트는 독자에게 콘텐츠가 전달되는 통로다. 이와 관련해 언론사가 독자적인 콘텐츠 생산과 유통 방식을 추구하는 것은 게이트유지 gatekeeping 라고 한다. 이는 언론사가 자체 생산하는 콘텐츠를 자신의 사이트를 통해 독자에게 전달하는 폐쇄적인 네트워크다. 담장으로 둘러싼 정원 가꾸기에 비유될 수 있다.

웹 2.0시대에는 참여, 개방, 공유의 개념이 중요하다. 인터넷상에서 생산자와 이용자가 양방향으로 정보를 주고받으며 지식을 공유하며 이용자가 정보 생산에 참여하는 패러다임이다. 게이트공유 gatesharing 는 웹 2.0정신의 플랫폼 버전이다. 플랫폼 허브 사이트는 주변부 사이트와 연결돼 고객에게 통과 관문을 열어주는 개방형 전략으로 이용자 만족도를 높이고 체류시간을 늘릴 수 있다. 주변부 사이트는 허브 사이트가 제공하는 게이트를 통해 많은 이용자와 만

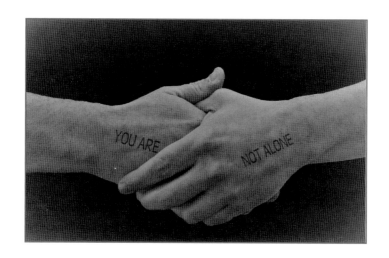

날 수 있는 기회를 갖게 된다. 게이트공유는 허브와 주변부 사이트 서로에게 새로운 편익을 제공한다.

게이트워칭gatewatching은 게이트유지와 게이트공유의 중간 단계로 주변 사이트가 생산하는 정보 데이터베이스를 통째로 넘겨주는 것을 의미한다. 허브 사이트에서 뉴스를 검색하면 인링크 방식으로 서비스가 이루어져 가두리 방식이라는 비판을 얻는다. 게이트공유에서는 아웃링크 방식으로 뉴스 검색 결과가 콘텐츠를 생산한 주변부 사이트에서 서비스된다.

이제 게이트공유의 새로운 시도가 전개된다. 기존 언론사들이 축적한 양질의 정보 생산 및 제공 노하우가 버티컬 서비스를 통해 이용자에 전달되는 것이다. 언론사마다 하나의 주제, 틈새 영역에 대한 버티컬 포털vertical portal 경험을 축적하면서 해당 주제의 디지털 생태계를 조성하되 포털에 연결해 특정한 이용자 집단의 요구에 부응하는 제품을 서비스하는 시도다. 이용자는 해당 언론사 웹사이트에 직접 접속하는 것이 아니라 각기 관심 있는 분야를 커버하는 허브 사이트 버티컬 포털에서 보다 심층적이고 전문적인 콘텐츠를 빠르고 손쉽게 얻을 수 있다는 점에서 만족도를 키울 수 있는 것이다.

언론사 버티컬 포털 현황 및 과제

허브 사이트에 버티컬 포털인 '네이버 플러스'라는 창을 통한 협업에 가장 먼저 뛰어든 언론사는 〈조선일보〉다. 〈조선일보〉는 '미생탈출 A to Z'라는 사이트를 통해 2030세대의 취업과 창업관련 정보를 제공해왔다. 축적된 노하우와 검증된 콘텐츠를 바탕으로 네이버 모바일에 'JOB&'이라는 서비스를 론칭했다. 〈조선일보〉와 네이버는 서비스 론칭에 앞서 51대 49의 비율로 조인트 벤처 '잡스엔'을 설립했다. 이를 통해 대기업 인사 담당자에 대한 심층인터뷰, 스타트업에 관련된 뉴스, 해외 취업 성공사례 등 취업을 준비하는 청년들에게 도움이 될 수 있는 독창성 있는 콘텐츠를 제공하기 위해 노력하고 있다.

〈매일경제〉는 그 뒤를 이어 여행과 레저 전문 섹션인 '여행+'를 만들었다. 늘어나는 여행, 레저 수요에 부응하고 다양한 여행정보를 제공하기 위해서다. 〈조선일보〉와 마찬가지로 '트레저'라는 합작법인을 설립하면서 기자와 직원 7명을 파견해 적극적인 지원에 나섰다. 〈한겨레〉도 자사의 영화전문 주간지인 '씨네21'을 활용해 영화 정보를 제공하는 섹션을 만들었다. 섹션에서는 명대사와 명장면, 옆자리 관객평, 무비 비하인드, 영화퀴즈 등 다양한 콘텐츠를 제공한다. 〈한겨레〉와 네이버는 이 사업을 위해 합작사 '씨네플레이'를 설립했다.

〈중앙일보〉는 네이버와 협업하는 과정에서 '중국'을 테마로 삼았다. 당초 고령화시대를 겨냥한 '반퇴半退'를 구상했지만 중국 관련 연구소인 차이나랩 운영 경험을 살려 중국 경제와 정치관련 콘텐츠를 제공하기로 방향을 바꿨다. 〈동아일보〉는 동아비즈니스리뷰DBR를 활용해, 〈한국경제〉는 농업에 관한 콘텐츠 제작을 통해 각각 네이버와 협업을 시작했다. 이밖에 〈EBS〉초등, 〈디자인하우스〉디자인, 〈경향신문〉공연·예술, 〈머니투데이〉법률, 〈한국일보〉반려동물, 〈문화일보〉연애·결혼 등 전문 콘텐츠 협업의 영역은 다양한 분야로 확대되고 있다.

버티컬 포털 사업에서 언론사는 네이버와 협업을 통해 인건비를 지원받고 콘텐츠 전재료 명목으로 일정 금액을 네이버 측에서 제공받는 것으로 알려졌다. 광고를 유치할 수 있고 정보 제공과 관련한 다양한 부대행사나 사업을 추진할 경우 추가적인 수익을 얻을 수도 있다. 네이버가 그동안 언론사에 제공해 온 전재료는 그대로 유지하면서 인링크 기사에서 발생한 광고수익과 별도의 플러스 펀드를 조성해 언론사에게 수익을 돌려주겠다는 게 핵심이다.

언론사와 네이버의 협업은 네이버 플랫폼과 언론사의 콘텐츠 파워가 결합한 사업모델이라는 점에서 관심을 모은다. 콘텐츠 유통과 관련해 이견과 갈등을 지속하던 관계를 극복하는 돌파구로 삼으려는 시도다. 언론사는 네이버 뉴스 플랫폼을 통해 보다 많은 수익을 거두기를 희망한다. 네이버는 이용자의 만족을 증대할 수 있는 고품질 콘텐츠를 필요로 한다. 콘텐츠의 품질이 떨어지면 플랫폼 자체의 품질 저하와 이용자 불만 증가로 연결되므로 언론사와 네이버는 한 배를 타고 있는 셈이다. 모든 언론사와의 합작 사업이 성공을 하리라는 보장은 없다. 결국 퀄리티가 높은 콘텐츠를 제공하는 버티컬 포털만이 경쟁에서 살아남을 수 있을 것이다.

최근 미국에서는 구글 등 뉴스 유통 플랫폼을 겨냥한 언론사의 문제 제기가 한창이다. 미국의 뉴스미디어연합NMA은 구글과 페이스북 등 뉴스 플랫폼에게 콘텐츠에 대한 정당한 대가를 지불하라고 요구하고 나섰다. 이용자는 검색이나 온라인 뉴스를 통해 대부분의 기사를 무료로 이용하는데 유료화 서비스에 나선 언론사의 기사 역시 상당부분 무료로 이용할 수 있다. 이에 따라 구글과 페이스북은 플랫폼에 유통되는 유료 기사의 비중을 높여 언론사의 수익을 침해하지 않는 방안을 다각적으로 모색한다.

급변하는 디지털 환경에서는 콘텐츠를 생산하는 언론사와 유통하는 플랫폼 사업자가 각자도생하는 구조가 일반적이다. 버티컬 포털 같은 합작 사업모델이 지속가능한 상생적 비즈니스 관계로 거듭날 수 있으려면 협업의 산물이 독자와 이용자로부터 인기를 모으고 수익을 창출할 수 있어야만 가능한 일이다.

버티컬 포털 사업의 성공 여부에 관심이 모아지지만 포털의 언론사 달래기용 먹이감 던져주기 수준에 그칠 가능성도 있다. 양질의 콘텐츠를 제공해 이용자의 간택을 받아 규모의 경제를 확보하고 비용을 커버해 살아남는 버티컬 포털은 몇 개 되지 않을 것이라는 점에서 포털과 언론의 동침, 그 미래를 낙관하기만은 쉽지 않아 보인다.

참고문헌

강정수, 이성규, 최진순, 《혁신 저널리즘》, (박문각, 2015)

김기찬, 송창석, 임일, 《플랫폼의 눈으로 세상을 보라》, (성안북스, 2015)

김선호, 박아란, 《4차 산업혁명과 뉴스 미디어 정책》, (한국언론진흥재단, 2017)

김영석 외, 《디지털 시대의 미디어와 사회》, (나남, 2017)

김조한, 《플랫폼 전쟁》, (메디치, 2017)

김진성, '기업생태계를 가꾸는 지혜: 이타자리(利他自利)', 《SERI 경영노트 55》, (2010. 5.)

김창욱, 강민영, 강한수, 윤영수, 한일영, '기업 생태계와 플랫폼 전략', 《SERI 연구보고서》, (2012. 2.)

남대일, 김주희, 정지혜, 이계원, 안현주, 《101가지 비즈니스모델 이야기》, (한스미디어, 2017)

노가영, 《유튜브 온리》, (미래의창, 2017)

니컬러스 네그로폰테, 《디지털이다》, (백욱인 옮김, 커뮤니케이션북스, 1999)

데릭 톰슨, 《히트메이커스》, (이은주 옮김, 21세기북스, 2017)

돈, 알렉스 탭스콧, 《블록체인 혁명》, (박지훈 옮김, 을유문화사, 2017)

돈 탭스콧, 앤서니 윌리엄스, 《위키노믹스》, (윤미나 옮김, 21세기북스, 2007)

레이시, 뤼비스트, 《순환경제 시대가 온다》, (최경남 옮김, 전략시티, 2017)

로이터 저널리즘 연구소, 《디지털뉴스 리포트 2017》

류한석, 《플랫폼—세상의 지배자》, (KOREA.COM, 2016)

마리나 크라코프스키, 《미들맨의 시대》, (이진원 옮김, 더난출판, 2016)

마이클 최, 《사람들은 어떻게 광장에 모이는 걸까?》, (허석재 옮김, 후마니타스, 2014)

마화텅, 텐센트 연구원, 《공유경제》, (양성희 옮김, 열린 책들, 2018)

매거진 B, 《No. 60 모노클》, (제이오에이치, 2017. 10.)

문성길, 《넷플릭스하다》, (스리체어스, 2017)

바라바시, 《링크》, (김병남, 김기훈 옮김, 동아시아, 2002)

박대민, 임정욱, 손재권, 《뉴스 미디어 스타트업: 생태계와 비즈니스 모델》, (한국언론진흥재단, 2017)

박성민, '혁신의 요람 아이디어 플랫폼', 《SERI 경영노트》, (2013. 7.)

박지웅, '정보재 가치와 플랫폼: 양면시장을 고려한 정보재 가치논쟁의 검토', 《경제학연구 59(1)》, (2011)

배명숙, 《인간 플랫폼의 시대》, (스노우폭스북스, 2016)

백스터, 《멤버십 이코노미》, (김원호 옮김, 알에이치코리아, 2018)

브래드 스톤, 《업스타트》, (이진원 옮김, 21세기북스, 2017)

샤피로, 배리안, 《인포메이션 룰―정보법칙을 알면 닷컴이 보인다》, (임세윤 옮김, 미디어퓨전, 1999)

세계신문협회, 《2017 신문의 혁신》, (한국신문협회 옮김, 2017)

신인철, 《링커십》, (한스미디어, 2017)

아난드, 《콘텐츠의 미래》, (김인수 옮김, 리더스북, 2017)

안병익, 《커넥터―세상을 지배하는 힘》, (영림카디널, 2016)

앨스타인, 초더리, 파커, 《플랫폼 레볼루션》, (이현경 옮김, 부키, 2017)

에반스, 슈말렌지, 《카탈리스트 코드》, (김태훈 옮김, 한스미디어, 2008)

에반스, 학주, 슈말렌지, 《보이지 않는 엔진》, (최민석 옮김, 생각의 나무, 2008)

에반스, 슈말렌지, 《매치메이커스》, (이진원 옮김, 더퀘스트, 2017)

오바라 가즈히로, 《플랫폼이다―세상을 바꾸는 새로운 원리》, (황혜숙 옮김, 한스미디어, 2016)

유봉석, 《게이트 쉐어링》, (매일경제신문사, 2014)

이상규, '양면시장의 정의 및 조건', 《정보통신정책연구 17(4)》, (2010. 12.)

이준기, 《오픈 콜라보레이션》, (삼성경제연구소, 2012)

이홍규, 김성철, 《뉴미디어 시대의 비즈니스 모델》, (한울아카데미, 2011)

임춘성, 《매개하라》, (쌤앤파커스, 2015)

정지훈, 《제4의 불》, (열음사, 2010)

제레미 러프킨, 《한계비용 제로사회》, (안진환 옮김, 민음사, 2014)

제레미 리프킨, 《소유의 종말》, (이희재 옮김, 민음사, 2001)

제임스 글릭, 《인포메이션》, (박해선, 김태훈 옮김, 동아시아, 2017)

제프 자비스, 《공개하고 공유하라》, (위선주 옮김, 청림출판, 2013)

조수아 라모, 《제7의 감각―초연결지능》, (정주연 옮김, 미래의 창, 2017)

조용호, 《플랫폼전쟁―이기는 자가 미래다》, (21세기북스, 2012)

존 로스만, 《아마존 웨이》, (김정혜 옮김, 와이즈맵, 2017)

찰스 리드비터, 《집단지성이란 무엇인가》, (이순희 옮김, 21세기북스, 2009)

최병삼, 김창욱, 조원영, 《플랫폼 경영을 바꾸다》, (삼성경제연구소, 2014)

크리스 앤더슨, 《롱테일 경제학》, (이노무브그룹 옮김, 알에이치코리아, 2006)

토마스 슐츠, 《구글의 미래》, (이덕임 옮김, 비즈니스북스, 2016)

팀 오라일리, 《왓츠 더 퓨처》, (김진희, 이윤진, 김정아 옮김, 와이즈베리, 2018)

피터 틸, 블레이크 매스터스, 《제로투원》, (이지연 옮김, 한국경제신문, 2014)

필 사이먼, 《플랫폼의 시대》, (정현희 옮김, 제이펍, 2013)

홍길표, 이립, 《플랫폼시대의 공공혁신》, (KMAC, 2016)

히라노, 학주, 《플랫폼전략》, (천채정 옮김, 더숲, 2011)

〈외국 논문〉

Andrei Hagiu, 'Multi-sided platforms: from microfoundations to design and expansion strategies', Harvard Business School Working Paper 09-115, (2009)

Andrei Hagiu, Julian Wright, 'Multi-sided platforms', International Journal of Industrial Organization, 43, (2015)

Annabelle Gawer, Michael A. Cusumano, 'How companies become platform leader', MIT Sloan Management Review, 49(2), (2008)

Bernard Caillaud, Bruno Jullien, 'Chicken & egg: Competition among intermediation service providers', RAND Journal of Economics, 34(2), (2003)

Annabelle Gawer, Michael A. Cusumano, 'How companies become platform leader', MIT Sloan Management Review, 49(2), (2008)

Bernard Caillaud, Bruno Jullien, 'Chicken & egg: Competition among intermediation service providers', RAND Journal of Economics, 34(2), (2003)

David S. Evans, 'Platform economics: essays on multi-sided business', Competition Policy International, (2011)

David S. Evans, Richard Schumalensee, 'The industrial organization of markets with two-sided platforms', Competition Policy International, 3(1), (Spring 2007)

David S. Evans, Richard Schumalensee, 'The antitrust analysis of multi-sided platform business', NBER working paper 18783, (February 2013)

Elizabeth J. Altman, Michael L. Tushman, 'Platforms, open/user innovation, and ecosystems: a strategic leadership perspective', Harvard Business School working paper 17-076, (2017)

Geoffrey G. Parker, Marshall W. Van Alstyne, 'Two-sided network effects: a theory of information product design', management science, 51(10), (October 2005)

Jean-Charles Rochet, Jean Tirole, 'Platform competition in two-sided markets', Journal of the european economic association, 1(4), (June 2003)

Jean-Charles Rochet, Jean Tirole, 'Two-sided markets: a progressive report', RAND Journal of economics, 37(3), (2006)

Julian Wright, 'One-sided Logic in two-sided markets', Review of network eonomics, 3(1), (March 2004)

Mark Armstrong, 'Competition in two-sided markets', RAND Journal of economics, 37, (2006)

Marc Rysman, 'The economics of two—sided markets', Journal of economic perspectives, 23(3), (Summer 2009)

Mohanbir S. Sawhney, 'Leveraged high—variety strategies: from portfolio thinking to platform thinking', Journal of the Academy of Marketing Science, 26(1), (1998)

Thomas Eisenmann, Geoffrey Parker, Marshall Van Alstyne, 'Strategies for two—sided markets', Harvard Business Review, 84(10), (2006)

Thomas Eisenmann, Geoffrey Parker, Marshall Van Alstyne, 'Platform envelopment', Strategic management journal, 32(12), (2011)

비즈니스 빅뱅과 뉴미디어의 모든 것

플랫폼하라

초판 1쇄 2018년 4월 25일

지은이 홍기영
펴낸이 전호림
책임편집 오수영
마케팅 박종욱 김혜원
영업 황기철

펴낸곳 매경출판㈜
등록 2003년 4월 24일(No. 2-3759)
주소 (04557) 서울시 중구 충무로 2(필동1가) 매일경제 별관 2층 매경출판㈜
홈페이지 www.mkbook.co.kr
전화 02)2000-2634(기획편집) 02)2000-2646(마케팅) 02)2000-2606(구입 문의)
팩스 02)2000-2609 **이메일** publish@mk.co.kr
인쇄·제본 ㈜M-print 031)8071-0961
ISBN 979-11-5542-840-5(03320)

본 저서는 삼성언론재단 지원을 받아 저술되었습니다.